古典文獻研究輯刊

八 編

潘美月・杜潔祥 主編

第 19 冊

漢魏六朝「家訓」研究（下）

康 世 昌 著

國家圖書館出版品預行編目資料

漢魏六朝「家訓」研究（下）／康世昌 著—初版—台北縣永
和市：花木蘭文化出版社，2009〔民98〕

目 4+204 面；19×26 公分
（古典文獻研究輯刊 八編：第 19 冊）

ISBN：978-986-6528-46-0（精裝）
1. 家訓　2. 漢代　3. 魏晉南北朝
193　　　　　　　　　　　　　　　　　　　98000087

ISBN - 978-986-6528-46-0

9 789866 528460

古典文獻研究輯刊
八　編　第十九冊　　　　　　　ISBN：978-986-6528-46-0

漢魏六朝「家訓」研究（下）

作　　者　康世昌
主　　編　潘美月　杜潔祥
總 編 輯　杜潔祥
企劃出版　北京大學文化資源研究中心
出　　版　花木蘭文化出版社
發 行 所　花木蘭文化出版社
發 行 人　高小娟
聯絡地址　台北縣永和市中正路五九五號七樓之三
　　　　　電話：02-2923-1455／傳眞：02-2923-1452
網　　址　http://www.huamulan.tw 信箱 sut81518@ms59.hinet.net
印　　刷　普羅文化出版廣告事業
初　　版　2009 年 3 月
定　　價　八編 20 冊（精裝）新台幣 31,000 元　　　　版權所有·請勿翻印

漢魏六朝「家訓」研究（下）

康世昌　著

目次

第六章 漢魏六朝家訓之人生準則及其思想

　　任何一種言論、行為，都有它們據以表現的思想根源，家訓也不例外，它既是家中父兄對子弟訓誡的言論，自然有其追求的目標，及理想的人生觀。本章即希望透過綜合的比較研究，展現漢魏六朝家訓的思想特質。

　　首先在前三節中，我將探討兩漢到隋代八百年間，家訓所呈現的思想特質。它既不同於傳統的儒家以「仁」或「仁義」為最高原則的理念，也有別於道家一味追求「全生保身」「無為」「任自然」的理念，更與佛教「出家」「普渡眾生」的修為有顯著的差別。它是雜揉各家思想，而以追求「家庭」或「家族」完善的一種經驗理念。

　　漢魏六朝前後逾八百年，撰述家訓以訓其家者數十人，其間上自皇室貴族，中有仕宦家庭，下有庶民百姓，原有其個別不同的訴求，大致說來，皇室如漢高祖、劉備、李暠、梁元帝等，多勉子弟讀書，追求治國理民能力的養成；而仕宦家庭則希望子弟遵循家風，承繼仕宦的傳統，這從東方朔〈戒子〉、韋賢〈誡子詩〉一直到魏收〈枕中篇〉、顏之推《顏氏家訓》，在精神上是一致的；至於庶民家訓如酈炎、鄭玄、司馬徽、陶淵明等，多申說個人生平志願，有以清白傳家的味道。在個別性上，前三章分析已多所陳述，在此主要是針對這些家訓共通的思想特質加以闡明。

　　此時期家訓思想，不同於聖賢言論，主要原因有三：第一，聖賢言論有其時代局限性，不能被訓家者所滿足。各個時代有其不同的潮流，人的行為也隨著社會變遷而有不同的規範，故而聖賢言論未必盡合時代需求。尤其是

流行在社會中青、少年所追逐的偶像、風靡的時尚是古人所無法預知的，先賢的書中並不能對此特別留意重視，家訓因此展現別有一番風貌的內涵。第二，聖賢言論重視道德的追求，不能被訓家者所認同。聖人之言，推求根本，總以施之久遠，人皆可行爲目標。因此老子歸道於「無」，莊子歸道於「自然」，孔子重仁，孟子以「仁」本在心，而求放心，至高無上的行爲準則是古聖先賢的目標。那種「至人無己」「殺身成仁」的精神，是家訓撰述者無法認同的，他們不只是認爲子弟無法達到這個境界，甚且根本否定這些理念的價值。這就造成家訓在吸收前賢的行爲理論上，做了某種程度上的修訂，而與傳統思想有所歧異。第三，聖賢言論對像是天下蒼生，而家訓則是針對家中特定人物的訓誡，因此治國平天下轉而成爲追求「紹家世之業」，家訓作品中或多或少，難免摻雜一些維護家族的私利色彩，其原因當基於此，而這也是造成家訓思想獨特的重要因素。

家訓的內涵主要表現在修身、齊家、處世三方面，強調個人修養、家庭管理及群體生活的規範，因此在思維上對人生哲學或人生價值觀有比較多的陳述，這也正是中國哲學表現較爲凸出的地方。然而由於家訓作品撰述者眾，其間又斷簡殘篇，在整理與分析的過程，原有它難爲之處。因此我用三節來討論：其一，人生目標，探討家訓意欲子弟達成的人生目標，分兩項來說明──冠冕與聖賢、齊家與治國；其二，行爲取向，探討家訓意欲子弟在行爲判斷上的標準與抉擇，分兩項來說明──免禍與爲善、致用與性好；其三，誥誡性質，探討家訓，誥誡子弟內容的性質，分兩項說明──小節與大德，具體與抽象。

其次，在第四節中，將探討家訓思想與儒家思想的關係。儒家思想在中國各朝各代，向來有著修養進階，由個人至家庭以至於國家、天下，涵蓋了一個人從初生落地的學習進程，及往後齊家、治國、平天下的一切理想。這大致符合了家訓中，父兄意欲子弟所追尋的目標。但儒家正統思想的規範，並不能滿足家庭訓誡者的需求，因此家訓之中，多半原則性認同儒家理念，而實際上則進行一番改造。總的來說，它是儒家思想的延伸，但內涵上它有狹隘化、細緻化、個別化的趨勢。

第五節中，我們更把觸角擴及家訓與佛、道思想的關係。魏晉南北朝，在人文思維上，有些類似戰國時期的百家爭鳴。儒家此時已不像兩漢時期有董仲舒這樣的人，可以透過政治的影響力，來獨尊儒術。相對的，此時很多在上位

的人，也對佛道產生濃厚的興趣。甚而躬親登壇講授莊子、老子，〔註1〕或自注佛教經典，廣建佛寺。〔註2〕這種風氣及上行下效的結果，導致了家訓也在不同層面當中，受佛、道思想的薰染。在佛教方面主要是家族信仰的問題，而道家方面則主要是吸取它全身免禍的訴求。

　　魏晉之後，朝代更迭頻仍，政治角力，成為國家動盪的根源。加上教育體系遭受破壞，社會風俗趨向浮華。此時家庭反而成為穩定社會一個基本單位，家訓教育轉而替代儒家的道德涵養。就維繫社會安定，導正年輕子弟追逐浮華不務正業的功能上，家訓確有它不可抹滅的影響力。但相對的，家訓乃父兄告誡子弟的規範，其訓誡對象原不同於儒、釋、道志懷天下蒼生。因此家訓的極終目標往往在於如何使家庭或家族長治久安，而忽略了國家、天下的議題。過度慮禍的結果，導致無法體認道德的真義。如此，使家訓蒙上了一層私愛其家的色彩。看待這時期家訓思想，有必要認清這正、負兩方面的作用。

第一節　漢魏六朝家訓之人生目標

　　人生目標是指人生活在世上所要追求完成的標的，目標一旦確立，一切言行舉止、修身處世，自當朝此目的前進。故而立志為聖人，雖不能及，亦足以導正行為的偏差，這是前賢立言勸說首要釐清與明確訓示的。家訓作者對於人生目標的訓誡很多，但多離不開冠冕與齊家的訴求。

一、重視冠冕而忽略聖賢

　　漢魏六朝家訓的撰述者，原就以仕宦家庭為最大宗，仕宦家庭的家訓，莫不以「紹家世之業」為其訓子的人生目標，他們對古來所謂聖賢典範，大

〔註1〕　《顏氏家訓》勉學：「洎於梁世，茲風復闡：莊、老、周易，總謂三玄。武皇、簡文，躬自講論。周弘正奉贊大猷，化行都邑，學徒千餘，實為美談。元帝在江、荊間，復所愛習，召置學生，親為教授，廢寢忘食，以夜繼朝，至乃倦劇愁憤，輒以講自釋。」（王利器集解，頁上海古籍出版社，1980年7月，頁179）
〔註2〕　齊竟陵王蕭子良篤信佛法，曾注《遺教經》一卷，另著《維摩義略》、《雜義記》等崇揚佛法的書籍；至梁武帝時，佛教尤盛，他在位四十八年，可謂以佛教治國，更廣建佛寺，意欲普化眾生。詳參湯用彤《漢魏兩晉南北朝佛教史》第十三章佛教之南統「齊竟陵王」「梁武帝」條。（中華書局，1983年版）

都存著敬而遠之的態度。似乎在他們的價值觀裏，聖賢是遙不可及的，而冠冕則可以循序漸進來達成，因此紛紛捨聖人之途而保家世之業。

這種誡子的特質，從西漢東方朔發其端，至入隋的顏之推集其大成，可說是古代文士家庭教育頗具一般性的思想特質。東方朔在其〈誡子〉中云：

明者處世，莫尚於中。優哉遊哉，與道相從。首陽爲拙，柳惠爲工。
飽食安步，以仕代農。依隱玩世，詭時不逢。（附錄 1-2）

他誡子以爲處世的最高原則是「中」與「道」，這並非儒家所謂擇善固執之謂「中」的中庸之德，也非道家所謂保身全性、緣督以爲經的中道，而是東方朔自己經過生活歷鍊所凝聚出來的處世哲學。因此他批評伯夷、叔齊執著理想，恥食周粟而餓死首陽山的行逕。而嘉許柳下惠不羞汙君、不卑小官，三黜不去其國的作風。對伯夷、叔齊、柳下惠的評述，孔子以爲夷、齊「求仁而得仁」，〔註3〕稱道柳下惠「直道而事人」；〔註4〕孟子雖說「伯夷隘，柳下惠不恭，隘與不恭，君子不由也。」〔註5〕但他仍稱美三人，說：「聖人有世之師也。伯夷、柳下惠是也。故聞伯夷之風者，頑夫廉，懦夫有立志；聞柳下惠之風者，薄夫敦，鄙夫寬，奮乎百世之上。百世之下聞者莫不興起也。非聖人而能若是乎？而況於親炙之者乎？」〔註6〕孔、孟皆以爲二人的行逕值得後人來學習。東方朔有此擇別，完全是站在夷、齊餓死，柳下惠仕官立說，並不是對他們的行逕來做道德的衡量。因此他要求子弟「以仕代農」，目的是「飽食安步」；要求子弟「依隱玩世」、目的是「詭時不逢」。既能不勞苦，又能安享豐厚的俸祿，則捨仕宦，別無他途。至於柳下惠的行逕「直道而事人」，反而不是東方朔戒子的重心，更遑論聖賢的追求。

三國王昶撰〈家誡〉以戒子姪，對這種訴求，更爲鮮明，其〈家誡〉云：

若夫山林之士，夷、叔之倫，甘長飢於首陽，安赴火於縣山，雖可
以激貪勵俗，然聖人不可爲，吾亦不願也。（附錄 2-3）

他在此也同樣告誡子弟不可學習伯夷、叔齊以及介之推爲了執著一些信念，或餓死首陽，或身焚縣山的行逕。更進一步提示子弟不可以學做聖人，就算

〔註 3〕 邢昺，《論語注疏》，卷三述而，頁 62。（藝文印書館影阮元十三經注疏本，民國 70 年元月 8 版）

〔註 4〕 邢昺，前引書，卷十八微子，頁 164。

〔註 5〕 孫奭，《孟子注疏》，卷三下公孫丑上，頁 68。（藝文印書館影阮元十三經注疏本，民國 70 年元月 8 版）

〔註 6〕 孫奭，前引書，卷十四上盡心下，頁 251。

做到了也是他所不願見的。既然聖人的典範爲王昶所排除在外，那他希望子
弟以什麼做爲終身奮鬥的目標呢？他接著說：

> 今汝先人世有冠冕，惟仁義爲名，守愼爲稱，孝悌於閨門，務學於
> 師友。（附錄 2-3）

「仁義」「守愼」「孝悌」「務學」都是爲了承繼家世的冠冕，冠冕傳家，寶身
全行，是其誡子姪最終的目標。他在〈家誡〉中所謂「遵儒者之教，履道家
之言」實際上是遵儒者之教以便「行成於內，名著於外」，履道家之言以便「寶
身全行」「永全福祿」。也就是說他戒子學習儒、道的動機，不在道德，不在
聖賢言行的典範，而是引導子弟藉此保有家世冠冕的目的。

這種觀念，就算是號稱「古今家訓之祖」〔註 7〕的《顏氏家訓》，也難以
避免。他在〈勉學篇〉中勉子弟「務先王之道，紹家世之業。」〔註 8〕而所謂
「家世之業」在〈誡兵篇〉中說道：「顏氏之先，本乎鄒、魯，或分入齊，世
以儒雅爲業，徧在書記」〔註 9〕儒雅是顏之推意欲子弟所從事的，也就是勤讀
詩書，以就冠冕之業。因此他批評那些士大夫子弟不讀書而沈淪廝役，說：

> 雖千載冠冕，不曉書記者，莫不耕田養馬。以此觀之，安可不自勉
> 耶？若能常保數百卷書，千載終不爲小人。〔註 10〕

讀書的目的成了維繫家世冠冕的手段。王利器在其《顏氏家訓集解》敘錄中以
爲「這是封建時期一般士大夫所以訓家的唯一主題」〔註 11〕也指出了家訓作品
在「冠冕」與「聖賢」之間的抉擇，往往捨聖賢而就冠冕，這似乎是父兄教子
弟難以避免的缺失。

二、重視齊家而忽略治國

家訓教育子弟，特別重視家庭倫理，舉凡父子、兄弟、夫婦、婆媳的相
處之道，無不遍及。至於家庭管理方面，舉凡嫁娶婚喪、職業、財務、僕役
等問題，也頗有涉略。傳統思想在這方面的規範或已時過境遷，不能爲傳家
訓子者所滿足；或者略而不談，有待訓家者擬一套理想準則以充實之。因此

〔註 7〕　陳振孫，《直齋書錄解題》，卷十雜家，頁 305。（上海古籍出版社，1987 年 12
　　　　月）
〔註 8〕　王利器，《顏氏家訓集解》，卷三，頁 194。（上海古籍出版社，1980 年 7 月）
〔註 9〕　王利器，前引書，頁 320。
〔註 10〕　王利器，前引書，卷三勉學，頁 145。
〔註 11〕　王利器，前引書，頁 7。

單就齊家的範圍，就常與傳統思維相左，而展現它獨特的地方。

例如婆媳的關係，前賢在此多著眼於如何教育媳婦，以順夫家。《禮記》〈內則〉云：

婦事舅姑，如事父母。〔註12〕

又云：

子婦孝者敬者，父母舅姑之命，勿逆勿怠。〔註13〕

又云：

凡婦，不命適私室，不敢退。婦將有事，大小必請於舅姑。子婦無私貨，無私畜，無私器，不敢私與。婦或賜之飲食衣服布帛佩帨茝蘭，則受而獻諸舅姑，舅姑受之則喜，如新受賜，若反賜之則辭，不得命，如更受賜，藏以待乏。婦若有私親兄弟將與之，則必復請其故，賜而后與之。〔註14〕

把媳婦事奉公婆等同於子女之事奉父母，因此舉凡一切孝道，並須奉行。至於《大戴禮》〈本命篇〉，引述婦女有「三從之道」，在夫家有「七去」之行。〔註15〕後漢班昭更撰〈女誡〉，以為媳婦事公婆當曲從，他說：

然則舅姑之心奈何？固莫尚於曲從矣。姑云不爾而是，固宜從令；姑云爾而非，猶宜順命。勿得違戾是非，爭分曲直。此則所謂曲從矣。故〈女憲〉曰：「婦如影響，焉不可賞。」〔註16〕

媳婦當自示卑弱，曲從公婆，不得自專。這是古來儒家學者對媳婦的要求及規範。如果婆媳之間引起爭執，儒者以為，錯在公婆，則子媳謹能諫之，倘若「父母怒不說，而撻之流血」也要「不敢疾怨，起敬起孝」；〔註17〕錯在子媳，則「教之」，教之不聽，則怒之，怒之仍不予接受，則「子放婦出」。〔註18〕這種規範在某種時空的條件下，或許仍廣為一般人接受。但在魏晉南北朝時，社會結構急劇變化，女性地位有抬頭的趨勢，尤以江北風俗為甚，《顏氏家訓》云：

鄴下風俗，專以婦持門戶，爭訟曲直，造請逢迎，車乘填街衢，綺

〔註12〕孔穎達，《禮記正義》，卷二七，頁518。（藝文印書館，民國70年元月8版）
〔註13〕孔穎達，前引書，頁520。
〔註14〕孔穎達，前引書，頁522。
〔註15〕參王聘珍，《大戴禮記解詁》，卷十三本命，頁254～255。（文史哲出版社，民國75年4月初版）
〔註16〕范曄，《後漢書》，卷八四列女傳，頁2790。（鼎文書局，民國70年4月4版）
〔註17〕孔穎達，《禮記正義》，卷二七內則，頁521。
〔註18〕孔穎達，前引書，頁521。

　　羅盈府寺，代子求官，爲夫訴屈……河北人事，多由内政，綺羅金

　　翠，不可廢闕，羸馬頓奴，僅充而已；倡和之禮，或爾汝之。〔註19〕

這種婦女持家，進而參與社會活動的風氣，《抱朴子》外篇〈疾謬〉也有類

似的敘述，〔註20〕婦女地位漸受注目，自然也使婆媳的問題再度凸顯出來。

顏之推以爲婆媳之間易起爭端，導源於婆婆的性格多「寵婿」而「虐婦」，

他說：

　　婦人之性，率寵子壻而虐兒婦。寵壻，則兄弟之怨生焉；虐婦，則

　　姊妹之讒行焉。然則女之行留，皆得罪於其家者，母實爲之。至有

　　諺云：「落索阿姑餐。」此其相報也。家之常弊，可不誡哉！〔註21〕

虐婦的結果又導致女兒適於人家，不能與婆婆和睦相處，這是環環相扣的道

理。等到子婦掌理家政，反過頭來薄待公婆，豈非家庭的不幸。顏氏從婆媳

關係，反省古來對媳婦的要求、規範，並無法完全解決其間的爭端，因此他

試圖站在媳婦的立場，看待公婆的處世態度，冀望從此探索爭端的起因，進

而提出解決之道。這雖非仁德大道，卻也是「齊家」不可或缺的一環。

　　另外，關於後娶的問題，古來都以爲「夫有再娶之義，婦無二適之文」

〔註22〕衡諸中國舊社會習俗，也多不以蓄妾爲忤。〔註23〕顏之推《家訓》則

獨立「後娶」一篇，申述後娶之易起爭端，他說：

　　江左不諱庶孽，喪室之後，多以妾媵終家事；疥癬蚊蚩，或未能免，

　　限以大分，故稀鬬鬩之恥。河北鄙於側出，不預人流，是以必須重

　　娶，至於三四，母年有少於子者。後母之弟，與前婦之兄，衣服飲

　　食，爰及婚宦，至於士庶貴賤之隔，俗以爲常。身沒之後，辭訟盈

　　公門，謗辱彰道路，子誣母爲妾，弟黜兄爲傭，播揚先人之辭迹，

〔註19〕王利器，前引書，卷一治家，頁60。

〔註20〕葛洪，《抱朴子》，外篇卷二五疾謬：「而今俗婦女，休其蠶織之業，廢其玄紞
　　之務，不績其麻，市也婆娑。舍中饋之事，修周旋之好。更相從詣，之適親
　　戚，承星舉火，不已于行，多將侍從，曄曄盈路，婢使吏卒，錯雜如市，尋
　　道褻謔，可憎可惡。或宿于他們，或冒夜而反，游戲佛寺，觀視漁畋，登高
　　臨水，出境慶弔，開車褰幃，周章城邑，盃觴路酌，絃歌行奏，轉相高尚，
　　習非成俗。」（世界書局，新編諸子集成四，頁148）

〔註21〕王利器，前引書，卷一治家，頁63。

〔註22〕范曄，前引書，卷八四列女傳，頁2790。

〔註23〕參蔡獻堂，《中國多妻制度的起源》，收入鮑家麟，《中國婦女史論集》，頁79
　　～110。（稻鄉出版社，民國77年4月）

> 暴露祖考之長短，以求直己者，往往而有。悲夫！自古姦臣佞妾，
>
> 以一言陷人者眾矣！況夫婦之義，曉夕移之，婢僕求容，助相說引，
>
> 積年累月，安有孝子乎？此不可不畏。〔註24〕

他告誡子弟，社會上父親去逝，造成「辭訟盈公門，謗辱彰道路」的情形，
都是後婆所造成的，因此他反對蓄妾的社會風俗，以爲如此可以避免諸種不
必要的紛爭。這也是齊家所必須面對的課題。這些主張都可說是對傳統儒家
思想，在「齊家」方面提出的質疑，時至今日，也有其參考的價值。

家訓在「齊家」的問題上，固然能越邁前賢，勇於建樹理論。但養成子
弟的完美人格，賦予子弟對社會的關愛，培育他們對國家民族的忠誠，則明
顯不足。《禮記》〈大學〉中所謂「修身、齊家、治國、平天下」齊家的目標
在治國，治國的理想在平天下，這是傳統儒者對人生目標的理想抱負。也唯
有如此，才不會圖利個人以害家，謀害家庭以損國，求榮國家以蔽天下。如
果只顧慮「齊家」，或過於強調家庭的利益，往往造成存家毀國的蔽端。

漢魏六朝家訓，重視國家整體利益甚於己身的，只有皇室貴族的訓誡有
這種趨勢。如曹操子曹袞〈令世子〉云：

> 嗟爾小子，慎修乃身，奉聖朝以忠貞，事太妃以孝敬。（附錄 2-1）

曹袞是操杜夫人子，因係皇室，自幼進爵封侯，〔註25〕他深覺自己「生深宮
之中，不知稼穡之艱難，多驕逸之失」〔註26〕因此他告誡世子，當慎修其身，
忠於聖朝。當然聖朝的存亡，直接影響到曹氏諸公侯的立廢，戒子「奉聖朝
以忠貞」有其不得不爾的苦心。另宋文帝劉義隆〈誡江夏王義恭書〉云：

> 汝以弱冠，便親方任。天下艱難，家國事重，雖曰守成，實亦未易。
>
> 隆替安危，在吾曹耳，豈可不感尋王業，大懼負荷。（附錄 4-1）

此宋文帝誡其弟義恭，當感尋王業創始之艱難，以國家隆替安危爲己任。另
梁元帝蕭繹《金樓子》戒子篇云：

> 東方生戒其子以上容，「首陽爲拙，柱下爲工。飽食安步，以仕易農。
>
> 依隱玩世，詭時不逢」，詳其爲談，異乎今之世也。方今堯、舜在上，

〔註24〕王利器，前引書，卷一後婆，頁48。

〔註25〕陳壽，《三國志》，卷二十武文世王公傳載：中山恭王袞，建安二十一年封平
　　　　鄉侯，二十二年徙封東鄉侯，黃初二年進爵爲公，三年爲北海王，四年改封
　　　　贊王，七年徙封濮陽，太和六年改封中山，卒於國。（鼎文書局，民國73年6
　　　　月，頁583）

〔註26〕陳壽，前引書，頁583。

千載一朝，人思自勉。吾不欲汝曹為之也。（附錄 6-2-1）
他抄東方朔戒子之言，以為「飽食安步」「依隱玩世」的心態，頗不足取，當
勠力自勉，效忠聖朝。

　　其餘仕宦家庭，雖自身亦參預朝政，亦勉子讀書以就素業，但盡忠為國，
在所不言，甚至根本否定成仁取義的行逕，如東方朔戒子批評「首陽」為拙，
而贊成「依隱玩世」的態度（參附錄 1-2）；王昶〈家誡〉以為像伯夷、叔齊、
介之推等行逕，雖能激貪勵俗，但不足效法（參附錄 2-3）；王脩〈誡子書〉
以為「父欲令子善，唯不能殺身，其餘無惜也。」（附錄 1-10）他們一致反對
犧牲生命，去求取理想，即使為國家犧牲，也在所不取。行善，只能在不殺
身的範疇中求發展，踰越此界，就不能齊家，更妄談治國。這可說是漢魏六
朝仕宦家庭誡子的一般見解，他們的目標本不在治國，而志在齊其家。因此，
殺身求善，害於其家，則不為；泯軀為國，害於其家，亦所不為，僅僅重視
齊家，煩瑣於如何對待僕役（顏延之，〈庭誥〉，附錄 4-2-11）、家中財物的分
配（徐勉，〈為書誡子崧〉，附錄 6-3），忽略教育子弟對國家的認同，對社會
的關懷，確實有其偏頗之處。

　　漢魏六朝士大夫諸撰家誡者，莫不飽讀詩書，當然也洞曉「君使臣以禮，
臣事君以忠」〔註27〕的道理，為什麼既自側身於朝，又勉子冠冕傳家，卻難以
體現以天下國家為己任的教育理念。我想除了父兄教子弟，難免有一些私愛其
家色彩外，當另有一些客觀的社會因素，使他們不得不捨「平天下」的理想，
而追求家庭的永續經營。

　　其一，知識分子，秉持理想，多遭殺害。自從東漢末年黨錮之禍始，知
識分子的生命就朝不保夕。為國盡忠，為天下蒼生謀福利，往往得不到應有
的成效，反而動則得咎。如范滂以黨錮就死，〔註28〕孔融以直言受戮，〔註29〕
嵇康以耿介被刑，〔註30〕忠臣烈士的行逕，並無法改善當時的政治環境。就
現實面來看，不如退守家庭，求其長治久安。

　　其二，社會動盪，改朝換代頻仍，忠君，成了維護一家一姓的利益，多
與天下蒼生無涉。如嵇紹甘伏身受箭，雖傳美於有唐，〔註31〕頗受譏於炎

〔註27〕邢昺，《論語注疏》，卷三八佾，頁 30。（前引）
〔註28〕范曄，《後漢書》，卷六七黨錮列傳，頁 2207。
〔註29〕范曄，前引書，卷七○鄭孔荀列傳，頁 2278。
〔註30〕陳壽，前引書，卷二一，頁 606。裴松之注引《魏氏春秋》。
〔註31〕房玄齡，《晉書》，卷八九忠義傳序：「至若嵇紹之衛難乘輿……莫不志烈秋霜，

武；〔註32〕顏見遠殉節於齊和帝，梁武帝聞之，以爲「我自應天從人，何預天下士大夫事。」。〔註33〕所以顏之推《家訓》也說：「自春秋已來，家有奔亡，國有吞滅，君臣固無常分矣。」〔註34〕「忠」的實質涵意受到了質疑。

其三，魏晉以後，世家大族，異代長期執政。梁元帝甚至熟讀譜牒，〔註35〕以備選官任人之用，仕宦家庭爲確保人才輩出，維持冠冕傳統於不墮，自然更加注重修身、齊家的子弟教育。

第二節　漢魏六朝家訓之行爲取向

建立一個完善的道德判斷，可以使人的行爲不致於偏離道德，因此孔子說：「苟志於仁矣，無惡也」〔註36〕「志於仁」就是一種道德判斷，如能用「仁」做爲判斷其當行與否的準則，自然就少有偏差的行逕。但漢魏六朝家訓對子

精貫白日，足以激清風于萬古，厲薄俗于當年者歟！所謂亂世識忠臣，斯之謂也。」（鼎文書局，民國72年7月，頁2297）

〔註32〕余嘉錫，《世說新語箋疏》，政事第三，第八則載嵇康死後，山濤薦嵇紹之事，余氏引王隱晉書載郭象語云：「嵇紹父死非罪，曾無耿介，貪位死闇主，義不足多。」又引顧炎武「日知錄」卷十三論嵇紹蕩陰之死，反覆陳說，以爲晉室乃仁義充塞之國，且晉又殺康，則紹不當再仕於晉，以明其死之不得言忠。余氏云：「禮曰：父之讎，弗與共戴天⋯⋯忘父之讎，而北面於其子之朝，以邀富貴，是猶禽獸不知有父也。」（王記書坊，民國73年10月頁171～173）世昌案：顧氏之言有以也，國滅清虜，不事二主，故出此論。至於余氏近在民國之世，而謂紹忘父之讎，仕於晉，乃禽獸不知有父。似過責於紹也。殺康者司馬昭，紹死者惠帝司馬衷，康死之時，紹僅十歲，衷四歲，皆年幼，以私人言之，似不必以前世之仇，求其子孫以相報也。如以古代家天下言之，則司馬氏固有天下，如何逃於天地之間。我以爲紹之仕與否，非其罪也，能以身蔽主，死君難，忠貞之士也，如以爲禽獸，則王沈、王儉之徒豈禽獸而已哉？余氏引郭象、王隱、郗鑒之言，以爲甚善，不可以人廢言。實非篤論。魏晉以來，重孝而輕仁，愛家而忘國，何曾、荀顗皆爲孝子，而諂附賈充，傅玄歌頌何、荀，而不言二人不忠。（見唐修晉書卷三三何曾傳）則時人以紹事司馬氏，以爲不孝，竟一併淹滅其忠貞之行，亦想當然爾之事。忠孝實難兩全，更何況上代之恩怨乎？余氏之言，令人慨歎！

〔註33〕姚思廉，《梁書》，卷五十文學下，頁727。（鼎文書局，民國72年元月4版）

〔註34〕王利器，前引書，卷四文章，頁240。

〔註35〕梁元帝，《金樓子》，自序篇云：「吾年十三，誦百家譜，雖略上口，遂感心氣疾。」（世界書局，民國64年7月再版，卷六頁19）

〔註36〕邢昺，《論語注疏》，卷四里仁，頁36。

弟行為的出處去就，往往側重免禍與致用。對子弟行為的不善，而戒以禍害，務求改正；對子弟行事的浮華，而導以致用，務求應世。這樣的原則，本無可議。但在精神上，缺少了積極為善的淑世胸懷；在運用上，容易模糊是非的標準。茲述之如次：

一、強調免禍而忽略為善

漢魏六朝家訓在免禍的議題上，是無微不至的，舉凡視、聽、言、動等一切行為禮儀，以至於職業，文章、欲望、養生等課題，都以免禍做為重要的依據。如李充〈起居誡〉云：

> 牀頭書疏，亦不足視，或是他私密事，不欲令人見，見之縱不能宣，誰明之，若有洩露，則傷之者至矣。（附錄 3-3）

李充站在莫知他人隱私的觀點，訓勉子弟不可翻看別人牀頭書疏，以不視不知可以免禍為誡。另嵇康〈家誡〉云：

> 凡人自有公私，慎勿強知人知。彼知我知之，則有忌於我，今知而不言，則便是不知矣。若見竊語私議，便舍起，勿使忌人也。或時逼迫，強與我共說，若其言邪儉，則當正色以道義正之。何者？君子不容儉薄之言故也。一旦事敗，便言某甲昔知吾事，是以宜備之深也。凡人私語，無所不有，宜預以為意，見之而走者，何哉？或偶知其私事，與同則可，不同則彼恐事泄，思害人以滅跡也。（附錄 2-6）

嵇康以為凡是私語竊議，無所不有，能不視不聞不知，則禍害不及其身。其〈家誡〉又云：

> 夫言語，君子之機。機動物應，則是非之形著矣，故不可不慎。若於意不善了，而本意欲言，則當懼有不了之失，且權忍之，後視向不言此事，無他不可，則向言或有不可，然則能不言，全得其可矣。且俗人傳吉遲，傳凶疾，又好議人之過闕，此常人之議也。坐中所言，自非高議，但是動靜消息，小小異同，但當高視，不足和答也。非義不言，詳靜敬道，豈非寡悔之謂？人有相與變爭，未知得失所在，慎勿豫也。且默以觀之，其非行自可見。或有小足不足是，小非不足非。至竟可不言以待之，就有人問者，猶當辭以不解，近論議亦然。（附錄 2-6）

又張融〈門律自序〉云：

人生之口，正可論道說義，惟飲與食。此外如樹網焉。吾每以不爾爲恨，爾曹當振綱也。（附錄 5-2）

又梁元帝〈金樓子・戒子〉云：

后稷廟堂金人銘曰：戒之哉！無多言，多言多敗；無多事，多事多患。勿謂何傷，其禍將長；勿謂何害，其禍將大。（附錄 6-2）

諸人訓子，並以言語宜愼爲戒。歸納其說有二：第一，能不言則保持緘默；第二，不能不言，則少言，而言必道義。他們的理由仍是因爲言語不愼，易招來是非，身陷網羅。站在保身長家的觀點，始皇坑儒〔註37〕禰衡罹禍，〔註38〕無非不是言語所造成，對事情不能有所改易，而徒因言語之失，遭受禍害，是家訓深戒子弟愼言的原因。魏晉以來，密謀之事層出不窮，稍有不愼，禍及其身。如《魏氏春秋》載鄭小同（鄭玄孫）事云：

小同，高貴鄉公時爲侍中。嘗詣司馬文王，文王有密疏，未之屏也，如廁還，問之曰：「卿見吾疏乎？」答曰：「不。」文王曰：「寧我負卿，無卿負我。」遂酖之。〔註39〕

司馬懿只因懷疑小同觀其密疏，即令飲酖，縱然不視不知，都有罹禍的可能。另在《世說新語》假譎篇載王羲之年不及十歲，恆在大將軍王敦帳中眠，聽聞王敦及錢鳳言逆節之謀，幸其佯睡，吐唾從橫，乃得全。時人稱其有智。〔註40〕於此可以想見諸人誡子視、聽、言諸舉，都應謹愼，有其苦心。

另關於毀譽之舉，如王昶〈家誡〉云：

夫毀譽，愛惡之原，而禍福之機也，是以聖人愼之。（附錄 2-3）

又殷褒〈誡子書〉云：

昔弗父何三命滋恭，晏平仲久而敬之，曾、顏之徒，有若無實若虛也。況爾析薪之智，欲彈射世俗，身爲謗先，怨禍並集，使吾懷朝父之憂，爲范武子所嘆，亦非汝之美也。（附錄 2-5）

馬援〈戒兄子嚴、敦書〉戒兄子不得議論人長短（附錄 1-5），楊椿〈誡子孫〉（附錄 7-1）以爲不可輕論人惡，都深以毀譽爲戒。人往往易察他人細微差失，而未見己身過錯，唯有時時反省，或可略減此患。根本的說，人有缺失，己

〔註37〕參司馬遷，《史記》，卷六秦始皇本紀，頁258。（鼎文書局，民國74年3月7版）

〔註38〕見范曄，《後漢書》，卷八十下文苑列傳，頁2653。

〔註39〕范曄，前引書，卷三五鄭玄傳李賢注引，頁1212。

〔註40〕余嘉錫，前引書，頁855。劉孝標注以爲此乃王允之事，說詳余氏箋疏。

未必無；人行不善，己未必善。故而不如責己修身。孔子勉子貢以「夫我則不暇」，〔註41〕謂修己之不暇，何暇以方人。這是就其積極面來看毀譽，較俱建設性。但王昶、殷褒、楊椿則孜孜言及禍福，不免落入辭禍求福之訓，從此也可以想見免禍在家訓中，所扮演的角色。

　　顏之推在其《家訓》中，獨立「誡兵」一篇，〔註42〕以爲先世儒雅，當讀書以就素業，不得涉兵戎。他所持的理由有三：第一，顏氏得姓以來，歷秦、漢、魏、晉，下逮齊、梁，未有用兵以取達者。第二，前世用兵者，如顏高之徒爲「鬥夫」，顏涿聚之徒竟以顛覆，顏忠之徒皆罹禍敗。第三、批評當時士大夫涉兵戎者，皆微行險服，逞弄拳擎，大則陷危亡，小則貽恥辱；甚者首爲逆亂，詿誤善良，不識存亡，強相扶戴。他以爲這都是「陷身滅族之本」。尋其全篇主旨，即在告誡子弟「兵戎」是取禍之源，欲要免禍，首在「誡兵」。顏氏也是以「免禍」做爲取捨兵戎的準則。然而國之興亡，匹夫有責，將士縱橫沙場，馬革裹屍，意在捍衛國土，豈復計身家。以禍而戒兵，雖欲免子於難，實有私愛之情。

　　漢魏六朝家訓之免禍思想，都離不開私愛其子的主觀色彩及仕途險惡的客觀因素。然而諸種行逕，自有其客觀的道德標準，一切戒之以禍害，易使正邪不分、朱紫莫辯，甚或爲免禍害，而行違仁義。所以范滂臨終謂其子曰：「吾欲使汝爲惡，則惡不可爲；使汝爲善，則我不爲惡。」〔註43〕直就善惡的根本處，欲子趨於善，倘能爲善，雖有違父誡，亦所不惜。如此乃能就事論事，勇於行善。可惜的是，漢魏六朝之中，撰文訓子，誡子免禍者多，全心體仁者少。

二、強調致用而忽略性好

　　凡事講究致用，斥責所有不切實務的作風；進而以致用做爲去就取捨的行事準則。這是漢魏六朝家訓判斷行爲是非的重要依據。而所謂有用與無用，又扣緊於立身、處世、齊家、冠冕上面。因此對流行於魏晉南朝的玄學，手捉塵尾，促膝清談，多所不取；對琴棋書畫、醫藥卜算，諸種雜藝，非關經國大業，亦所不取。家訓這種精神，對魏晉以降的士大夫，浮華虛僞，矯名

〔註41〕邢昺，《論語注疏》，卷十四憲問，頁128。
〔註42〕王利器，前引書，卷五，頁320～326。
〔註43〕范曄，《後漢書》，卷六七黨錮列傳，頁2207。

求榮，有其正面的教育意義。

魏晉以下士子崇尚玄風，讀書喜讀《莊》、《老》、《周易》，總稱「三玄」；〔註44〕朋友儔對，賓主往復，多好清談高論。站在務實的觀點，它既無益於修身、齊家，對經世濟俗也沒有確切的功效。因此如王僧虔〈誡子書〉明言不欲子弟爲之。他說：

> 知汝恨吾不許〔汝〕學，欲自悔屬，或以闔棺自欺，或更擇美業。
> 且得有慨，亦慰窮生，但亟聞斯唱，未覩其實。……往年有意於史，
> 取《三國志》聚置床頭，百日計，復徙業就玄，自當小差於史，猶
> 未近彷彿。曼倩有云「談何容易。」見諸玄，志爲之逸，腸爲之抽，
> 專一書，轉誦數十家注，自少至老，手不釋卷，尚未敢輕言。汝開
> 《老子》卷頭五尺許，未知輔嗣何所道，平叔何所說，馬、鄭何所
> 異，指例何所明，而便盛於麈尾，自呼談士，此最險事。設令袁令
> 命汝言易，謝中書挑汝言莊，張吳興叩汝〔言〕老，端可復言未嘗
> 看邪？談故如射，前人得破，後人應解。不解即輸賭矣。且論注百
> 氏，荊州八袟，又才性四本，聲無哀樂，皆言家口實，如客至之有
> 設也。汝皆未經拂耳瞥目。豈有庖廚不脩，而欲延大賓者哉？就如
> 張衡思侔造化，郭象言類懸河，不自勞苦，何由至此？汝曾未窺其
> 題目，未辨其指歸；六十四卦，未知何名；莊子眾篇，何者內外；
> 八袟所載，凡有幾家；四本之稱，以何爲長。而終日欺人，人亦不
> 受汝欺也……汝年入立境，方應從官，兼有室累，牽役情性，何處
> 復得下帷如王郎時邪？爲可作世中學，取過一生耳。（附錄4-3）

王僧虔並非不欲子弟讀書，如信中所言《三國志》，是他所謂「世中學」，僧虔希望子弟讀之唯恐不及。他反對的是讀《老子》、《莊子》、《周易》等書，以及「才性四本」、「聲無哀樂」等清談的主題。雖然王氏指責說不讀書而便「盛於麈尾，自呼談士」爲最險事，但他也不因此鼓舞子弟通讀相關典籍；反而是以通過自己對子弟的行事觀察，認爲他們不適合從事於清談。不過就其根本的原因，仍在於這些書及行逕，實與從官經國大業無涉，故而戒之痛切如此。顏之推《顏氏家訓》勉學篇也批評老、莊爲「任縱之徒」，更敘何晏、王弼、山濤、夏侯玄、荀粲、王戎、嵇康、郭象、阮籍、謝鯤等清談名家，以爲不免缺德遺行。至於趨此玄風者，更是「桎梏塵滓之中，顚仆名利之下」

〔註44〕王利器，前引書，卷三勉學，頁179。

顏氏抨擊玄學、清談的理由，主要是玄談「直取其清談雅論，剖玄析微，賓主往復，娛心悅耳，非濟世成俗之要也。」〔註45〕他也站在實用的角度來看待魏晉以來流行的玄風。

雖說顏之推自言「性既頑魯，亦所不好」〔註46〕故而崇儒抑玄，不欲子弟沾染玄風；但魏晉以來清談名流如嵇康、阮籍，雅好三玄的梁元帝，當他們教育子弟之時，也同樣秉持務實的觀點，未見勸子學玄。

嵇康撰有〈家誡〉（參附錄2-6），論施捨之原則、言語之宜慎、飲酒之有節及立志之方，皆切乎世用，尤其談到「大德與小節」的決擇時，他說：

> 不須作小小卑恭，當大謙裕，不須作小小廉恥，當全大讓。若臨朝
> 讓官，臨義讓生，若孔文舉求代兄死，此忠臣烈士之節。〔註47〕

所謂大謙裕，就是「臨朝讓官，臨義讓生」這是儒者「殺身成仁」「舍生取義」的理想，迥異於他自己所說「絕智棄學，遊心於玄默」〔註48〕的老莊思想。由此可知他仍肯定儒學精神的應世之用。

阮籍與嵇康同為竹林七賢之一，〔註49〕《世說新語》任誕篇劉孝標注引鄧粲《晉紀》云：「籍母將死，與人圍棋如故，對者求止，籍不肯，留與決賭。既而飲酒三斗，舉聲一號，嘔血數升，廢頓久之。」〔註50〕干寶批評他：「觀阮籍之行，而覺禮教崩弛之所由」〔註51〕他行事固然任誕，卻不希望子弟再入此流，《世說新語》任誕篇又載：

> 阮渾長成，風氣韻度似父，亦欲作達。步兵曰：「仲容已預之，卿不
> 得復爾。」〔註52〕

阮籍、阮咸叔姪二人，並列《世說新語》任誕篇中，咸之放誕，又有過之而無不及。籍因此不許渾再染任誕之風。劉孝標〈竹林七賢論〉以為：「籍之抑

〔註45〕以上並參王利器，前引書，卷三勉學，頁178～179。
〔註46〕同前註引書，頁179。
〔註47〕案：嵇氏「家誡」此言，洵非魏晉以來一般仕宦家族之誡子所能及。
〔註48〕嵇康，《嵇中散集》，卷一「重作四言詩七首」之五，頁6。（商務印書館四部叢刊正編，民國68年11月台1版）
〔註49〕參余嘉錫，《世說新語箋疏》，任誕篇首則，頁717。
〔註50〕余嘉錫，前引書，頁732。
〔註51〕蕭統，《文選》，卷四九頁2188。（上海古籍出版社，1992年7月標點本）又唐修晉書卷三三何曾傳載：「籍負才放誕，居喪無禮」，何曾當著司馬昭面前批評他說：「卿縱情背禮，敗俗之人」。（頁995）
〔註52〕余嘉錫，前引書，頁735。

渾，蓋以渾未識己之所以爲達也」〔註53〕未識所以爲達，則易流於放蕩越禮，難堪世用。〔註54〕此則阮籍所以戒子之用心。

　　嵇康、阮籍所以行違禮俗，或許有其他客觀的因素，〔註55〕但也與時代的風氣及己身的性好離不開關係。梁元帝蕭繹，亦雅好三玄，並且親登講壇，顏之推《顏氏家訓》勉學篇載：

> 《莊》、《老》、《周易》，總謂三玄……元帝在江、荊間，復所愛習，召置學生，親爲教授，廢寢忘食，以夜繼朝，至乃倦劇愁憤，輒以講自釋。〔註56〕

但他在所著《金樓子》戒子篇中，卻隻字不及三書，反而要求子弟讀《五經》，說「凡讀書，必以《五經》爲本，所謂非聖人之書勿讀。」（附錄6-2，下同）其次首重正史，他說「正史既見得失成敗，此經國之所急。」再其次則讀譜牒，他說「譜牒所以明貴賤，明是非，尤宜留意，或復中表親疏，或復通塞升降，百世衣冠，不可不悉。」正史可以明國家之興亡，譜牒可明百世衣冠；一則可爲治國理民之鑑戒，一則可爲拔擢人才之參考。皆切合於實用，而無涉玄理。此三人雖時隔勢異，但對教子的要求都偏重致用，而不顧性好則一。

　　另外從誡子者對雜藝的態度，也可窺見其端倪。王昶在〈家誡〉（附錄2-3）中提到投壺、博、弈、樗蒲、彈棋、射六種遊戲，他以爲前五種皆無益於人，唯有「射」，男子之事，在六藝之中，若欲戲，唯得射而已。射在戰場上可以應敵，其餘皆純粹遊戲而已。孔子嘗云：「飽食終日，無所用心，難矣哉！不有博、奕者乎，爲之猶賢乎已。」〔註57〕那也不過是勝於「飽食終日，無所用心」之人，非君子之事。更何況諸戲意在勝負，有勝負則或相爭持，或淪爲賭博之工具。春秋宋閔公與臣宋萬博戲，爲宋萬所弒；〔註58〕

〔註53〕同前註。

〔註54〕咸兄子簡，以曠達自居，父喪不拘禮，以致清議，廢頓幾三十年。參前註劉孝標引「竹林七賢傳論」。又咸以行多違禮度，故山濤三次薦舉，司馬炎不能用。見余嘉錫，前引書，賞譽十二則，劉孝標注，頁424。案：此並可知任誕唯性所好，然施之於世，略無可取。

〔註55〕唐長孺，《魏晉南北朝史論拾遺》，「魏晉南朝的君父先後論」一文云：「司馬氏政權所標榜的孝正是對付不肯與司馬氏合作的人，而嵇康、阮籍等之放誕行爲又正是對於標榜孝道的諷刺，自然在這裏我們還不能忘掉當時的政權是建築在高門大族的基礎上，而孝道則爲鞏固這個基礎所需要。」（坊間排印本，頁242）

〔註56〕王利器，前引書，頁179。

〔註57〕邢昺，前引書，卷十八陽貨，頁158。

〔註58〕徐彥，《春秋公羊傳注疏》，莊公十二年傳：「萬嘗與莊公戰，獲乎莊公，莊公

王景文以蒲戲白衣領職，〔註59〕劉康祖坐樗蒲免官。〔註60〕則諸戲非但無益人，甚且有損己身。故王昶站在實用的觀點，全盤否定了諸戲的作用。

顏之推《顏氏家訓》獨立「雜藝」一篇，遍敘諸種雜藝，他以爲「書法」不須過精，否則巧者勞而智者憂，常爲人所役使；「繪畫」之善者，每被公私使令，亦爲猥役；善「卜筮」者，皆無官位，多或罹災，拘而多忌，亦無益也；「算術」可以兼明，不可以專業；「醫方」之事，取妙極難，不欲子弟以此自命；「音樂」不可令有稱譽，否則見役於勳貴，處之下坐，以取殘盃冷炙之辱；「博奕」不可常精，「圍棋」令人耽愒，廢喪實多，不可常爲；「投壺」「彈棊」時可爲之。唯獨「射箭」，乃濟身之急務，然要輕禽，截狡獸，則不願子弟爲之。〔註61〕之推所列敘，可謂詳備，而其勸諭子弟之原則，往往取決於能否致用於立身、處世之方，與王昶所言略相彷彿。雖然他並不一律否定諸藝在人生中的某種作用，但站在儒者讀書、論道、撰文以仕宦的立場，這些都是枝微末節的，非但是「取妙極難」而已，最主要的還在難能而不可貴，故而除了射箭一事，皆不欲子弟專精於此。

顏氏這種致用、應世的理念，遍及全書，如〈勉學篇〉批評當世之士大夫云：「求諸身而無所得，施之世而無所用」〔註62〕「軍國經綸，略無所用」〔註63〕「空守章句，但誦師言，施之世務，殆無一可」〔註64〕〈涉務篇〉〔註65〕批

〔註59〕以下省略行文「歸，散舍諸宮中，數月然後歸之。歸後，爲大夫於宋。與閔公博，婦人皆在側。萬曰：『甚矣，魯侯之淑，魯侯之美也，天下諸侯宜爲君者，唯魯侯爾。』閔公矜此婦人，妒其言。顧曰：『此虜也，爾虜焉故？魯侯之美惡乎至？』萬怒，博閔公，絕其脰。」（藝文印書館，民國70年元月8版頁91）

〔註59〕沈約，《宋書》，卷八五王景文傳：「坐與奉朝請毛法因蒲戲，得錢百二十萬，白衣領職。」（鼎文書局，民國73年元月4版，頁2179）

〔註60〕沈約，《宋書》，卷五十劉康祖傳：「康祖……在閭里不治士業，以浮蕩蒲酒爲事……爲員外郎十年，再坐樗蒱戲免。」（頁1447）

〔註61〕以參王利器，前引書，卷七雜藝，頁507～530。

〔註62〕王利器，前引書，頁145。

〔註63〕同前註，頁161。

〔註64〕同前註，頁169。

〔註65〕「涉務篇」全文旨在陳說士大夫當從事時務，不可徒高談虛論。王利器以爲：「涉務二字義同，謂專心致力也。〈勉學〉篇：『恥涉農商，羞務工技。』即以涉務對文成義。」（前引書，頁291註（一））世昌案：顏之推以「涉務」名篇，「涉」取其從事，「務」取其人間事務之意。「涉務」篇中舉眼皆其例，他批評文學之士，只知品藻古今，及有試用，多無所堪，而說「難可以應世經務」，又說「多迂誕浮華，不涉世務」「安識世間餘務乎？」，皆以涉謂從事，務謂事務，非專心致力也。之推在文末舉「乘馬」「稼穡」二例，非欲

評世中文學之士「不知有勞役之勤，故難可以應世經務」〔註66〕「多迂誕浮華，不涉世務」〔註67〕在在展現他撰文誡子，對諸種行爲，強調理性的實用觀點。

第三節　漢魏六朝家訓之誥誡性質

漢魏六朝家訓的內涵，多重視具體的行爲訴求，不喜抽象的哲學論證；著眼於小節的完備，忽略大德的修養。由於父兄與子弟朝夕相處，榮辱與共。朝夕相處則子弟之言行舉止，巨細靡遺，皆在目前，因此求備於闕言遺行；榮辱與共，則力求教育效用之顯著，無暇煩瑣於理論之講究。這是就其大體而言，至如顏之推《顏氏家訓》，自爲一書，其間既重視具體的行爲，也強調抽象的哲理；既完備於小節，也思及大德的涵養。因而有些訴求與理論相悖，有些小節與大德互乖，我在《顏氏家訓》專題研究一章，另有闡述。茲依「具體與抽象」「小節與大德」二端敘說於次：

一、強調具體訴求而罕及抽象理論

具體的規範，是社會行爲禮儀的特徵；而抽象的理論，是行爲據以圓滿的憑藉。家訓誡子的用意，本在去除子弟不良習性，或指示子弟以理想的行爲規範，故往往直指某言、某行、某事、某物之當行與否，以繩墨之，起初原未思及建立一套完整的理論以遍施天下蒼生。更何況先賢墳典俱在，覽之在目，誦之在口，猶不能行，甚或倒行逆施之；此則有賴父兄之諄諄告誡，痛責其非，切陳其所不能。這也是爲求具體成效，不得不爾的原因。

例如有關擇師的問題，後漢酈炎在獄中撰書戒子云：

> 嗟哉，邈之遺孤……陳留蔡伯喈，與我初不相見，吾仰之猶父，不
> 敢以爲兄，彼必愛以爲弟；九江盧府君，吾父事之；張公袞、張子
> 傳幼業、王延壽、王子衍，我之朋友也；鮮于中優，吾先姑之所出
> 也，若不足焉。汝苟足，往而朝觀之。汝不敏，從之學焉。汝苟往，

子弟專心致力於此，亦非謂士大夫當專心致力於此，乃謂當時士大夫，生活過於優閒，不從事「乘馬」「稼穡」等事務，故「膚脆骨柔」，不能「治官」「營家」。之推在「勉學」篇中，斥不讀書而淪於耕田、養馬者爲「小人」，豈有勸子弟專心致力於「乘馬」「稼穡」之理。王氏之說，恐非允論。
〔註66〕同前註，頁292。
〔註67〕同前註。

取任焉。咨爾止戈，吾蔑復有言焉。（附錄 1-7）

據《後漢書》文苑傳載，酈炎死獄中，時年二十八，〔註 68〕〈遺令書〉中言其子未滿兩旬（參附錄 1-7），亦書戒子，子未必得見，但仍孜孜列舉蔡邕、盧植、張公袞、張子傳、王延壽、王子衍，鮮于中優等人，欲子從之學習。又晉東海王司馬越敕世子毗曰：

> 夫學之所益者淺，體之所安者深。閑習禮度，不如式瞻儀形。諷味
>
> 遺言，不如親承音旨。王參軍人倫之表，汝其師之。〔註69〕

王參軍即王承，字安期，《晉書》卷七五本傳云：「承少有重譽，而推誠接物，盡弘恕之理，故眾咸親愛焉。渡江名臣王導、衛玠、周顗、庾亮之徒皆出其下，爲中興第一。」〔註 70〕本傳載，王氏任東海太守時，釋放盜池魚者，寬容夜行之人，皆有愛民不拘泥條律之風。宜司馬越敕子以受教。他提到讀書學習，雖有受益，但不如直接受教眼前賢哲，「式瞻儀形」「親承音旨」就學習效果來說，更能深刻而周全。

《荀子》〈勸學〉篇云：「學莫便乎近其人」〔註71〕《禮記》〈學記〉：「師也者，所以學爲君也。是故擇師不可不慎也。記曰：三王四代唯其師。此之謂乎。」〔註 72〕都強調親師、擇師的重要，而二人誡子則是這種理論的具體表現。

另外，關於讀書的問題，歷來儒家典籍都頗強調讀書的重要，故而荀況有「勸學」（荀子）、戴聖有「學記」（禮記）、揚雄有「學行」（法言）、王符有「讚學」（潛夫論）、徐幹有「治學」（中論）、葛洪有「勖學」（抱朴子外篇）、劉子有「崇學」，皆著書特立專文，以討論之，深恐讀者疏忽於此。而漢魏六朝家訓，對這個問題也普遍重視。爲求具體成效，更擬書目，欲子弟誦讀之。如劉備遺詔敕後主云：

> 汝父德薄，勿效之。可讀《漢書》、《禮記》，閒暇歷觀諸子及《六韜》、
>
> 《商君書》，益人意智。聞丞相爲寫《申》、《韓》、《管子》、《六韜》
>
> 一通已畢，未送，道亡，可自更求聞達。（附錄 2-7）

勉劉禪讀《漢書》、《禮記》及法家諸書，又西涼李暠寫諸葛亮〈訓誡〉以勖

〔註68〕范曄，前引書，卷八十下，頁 2649。
〔註69〕余嘉錫，前引書，頁 439。
〔註70〕房玄齡，前引書，頁 1961。
〔註71〕王先謙，《荀子集解》，卷一，頁 14。（大陸中華書局，1988 年 9 月 1 版）
〔註72〕孔穎達，《禮記正義》，卷三六，頁 654。（前引書）

諸子曰：

> 古今之事，不可以不知，苟近而可師，何必遠也。覽諸葛亮〈訓勵〉，
> 應璩奏諫，尋其終始，周孔之教盡在中矣。爲國足以致安，立身足
> 以成名，質略易通，寓目則了，雖言發往人，道師於此。（附錄 3-7）

提供諸葛亮、應璩二人的作品，以爲內容典正，上承周孔儒家道統，而且文辭質略易通，就實用性來說，比經書來得更容易接受。另外像梁元帝欲子讀五經、正史、譜牒（參附錄 6-2-11），王僧虔不許子弟讀三玄之書（參附錄 4-3），一樣都明確直指其事，唯恐子弟無所依據。

另外如飲酒的課題，也是撰文誡子所注目的焦點。因爲公私宴會，賓主盡歡，有賴酒食以相佐，禁絕有違人情，不節則流於沈湎。故《禮記》樂記云：「是故先王因爲酒禮，壹獻之禮，賓主百拜，終日飲酒而不得醉焉，此先王所以備酒禍也」〔註73〕「終日飲酒而不得醉」是一種理想，施之現實情境，又難以自裁，因此如王肅〈家誡〉誡子飲酒宜愼云：

> 凡爲主飲客，使有酒色而已，無使至醉。若爲人所強，必退席長跪，
> 稱父誡以辭，敬仲辭君，而況於人乎？爲客又不得唱造酒史也，若
> 爲人所屬，下坐行酒，隨其多少，犯令行罰，示有酒而已，無使多
> 也。（附錄 2-2）

他更明確條示「爲主飲客」「爲人所強」「唱造酒史」等在酒席之間容易發生的事，具體拿出應對的方法。另嵇康〈家誡〉云：

> 不須離摟，強勸人酒，不飲自己。若人來勸，己輒當爲持之，勿訽
> 勿逆也。見醉薰薰便止，愼不當至困醉，不能自裁也。（附錄 2-6）

對飲酒時「強勸人酒」「不能自裁」的行逕，特別提示，希望子弟有所警誡。

以上所述，如爲子擇師、提供書籍、飲酒禮儀，都具體而明確，無模稜兩可或高談闊論之詞。主要也是誡子講求效率，講求效率則不得不專對一、二事加強訓誡，希望能有立竿見影的成果。

二、強調小節踐履而罕及大德修養

小節謂生活習慣中的食衣住行、灑掃應對進退等禮節規範，而大德謂仁義忠誠等品德的體現，小節與大德，如能兼修並善，固然爲美，倘不能兼善，應

〔註73〕同前註，卷三八，頁 678。

當重大德而略小節。孔子所謂「大德不踰閑，小德出入可也」〔註74〕即在說明二者之間的輕重取捨。但漢魏六朝諸人誡子，尤其是魏晉以後，特重生活細節的講究，而疏忽仁義忠誠的追求。這固然是因為魏晉南朝社會上呈現奢靡浮華的不實之風，身為父兄的人力思改正子弟的習性；另一方面也是仁義忠誠的氣節，不為眾人所重視，有以致之。

如王昶〈家誡〉（附錄 2-3），今存近二千言，在魏晉之世，獨受青睞於陳壽，舉篇抄入《三國志》本傳之中，似有家範典則當代之意。但所言戒浮華朋黨、勉知足、戒速成、戒自伐、戒毀譽、如何處謗、如何交友、品評人物做為取捨、立功治家之患、戒雜藝等，他強調的這些固然是立身處世所當注意，然而無一語涉及仁德的踐履、忠誠的涵養。甚至否定伯夷、叔齊、介之推等人求仁得仁、臨朝讓官的德風。

又如羊祜〈誡子書〉云：

> 恭為德首，慎為行基，願汝等言則忠信，行則篤敬。無口許人以財，
> 無傳不經之談，無聽毀譽之語。（附錄 3-1）

主要強調視、聽、言、動的規範。至於李秉〈家誡〉，通篇言慎，他引用司馬昭之言以戒子曰：

> 「天下之至慎，其惟阮嗣宗乎！每與之言，言及玄遠，而未嘗評論
> 時事，臧否人物，真可謂至慎矣。」吾每思此言，亦足以為明誡。
> 凡人行事，年少立身，不可不慎，勿輕論人，勿輕說事，如此則悔
> 咎何由而生，患禍無從而至矣。（附錄 3-2）

凡事宜慎，固然可以使諸種小節中規中矩，免於危難。但是當仁不讓於師，仁義當前，又豈能謹慎慮及禍害而有所不為？豺狼當道，又豈能慎其言行，置之不顧？奸佞在朝，又豈能三緘其口，任所欲為？所以錢振鍠批評阮嗣宗之慎而莫辨是非云：「嗣宗不過司馬昭門客耳，若有忠臣如王允，討昭而殺之，門客未必不與其禍。嗣宗之慎，不足道也。假使嗣宗為王臣，人主問以臣下賢否，亦將隱情不言乎？若是，必食奸黨惡者也，又不然是無是非之心也。」〔註75〕這也是重小節而妄顧大德之失。

至如顏延之〈庭誥〉（附錄 4-2）文尤煩富，言立志、治家、處世、嗜欲、論文、數相、佛道，洋洋四千言所言去泰去甚有餘，忠公仁民不足。而徐勉

〔註74〕邢昺，前引書，卷十九子張，頁 173。
〔註75〕盧弼，《三國志集解》，卷十八，頁 464 引（大陸中華書局，1983 年 12 月）

〈爲書誡子崧〉（附錄 6-3）尤多煩瑣於治家理財之方，楊椿〈誡子孫〉（附錄 7-1）以節儉、兄弟同財、愼言語、愼待人、止足勉其子孫，魏收〈枕中篇〉（附錄 7-2）意在免禍保身。這些人都是當朝大臣，撰文以誡子，猶不免如此，家訓的主題，重小節而略大德可見其一斑。

漢魏六朝諸人家訓能特重大德而略小節者，唯嵇中散一人而已，雖說他在〈家誡〉中也提到莫預他人之爭論、施捨之原則、言語宜愼、莫探他人隱私、朋友往來之道、飲酒之原則，但在篇首強調立志的重要時，稱讚申包胥、伯夷、叔齊、柳下惠、蘇武說：

> 若夫申胥之長吟，夷齊之全潔，展季之執信，蘇武之守節，可謂固矣。（附錄 2-6）

嵇康以爲諸人持志堅固，希望子弟拿他們做榜樣學習，後面又提到：

> 外榮華則少欲，自非至急，終無求欲，上美也。不須作小小卑恭，當大謙裕；不須作小小廉恥，當全大讓。若臨朝讓官，臨義讓生，若孔文舉求代兄死，此忠臣烈士之節。（附錄 2-6）

直接標示小卑恭與大謙裕，小廉恥與大讓，小節與大德之擇別，並以「臨朝讓官，臨義讓生」相勉。此等措辭，在魏晉南北朝數百年之家訓，實爲罕見，難怪乎彼有嵇侍中之子嗣，而傳美後代。

第四節　漢魏六朝家訓與儒家思想

漢魏六朝家訓的具體呈現，主要以儒家思想爲其規範，雖說魏晉之後，玄學鼎盛，南朝以來佛教信仰普及，但諸人誡子仍不離修身、齊家、處世等要求，其原因可從兩方面來探討：

第一，家訓強調家庭價值，爲其他思想所難以取代。家訓原爲父兄對子弟的誥誡，施教者與受教者之間，原有不同於師生、僧眾的關係。師生、僧眾之間，可以自然超越私愛的色彩故能暢論哲理、直舒大道；家訓則因爲父兄、子弟同在一個家庭之中，禍福榮辱與共，故而特別重視家庭價值。有一個完整的家，才能保有自己，是當時人家訓的共同理念。所以王昶〈家誡〉開宗明義的說：

> 夫爲人子之道，莫大於寶身全行，以顯父母。此三者人知其善，而或危身破家，陷於滅亡之禍者，何也？由所祖習非其道也。（附錄

2-3）

他所謂爲人子之道就是孝道，父慈子孝、兄友弟恭、夫敬婦順，是齊家的基
本要件，因此他要求孝道的體現，目的是在齊家。所以他最在意的是「危身
破家」，不是「亡國滅種」。顏延之〈庭誥〉敍說這種特質，尤爲明確，他說：

> 庭誥者，施於閨庭之內，謂不遠也……尋尺之身，而以天地爲心；
> 數紀之壽，常以金石爲量。觀夫古先垂戒，長老餘論：雖器用細制，
> 每以不朽見銘；繕築末迹，咸以可久承志。況樹德立義，收族長家，
> 而不思經遠乎？（附錄 4-2-3）

「收族長家」是他撰文的目的，「收族」謂釐清上下尊卑、親疏遠近之序，以
團結族人；〔註 76〕「長家」謂使家庭長興不衰。通過「樹德立義」以「收族
長家」，其重視家庭價值自不待言。顏之推《顏氏家訓》序致篇也提到撰文的
目的說「業以整齊門內，提撕子孫。」〔註 77〕他們述家訓以誡子孫，都是站
在齊家的立場可知。

　　而儒家正好提供了一套完備縝密的齊家規範，如《禮記》大學所謂「格物、
致知、誠意、正心、修身、齊家、治國、平天下」〔註 78〕八條目，被視爲儒家
內聖外王的典則。《儀禮》、《禮記》二書尤備敍一個人從出生到老死的相關禮儀
及代表的含義。這些都是道家語涉虛無、佛教出家體空所不能企及的。

　　第二，維護家庭，則必須長保仕宦的家風，而仕宦冠冕，又有賴修身，修
身莫切於讀書。加強知識的取得，維持仕宦的家風，是家訓的共同特色。但是
道家否定知識的價值，《莊子》養生主說：「吾生也有涯，而知也無涯，以有涯
隨無涯，殆矣，已而爲知者，殆而已矣。」〔註 79〕佛教雖也強調精進，〔註 80〕
但只限於佛理的探討，最終目的在攜手共赴道場，同往極樂，又根本有違齊家、
冠冕的目標。唯有儒家思想特重知識的追求，孔子、孟子一生以教學爲職志，

〔註 76〕 胡培翬，《儀禮正義》，卷二二喪服二：「大宗者，收族者也不可以絕。」鄭玄
　　　　 注：「收族者，謂別親疏，序昭穆。」（江蘇古籍出版社，1993 年 7 月，頁 1423）
　　　　 案：此「收」字有合攏、團結之意。
〔註 77〕 王利器，前引書，頁 77。
〔註 78〕 孔穎達，《禮記正義》，卷六十，頁 983。（前引書）
〔註 79〕 郭慶藩，《莊子集釋》，卷二上養生主，頁 115。（漢京文化事業有限公司，民
　　　　 國 72 年 9 月）
〔註 80〕 郗超，《奉法要》：「六度，一曰施，二曰戒，三曰忍辱，四曰精進，五曰一心，
　　　　 六曰智慧……勤行所習，夙夜匪懈，精進也。」（四曰精進，「精」原誤「情」）
　　　　 （僧祐，《弘明集》，卷十三，頁 88。此據大正藏第五二卷，慈悲精舍印經會）

並且都熟稔古代典籍，他們也不反對「學而優則仕」，〔註81〕甚且以「耕也餒在
其中矣，學也祿在其中矣。」〔註82〕鼓勵弟子勤學以爲社會服務。這與家訓教
子在某些觀點上來說是相符合的。

　　然而對於某些規範的認同，卻又未必是全盤的接受。身爲一家之長對家
中大大小小的問題，並不是要求每個人履行仁義就可以解決。更何況具體的
行爲規範，隨時在改變，在此仁義的精神底下，仍有一些具體的事件，或單
一的狀況無法以不相應的儒家思想處理。因此家訓的撰述者，希望透過訓誡
來達成他們的目標，必然在吸收儒家思想的同時，對它做某些程度的修正，
以便符合實際的需求。這種修正，我歸納爲三個方面，茲分述於下：

一、狹隘化──吸收儒家之具體規範捨棄內聖外王之理想

　　所謂狹隘化，是指撰文誡子者表面上雖也倡導孔、孟的思想原則，但實
際上不能眞正體現儒家崇高的理想。儒家以仁統攝諸德，修身推到極致是內
聖，內聖施之於世是外王。〔註83〕雖說孔子也不敢自命爲聖，〔註84〕但他是
心嚮往之的。心嚮往之，則尚可不偏離目標的追求，一人不足以奏功，眾志
還可以成城，這也是知其不可而爲之的一線希望。但這個時期的文士或者受
到後漢黨錮之禍的警誡，使他們噤若寒蟬，不敢再高談治國理念；或者一而
再、再而三的遭逢魏文篡漢，晉武謀魏，徹底破壞儒者忠君的觀念；或者僅
僅抱著獨善其家，不欲兼善天下的想法。故而多半趨向於修訂儒家思想，以
教誡子弟。他們修訂的方向，是把內修的仁聖，退而僅止於保身；施之於世
的外王，退而僅止於維持家庭仕宦之風。形成進不能高唱以天下興亡爲己任，
退不能隱居勞苦以親躬耕。這種以修身、齊家以求仕宦的訓誡，固然也是儒
家讀聖賢書志懷天下蒼生的一個進階，但顯然已經狹隘化。三國王昶撰〈家
誡〉以誡子姪，現存較完整，頗具代表性。他屢次提到仁義的訴求，他說：「夫
孝敬仁義，百行之首，行之而立，身之本也。孝敬則宗族安之，仁義則鄉黨
重之，此行成於內，名著於外者矣。」（附錄 2-2，下同）又說「欲使汝曹立

〔註81〕子夏語，邢昺，前引書，卷一九子張，頁 172。
〔註82〕邢昺，前引書，卷十五衛靈公，頁 140。孔子語。
〔註83〕莊子，天下篇：「是故內聖外王之道，闇而不明，鬱而不發，天下之人各爲其
　　　　所欲焉以自爲方。」（郭慶藩，前引書，頁 1069）
〔註84〕子曰：「若聖與仁，則吾豈敢。抑爲之不厭，誨人不倦，則可謂云爾已矣。」
　　　　（邢昺，前引書，卷七述而，頁 65。）

身行己，遵儒者之教」又說「今汝先人世有冠冕，惟仁義爲名，守愼爲稱，孝悌於閨門，務學於師友」他把仁義的踐履，當作是「鄉黨重之」「名著於外」「世有冠冕」的保證，另一方面又說「聖人不可爲，吾亦不願也」的話，可以想見王昶的用心。只取儒家思想當中表層致用、利己的思想，卻絕口不談如何體現「儒者之教」，這種趨勢，在家訓中是普遍的，到《顏氏家訓》，也是藉儒家思想，追求此表層的運作（參第八章第二節「儒家取其經世致用」），不能全心接受儒家理念，訓誡子孫。這是家訓一方面依順孔、孟規範，但另一方面給予狹隘化的現象。

二、細緻化——吸收儒家之處世原則加強時代需求

　　所謂細緻化，是指家訓之中固然以儒家理念爲原則，但此原則相應之規範，已時隔境遷，或付諸闕如，難爲世用，而家訓作者依其原則另立規範，冀能切於時代需要，以繩墨子弟。

　　如論交友的問題，儒家典籍也時有討論，但比較集中在朋友對自己修身的影響上立言，如《論語》所載：「益者三友，損者三友：友直，友諒，友多聞，益矣；友便僻，友善柔，友便佞，損矣。」〔註85〕「故君子以文會友，以友輔仁」〔註86〕《荀子》云：「君子居必擇鄉，遊必就士，所以防邪僻而近中正也。」〔註87〕《大戴禮》：「與君子游，芷乎如入蘭芷之室，久而不聞，則與之化矣；與小人遊，貸乎如入鮑魚之次，久而不聞，則與之化矣。是故君子愼其所去就。」〔註88〕但因時代的轉變，人與人之間的相處，延伸出更多的問題。如東漢末年，宦官把持朝政，當時知識分子群起議論，如李膺、陳蕃之流，相爲朋黨，形成一股清議的潮流，〔註89〕最後導致桓、靈之世的黨錮之禍。朋友相處，也可以對國家、社會引起這麼大的震撼，甚而招來殺身之禍。所以漢末而下，迄南北朝之間，諸人誡子尤重朋友的選擇、對待的態度等相關課題。而由朋友所引起的問題，多而煩雜，高文典策，已難周世用，故誡子亦多著眼於此。如後漢王脩〈誡子書〉，誡子擇友宜愼云：

　　汝今踰郡縣，越山河，離兄弟，去目下者，欲令見舉動之宜，以觀

〔註85〕邢昺，前引書，卷十六季氏，頁148。孔子語。
〔註86〕邢昺，前引書，卷十二顏淵，頁111。曾子語。
〔註87〕王先謙，前引書，卷一勸學，頁6。
〔註88〕王聘珍，前引書，卷五曾子疾病，頁97。
〔註89〕參范曄，《後漢書》，卷六七黨錮傳。

高人遠節。聞一得三，志在善人，左右不可不慎，善否之要，在此際也。（附錄 1-10）

三國王昶勉子遠「是非之士，凶險之人」云：

若與是非之士，凶險之人，近猶不可，況與對校手？其害深矣。夫虛偽之人，言不根道，行不顧言，其爲浮淺，較可識別；而世人惑焉，猶不檢之以言行也。近濟陰魏諷、山陽曹偉皆以傾邪沒，熒惑當世，挾持姦惡，驅動後生。雖刑於鈇鉞，大爲炯戒，然所汙染，固以眾矣。可不慎與！（附錄 2-3）

劉宋顏延之〈庭誥〉，批評有些人只知攀緣富貴，不知珍惜友情，甚或表裏不一，面譽背毀，誡子不得與之來往，他說：

世有位去則情盡，斯無惜矣。又有務謝則心移，斯不恆矣。又非徒若此而已，或見人休事，則勤薪結納，及聞否論，則處彰離貳，附會以從風，隱竊以成釁，朝吐面譽，暮行背毀，昔同稽款，今猶叛戾，斯爲甚矣。又非唯若此而已，或憑人惠訓，藉人成立，與人餘論，依人揚聲，曲存裹仰，甘赴塵軌。衰沒畏遠，忌聞影跡，又蒙蔽其善，毀之無度，心短彼能，私樹己拙，自崇恆輩，罔顧高識。

有人至此，實蠹大倫，每思防避，無通闒伍。（附錄 4-2-26）

至於顏之推《顏氏家訓》，更立「慕賢」一詞，除略論擇友之原則外，更以時人重遙輕近，列舉丁覘、羊侃、楊遵彥、斛律明月、張延雋等當時之俊秀，欲子弟仰慕時賢。

這些議題，都可在先賢論交友之中，找到相彷彿的原則，如擇友則云：「無友不如己者」；〔註90〕朋友的作用，則云：「以友輔仁」；待友的態度，則云：「與朋友交言而有信」〔註91〕從諸人誡子，可看出它在內容上更細緻化，談論更爲詳備。

三、個別化──吸收儒家思想因材施教

所謂個別化，謂因子弟之個別差異，而予以不同方向的教導，以適應其不同的需求。孔子教育子弟，在方法上，原特重因材施教，〔註92〕這給後人

〔註90〕邢昺，前引書，卷一學而，頁 7。孔子語。
〔註91〕同前註，子夏語。
〔註92〕參毛禮銳，《中國教育通史》，第一卷，頁 244～249。（山東教育出版社，1985

起了很好的示範作用。而家訓，又多是父兄對子弟的訓勉，一則朝夕相處，對子弟的瞭解較為深入；二則教育的對象只限於子弟數人，對他們的個別差異容易掌握。這些都為因材施教的條件，舖下良好的基礎。

個別化的內涵，主要呈現在針對子弟缺失，而予適時的針砭。如後漢馬援兄子馬嚴、馬敦，並喜譏議是非，交結俠客，馬援適在交阯，還書誡之云：

> 好論議人長短，妄是非正法，此吾所大惡也，寧死不願聞子孫有此行也。（附錄1-5）

並舉龍伯高之敦厚周慎，杜季良之豪俠好義，雖各有所長，而勉子學伯高之敦厚，不願子弟效季良之豪俠。張奐〈誡兄子書〉亦言：

> 聞仲祉輕傲耆老，侮狎同年，極口恣意。當崇長幼，以禮自持……不可不思吾言，不自克責。反云「張甲謗我，李乙怨我，我無是過。」爾亦已矣。（附錄1-6）

責備兄子仲祉不知敬老尊賢，逞口舌之欲。三國殷褒〈誡子書〉云：

> 況爾析薪之智，欲彈射世俗，身為謗先，怨禍並集。使吾懷朝夕之憂，為范武子所歎，亦非汝之美也。（附錄2-5）

誡子不可彈射世俗。又齊武帝蕭頤，以第三子廬陵王蕭子卿，藉王侯之尊，奢侈無度，行書誡之云：

> 吾前後有勅，非復一兩過。道諸王不得作乖體格服飾，汝何意都不憶吾勅邪？忽作玳瑁乘具，何意？已成不須壞，可速送下。純銀乘具，乃復可爾，何以作鐙亦是銀？可即壞之。忽用金薄裹箭腳，何意？亦速壞去。凡諸服章，自今不啟吾知復專輒作者，後有所聞，當復得痛杖。（附錄5-1）

以上所條列，都是針對子弟個別言行上的訓示，而這必須是子弟有這方面的疏失，才會引發父兄予以告誡，故多以書信的形態出現，其用意本不在備求眾德。這也是家訓作品在內容上趨向個別化的主因。

漢魏六朝家訓雖有狹隘化、細緻化、個別化的傾向，但整體上仍是採取積極的入世態度來教育子弟。他們之中或許有阮籍、嵇康者流，行違禮教，非湯武而薄周孔，誡子卻孜孜於應對進退之禮；有梁元帝者流，好三玄之書，親登講壇，誡子則勉讀五經；有顏之推者流，撰歸心、終制之篇，獨尊佛法，其餘十八篇誡子，意在齊家，保其仕宦之風。即使是時代風尚佛道盛行，或個人偏

年4月）

愛玄理佛法，都不能改易他們心目中認定，真能施諸於世的規範。我想這是儒家思想能歷久不衰的重要原因。

第五節　漢魏六朝家訓與佛道思想

漢魏六朝家訓，以入世的儒家規範為主導，前節已說明之。至於佛、道思想，雖非主流，在玄學與佛教盛行的情況下，也頗受浸染。其中道家的「保身全生」對家訓有極大的影響，至於佛教，主要是站在佛理的立場言佛，對實際家訓的內容，沒有起很大的作用。茲依家訓與道家、家訓與佛教二端，陳說於後：

一、漢魏六朝家訓與道家思想

以道家理念誡子，在漢魏六朝之際，因各人修為不同，而有很大的差異。不過純粹希望子弟遵行老、莊清靜、無為、自然、樸素的家訓，以現存的文獻來看，是沒有的。他們多半是藉著道家所提倡的知足寡欲，以達到保全生命或免除流議的目的；更甚者，以退為進，以讓為得，利用老莊表層的概念，以遂其私利。也就是說家訓的撰述者，並不能真心的明瞭道家無為，視冠冕如糞土的精神；或者即使全心入道，志在草茅，也不願子弟為之。

如東方朔〈戒子〉云：

> 明者處世，莫尚於中。優哉遊哉，與道相從。……聖人之道，一龍一蛇。形見神藏，與物變化。隨時之宜，無有常家。

頗有莊子〈養生主〉所謂「為善無近名，為惡無近刑。緣督以為經，可以保身、可以全生，可以養親，可以盡年。」〔註93〕之意。但他又說「飽食安步，以仕代農」則亦非純粹的道家思想。王昶〈家誡〉云：

> 患人知進而不知退，知欲而不知足，故有困辱之累，悔吝之咎。語曰：「如不知足，則失所欲。」故知足之足常足矣。覽往事之成敗，察將來之吉凶，未有干名要利，欲而不厭，而能保世持家，永全福祿者也。欲使汝曹……履道家之言，故以玄、默、沖、虛為名……故君子不自稱，非以讓人，惡其蓋人也。夫能屈以為伸，讓以為得，弱以為彊，鮮不遂矣。（附錄2-3）

〔註93〕郭慶藩，前引書，頁115。

這段是王氏家誡雜有道家理念的話，老子云：「知足不辱」〔註94〕「知足者富」〔註95〕「禍莫大於不知足，咎莫大於欲得」〔註96〕老子意在知足，不在於富，所謂「富」也不一定是物質的富有。可見王昶以「保世持家、永全福祿」爲目的，知足、謙讓是手段。更說「屈以爲伸，讓以爲得，弱以爲彊」似老子「曲則全」「少則得」〔註97〕「柔弱勝剛強」〔註98〕之意。這又以伸、得、彊爲目的，而以屈、讓、弱爲手段，都扭曲了道家守樸的本心。另徐勉〈爲書誡子崧〉云：

> 凡爲人長，殊復不易，當使中外諧緝，人無間言，先物後己，然後可貴。老生云：「後其身而身先」若能爾者，更招巨利。（附錄6-3）

其引老子之言「後其身而身先」，而誘以巨利，與王昶用意相似。

另顏延之、顏之推二人家訓，品評人物修養的高低層次，都有冥想道家修爲高於儒家修爲的傾向，顏延之〈庭誥〉云：

> 夫內居德本，外夷民譽；言高一世，處之逾默；器重一時，體之滋沖；不以所能干眾，不以所長議物；淵泰入道，與天爲人者；士之上也。若不能遺聲，欲人出己；知柄在虛求，不可校得；敬慕謙通，畏避矜踞；思廣監擇，從其遠猷；文理精出，而言稱未達；論文宣茂，而不以居身；此其亞也。（附錄4-2-5）

他所謂上、亞的修養，其實都有「才德兼備，謙沖自牧」的內涵，唯一不同的是上者能「外夷民譽」，亞者「不能遺聲」，聲譽的講求與否，是上亞的差異。他以爲上者不求聲譽，而亞者不免好名。再看顏之推《家訓》名實篇云：

> 上士忘名，中士立名，下士竊名。忘名者，體道合德，享鬼神之祉祐，非所以求名也；立名者，脩身慎行，懼榮觀之不顯，非所以讓名也；竊名者，厚貌深姦，干浮華之虛稱，非所以得名也。〔註99〕

他把「體道合德」的人，歸爲上士，是不求聲譽的；而把「修身慎行」的人，歸爲中士，是追求聲譽的。

〔註94〕《老子》四四章，陳鼓應，《老子今註今譯》，頁162。（臺灣商務印書館，民國70年11月）
〔註95〕《老子》三三章，陳鼓應，前引書，頁136。
〔註96〕《老子》四六章，陳鼓應，前引書，頁165。
〔註97〕《老子》二二章，陳鼓應，前引書，頁107。
〔註98〕《老子》三六章，陳鼓應，前引書，頁141。
〔註99〕王利器，前引書，頁280。

很顯然，他們二人對求聲譽的「上士」都有一分推崇的意味。而上士不求名，中士慕名，從其所敘列的正是道家與儒家在聲名上不同的態度，道家意在忘名，儒家則不諱求得美名。〔註 100〕這種冥想並不意味著二人意欲子弟追隨「體道合德」的修為，相反的，他們希望子弟求取美名。〈庭誥〉云：

> 凡有知能，預有文論。若不練之素士，校之群言；通才所歸，前流所與，焉得成名乎？（附錄 4-2-6）

《顏氏家訓》終制篇云：

> 汝曹宜以傳業揚名為務，不可顧戀朽壤，以取埋沒也〔註 101〕

對沒有知識、才幹，聲名不顯者，批評尤多，〈庭誥〉云：

> 若呻吟於牆室之內，喧囂於黨輩之間，竊議以迷寡聞，妲語以敵要說；是短算所出，而非見長所上。適值尊朋臨座，稠覽博論；而言不入於高聽，人見棄於眾視；則慌若迷途失偶，魘如深夜撤燭；銜聲茹氣，腆默而歸；豈識向之夸慢，祇足以成今之沮喪邪？此固少壯之廢，爾其戒之。（附錄 4-2-6）

顏氏《顏氏家訓》勉學篇云：

> 多見士大夫恥涉農商，羞務工伎，射則不能穿札，筆則纔記姓名……及有吉凶大事，議論得失，蒙然張口，如坐雲霧；公私宴集，談古賦詩，塞默低頭，欠伸而已。有識旁觀，代其入地。何惜數年勤學，長受一生愧辱哉！〔註 102〕

於此可知，「忘名」受二人的肯定，是在眾望所歸，前流所與的情況下，心態上仍能「忘名」者謂之，非指無知識、才幹者而「忘名」。據此，則能不能「外夷民譽」「忘名」，並非二人所在意，在意的是知識、才幹是否能受肯定。對於全無知識、才幹者，原本無名，又何能「忘」呢？這似乎是二人看待上士的態度。鄉野草民，茅屋素士，雅懷「知也無涯」，〔註 103〕力行「絕學無憂」，〔註 104〕逍遙於天地之間，相忘於江湖之上，並非他們所稱許的，甚且也是不願子弟從事的。這種以「忘名」「外夷民譽」為高的論調，恐怕相當程度受何晏「無名論」

〔註 100〕參第四章，顏延之戒子內容分析，「修養及態度」條。
〔註 101〕王利器，前引書，頁 541。
〔註 102〕同前註，頁 141。王書「羞」誤作「差」。
〔註 103〕莊子養生主語，郭慶藩，前引書，頁 115。
〔註 104〕《老子》二十章，陳鼓應，前引書，頁 98。

〔註105〕的影響，只是二人就道論道，就名論名，其訓誡之重心固不在此。

　　於此可見，道家思想雖流行魏晉南朝，形成所謂玄學、清談之風，但戒子傳家，意在可長可久，對老、莊思想的吸收，上之者聊備修養之一格，下之者更以為名利之階。道家真精神的全盤接受，在誡子的觀點上來看，是有些不切實際的。

二、漢魏六朝家訓與佛教思想

　　兩漢經學，在魏晉之際，轉而為玄學，東晉以後佛學轉盛。至南北朝分立，佛教信仰及佛理研究，已經普遍流行於王公、貴族之間。這種風氣的帶動，多少也呈現在漢魏六朝家訓的內涵裏面。佛教在家訓之中，多半以佛理的角色存在，其原意也非在共攜子弟，並遁空門。只是家中既有此信仰，附帶敘及，或意在辯明儒、釋、道三教差異而已。至於之推撰〈歸心〉一篇，欲天下人「悉入道場」，也是就個人信仰的角度視之，非真欲子弟相率出家，同體涅槃。茲述家訓中敘及佛事者，以見其概。

　　晉李充〈起居誡〉敘及「軍書羽檄」的特色及不欲子弟為之時說：

　　　　家奉道法，言不及殺，語不虛誕。（附錄3-3）

這裏所謂「道法」謂佛法。〔註106〕他以為軍書羽檄，言及殺戮，語多虛誕，與家中信奉佛教，遵行五戒，不殺生，不妄語〔註107〕相違背，故誡子弟舍之，

〔註105〕《列子》，仲尼篇，張湛注引何晏「無名論」云「為民所譽，則有名者也；無譽，無名者也。若夫聖人，名無名，譽無譽，謂無名為道，無譽為大。則夫無名者，可以言有名矣；無譽者，可以言有譽矣。」（楊伯峻，《列子集釋》，卷四，頁75，坊間排印本）案：何晏祖述老子，以「無」為萬物之本體，一切萬物生於有，有生於無。因此談到名譽的問題，也以無名、無譽為貴，進一步認為聖人無名，故能得天下之名。〈無名論〉又說：「仲尼稱堯蕩蕩無能名焉，下云巍巍成功，則彊為之名，取世所知而稱耳。豈有名而更當云無能名焉者邪？夫唯無名，故可得徧以天下之名名之。」企圖把孔子也置於貴無的行列，這與孔子的貴名思想，實不相符。

〔註106〕慧遠，〈沙門不敬王者論〉，云：「常以為道法之與名教，如來之與堯孔，發致雖殊，潛相影響，出處誠異，終期則同。」（收入僧祐，《弘明集》卷五，大正藏五二卷，頁31），又沈約，《宋書》卷九七蠻夷傳：「國中人民，率皆修善，諸國來集，共遵道法。」（前引，頁2385）此二「道法」皆言佛法。余嘉錫《世說新語箋疏》云：「《御覽》五百九十七引充〈起居誡〉，自言家奉道法，知其好道家之言。」（前引書，頁265，註（二））乃斷章取義，實非允論。

〔註107〕參郗超，〈奉法要〉，所謂五戒，謂不殺、不盜、不婬、不欺、不飲酒。（收入

以待能者。李充在該誡中僅存四則，兩則敍文體，兩則勉子弟小心翼翼之道，皆不及佛法。《晉書》卷九二文苑傳錄其「學箴」云：「非仁無以長物，非義無以齊恥，仁義固不可遠，去其害仁義者而已……室有善言，應在千里，況乎行止復禮克己。」〔註108〕皆爲儒家立論。則李充似以爲處世遵奉儒家之規範，而心靈可寄託於佛教，兩者之間並不衝突。此後諸人誡子，多有此種心態。如顏延之〈庭誥〉爲佛教辯護云：

> 若夫玄神之經，窮明之說；義兼三端，至無二極；但語出戎方，故見猜世學；事起殊倫，故獲非恆情。天之賦道，非差胡華；人之稟靈，豈限內外；一以此思，可無臆裁。（附錄 4-2-36）

他以爲佛教不被中國社會接受，主要原因是它是外國的宗教（語出戎方），而且落髮爲僧尼，離家修道（事起殊倫），但這並不妨礙它窮盡無明的本質。又說：

> 崇佛者，本在於神教，故以治心爲先……治心之術，必辭親偶、閑身性、師淨覺、信緣命；所以反一無生，克成聖業，智邈大明，志狹恆劫，此其所貴。及詭者爲之，則藉髡落，狎菁華，傍榮聲，謀利論，此其甚誣也。（附錄 4-2-37）

敍佛教之修養及其利弊。兩漢以來，以佛理雜側家訓之中，除前述李充之外，就現存資料看來，延之是第一人，這除了他本身對佛學特有研究之外，〔註109〕東晉南朝佛教盛行中土，也有相當關係。〔註110〕不過他是把佛教義理當作知識看待，覺得佛理也是子弟所當瞭解，才會放入〈庭誥〉之中，沈約編《宋書》以爲不關修身處世，就把這些刪掉，有賴《弘明集》保存之，可以想見家訓作品言及佛法，並非正宗。至於延之本人，雖則談佛論法，但並不醉心於佛教信仰。據《宋書》卷七三本傳載，元嘉間，沙門釋慧琳以才學爲宋文

《弘明集》卷十三，前引，頁 86）

〔註108〕房玄齡，前引書，頁 2390。

〔註109〕宋陸澄，《法論目錄》，列顏延之關於佛法之書，論有「通佛影迹」、「通佛頂齒爪」、「通佛衣鉢」、「通佛不疊不燃」、「離識觀」、「書與何彥德論感果生滅」五往反、「顏答山摰二難」、「論檢」、「答或人問」、「顏延年釋何」五往反、「廣何」、「顏重與何書」（陸氏目錄收入僧祐，出《三藏記集》，卷十二，大正藏第五五卷，頁 82～85）其論述之多，不可謂不宏富，可以想見顏氏樂於鑽研佛法。今僧祐《弘明集》卷四，存有顏氏與何承天往反論達性之文，可略見梗概。

〔註110〕參王仲犖，《魏晉南北朝史》，第十章第三節「東晉南朝君臣的佞佛」條，頁 841～845。（坊間排印本）

帝劉義隆所賞愛，每次召見，常升獨榻。延之對僧人預政，很是不滿，有一
次酒醉對文帝說：「昔同子參乘，袁絲正色。此三台之坐，豈可使刑餘居之。」
帝聞之色變。〔註 111〕把慧琳比喻為宦官刀鋸刑餘之人，似非皈依佛教者所忍
言；而且他好飲酒〔註 112〕、寵愛姬〔註 113〕不諱佛教戒律。於此可知延之誡子
涉及佛理，純粹站在認知的角度，與修養無涉。

　　另張融，歷仕宋、齊二朝，撰〈門律〉以律家門，又撰〈門律自序〉以
誡子弟。「門律」一文，專言佛、道同源之論，云：

　　　　吾門世恭佛，舅世奉道。道也與佛，逗極無二……汝可專尊於佛跡，
　　而無侮於道本。（附錄 5-2）

當時顧歡撰〈夷夏論〉，優老而劣釋，〔註 114〕明僧紹撰〈正二教論〉，以正
其說。〔註 115〕當時佛、道二教之論辨，〔註 116〕各依其信仰，自是其教，論
彼之非。所以張融在〈門律〉中說「吾見道士與道人戰儒墨，道人與道士獄
是非。」這是他撰此文的動機，意在調停佛、道論辯，並以示子弟，對佛、
道二教的態度。至於臨病所撰〈自序〉，則又勉子弟撰文著述之意，文中悔
悟昔日嗜僧言，多肆法辯，以為這些都是「遊乎言笑」，不欲子弟為之。則
非欲子弟專以佛法為務亦可知。他看待佛教、道教，也是站在義理知識的角
度，與顏延之〈庭誥〉的態度相近。

〔註 111〕沈約，前引書，頁 1902。案：同子參乘，典出「史記」卷一〇一袁盎鼂錯列
　　　　傳，又見「漢書」卷四九。時孝文帝出，宦者趙同與文帝共輿而乘，袁盎伏
　　　　車正色上諫，目趙同為「刀鋸餘人」。顏延之以宦者比釋慧琳。司馬遷《報任
　　　　少卿書》云：「同子參乘，袁絲變色」（《文選》卷四一）延之襲用其語。
〔註 112〕參第四章「顏延之庭誥」內容分析。
〔註 113〕李延壽，《南史》，卷三四顏延之傳載：「延之有愛姬，非姬食不飽，寢不安。
　　　　姬憑寵，嘗溫延之墮牀致損，竣殺之。延之痛惜甚至，常坐靈上哭曰：「貴人
　　　　殺汝，非我殺汝。」（鼎文書局，民國 70 年元月 3 版，頁 881）
〔註 114〕文載蕭子顯，《南齊書》，卷五四，頁 931。（鼎文書局，民國 72 年 4 月 4 版）
〔註 115〕文載僧祐，《弘明集》，卷六，頁 37。
〔註 116〕僧祐《弘明集》卷六載謝鎮之「與顧道士析夷夏論」、朱昭之「難顧道士夷夏
　　　　論」、朱廣之「疑夷夏論諮顧道士」、慧通「駁顧道士夷夏論」、僧敏「戎華論
　　　　析顧道士夷夏論」（頁 41〜48）皆針對顧歡之論而發，蓋是時信佛教者人才
　　　　多、風氣盛，兼在上位者如梁武帝篤信佛教，故而每見道士發論，則群起而
　　　　攻之。如當時有「三破論」，言佛教入國破國，入家破家，入身破身，即有劉
　　　　勰、僧順等反擊之（《弘明集》卷八），范縝撰「神滅論」引起蕭琛、曹思文
　　　　等責難（《弘明集》卷九），然以縝辯才無疑，終於使梁武帝下令群臣百官各
　　　　書文難縝之神滅（文俱載《弘明集》卷十），事並參李延壽南史卷五七縝本傳。
　　　　梁代佛道二教之爭可謂甚盛。

　　至於顏之推撰《顏氏家訓》，獨立「歸心」一篇，與前賢諸人家訓泛言佛、道教理者，態度上略有不同。他在文中說：

> 三世之事，信而有徵，家世歸心，勿輕慢也。其間妙旨，具諸經論，
> 不復於此，少能讚述，但懼汝曹猶未牢固，略重勸誘爾。……汝曹
> 若觀俗計，樹立門戶，不棄妻子，未能出家；但當兼修戒行，留心
> 誦讀，以爲來世津梁。人生難得，無虛過也。〔註117〕

述撰此篇之目的在勸誘子弟歸心於佛教。倘不能出家、捨身供佛，亦勉子弟兼修戒行，留心誦讀內典，做爲來世濟渡彼岸之津梁。全文長篇巨論，爲佛教辯護立說，並敘誡殺、報應之事。儼然是一個佛教徒，爲佛說法，自唐僧道宣《廣弘明集》抄入「歸正篇」「慈濟篇」後，廣爲佛門所推崇者，良有以也。他在「終制篇」又云：

> 其內典功德，隨力所至，勿剗竭生資，使凍餒也。四時祭祀，周孔所
> 教，欲人勿死其親，不忘孝道也。求諸內典，則無益焉。殺生爲之，
> 翻增罪累。若報罔極之德，霜露之悲，有時齋供，及七月半盂蘭盆，
> 望於汝也。〔註118〕

也展現他篤信佛教的一面。顏氏另有《還冤記》，講因果報應之事，〔註119〕也是崇信佛法的作品。但以《顏氏家訓》全書二十篇來看，除前所述，皆未及佛法，反而都是勉勵子弟承繼家世儒業爲務。如〈勉學篇〉云：「光陰可惜，譬諸逝水。當博覽機要，以濟功業。」〔註120〕「若務先王之道，紹家世之業，藜羹縕褐，我自欲之。」〔註121〕〈省事篇〉：「君子當守道崇德，蓄時待價，爵祿不登，信由天命。」〔註122〕〈終制篇〉：「汝曹宜以傳業揚名爲務，不可顧戀朽壤，以取堙沒也。」〔註123〕等不勝枚舉。則顏氏似以爲信仰佛教意在寄託心靈，施之於世仍以儒業爲上，兩者不必全然背離，也不是存佛就要棄儒或存儒就要棄佛，而是可以相兼並容的。他在〈歸心篇〉中，用仁、義、禮、智、信解說佛教五禁「不殺」「不盜」「不邪」「不酒」「不妄」，並且說「內外兩教，本爲一體，

〔註117〕王利器，前引書，卷五，頁335、364。
〔註118〕同前註引書，卷七，頁536。
〔註119〕參周法高，〈顏之推還冤記考證〉，大陸雜誌，二二卷，9、10、11期，民國
　　　　50年5、6月。
〔註120〕王利器，前引書，頁170。
〔註121〕同前註引書，頁194。
〔註122〕同前註引書，頁307。
〔註123〕同前註引書，頁541。

漸極爲異，深淺不同。」〔註124〕也可以說明他所持的態度。

前述顏延之、張融家訓敘及佛法，偏重理論，而之推則偏重宗教信仰；重理則佛、道可以相通，重教則必然皈依佛法而貶斥異學（老、莊）。湯用彤《漢魏兩晉南北朝佛教史》有一段精闢的評論，他說：

> 按佛法之廣被中華，約有二端：一曰教，一曰理。在佛法，教理互用，不可偏執。而在中華，則或偏於教，或偏於理。言教則生死事大，篤信爲上。深感生死苦海之無邊，于是順如來之慈悲，修出世之道法，因此最重淨行，最重皈依。而教亦偏于保守宗門，排斥異學。至言夫理，則在六朝通于玄學。說體則虛無之旨可涉入《老》、《莊》，說用則儒在濟俗，佛在治心，二者亦同歸而殊途。南朝人士偏于談理，故常見三教調和之說。內外之爭，常只在理之長短。辯論雖激烈，然未嘗如北人信教極篤，因教爭而相毀滅也。〔註125〕

然而，顏之推在〈勉學篇〉中斥玄學而崇儒典，在〈歸心篇〉中貶周、孔而歸佛法；論致用則玄學爲縱誕不切實務，論治心則儒家淺近而不周。既不調和三教，也不能專情佛法，確實在思想上有其駁雜之處。說見第八章第二節。

第六節　漢魏六朝家訓思想之省思

站在歷史的眼光來看，任何一種思想的形成，都有它相應的時代背景，而思想就是針對這些背景所引發的不善，提出一條可行理想正確的道路。古代聖賢所倡導的儒、道、墨、法、佛諸種理念，也都是如此。有見於人人爲己，故孔孟言仁義，墨子言兼愛；有見於虛僞萌生，故老子言無爲、莊子言自然；有見於妄法亂紀，故商君言變法，申子言重術；有見於諸行無常，故佛教言諸法無我。但每個時代有每個時代不同的問題，每個立論也有其不同的訴求；站在解決發論者心中疑惑的觀點，則各有他們的理路可尋；站在純粹道德踐履的觀點，則各家理論謬誤橫生。家訓思想的凝聚，也不外乎這種歷史規則，自然也有其可觀的理念，相對而言不能避免某種蒙蔽所產生的缺失。

總觀漢魏六朝家訓，我覺得在思想內涵上，它有三種貢獻，兩種流弊。首先談貢獻的部分：

〔註124〕同前註引書，頁339。案：原書「極」誤作「積」。
〔註125〕湯用彤，前引書，第十三章「白黑論之爭」條，頁300。

　　第一，革除清談不切實務的風氣。清談自魏晉以後始盛，它是漢末清議的延續。清議與清談本身，原沒有可厚非的地方。清議的上層人士，如李膺、陳蕃者流，秉持士大夫的氣節，對國家社會有一分憧憬，故而議論朝政，冀其改革；但下之者嗤笑他人是非，譏刺他人長短。故而後漢馬援身在交趾，也要還書告誡兄子嚴、敦「聞人過失，如聞父母之名，耳可得聞，口不可得言」（附錄 1-5）曹魏殷褒撰〈誡子書〉云「況爾析薪之智，欲彈射世俗，身爲謗先，怨禍並集」（附錄 2-5）。至於清談之上者，如嵇康撰〈聲無哀樂論〉、〈養生論〉，歐陽建撰〈言盡意論〉，鍾會撰〈才性四本〉，王弼注《老子》向秀、郭象注《莊子》，何晏注《論語》，〔註 126〕也是一種哲理的探究，剖精析微的作風，並非一切不事事。下之者，學人手捉麈尾，談玄論理，頗有仰慕名士之心，全無經世濟俗之慨。故而齊大將軍陳顯達，其子將遠行就任，戒之曰：「麈尾蠅拂是王、謝家物，汝不須捉此自逐。」〔註 127〕即取於前燒除之。〔註 128〕即使累世厚貴如王僧虔（王導玄孫，任齊爲尚書令），亦不願子弟習清談之風，故撰〈誡子書〉（附錄 4-3）反覆申說，言辭懇切。這些訓誡對當時青年子弟好譏刺、尙清談、不切實務的行爲偏差，有一些矯正時弊的作用。

　　第二，革除浮華沒有才幹的習性。魏晉以下，崇尙玄虛，貴爲放誕，當時社會上「稱職以違俗見譏，虛資以從容見貴……當官者以理事爲俗吏，奉法爲苛刻，盡禮爲詔諛，從容爲高妙，放蕩爲達士，驕蹇爲簡雅。」〔註 129〕全不講求眞誠，才德的可貴。故而晉李充撰〈起居誡〉，以「溫良恭儉」「小心翼翼」期勉子弟，並批評當時習俗說：「而末俗謂守愼爲拘吝，退愼爲怯弱，不遜以爲勇，無禮以爲達，異乎吾所聞也。」（附錄 3-3）這些所謂「從容」「放蕩」「驕蹇」的高妙達士，在承平之日，有父兄的庇蔭，多迂誕浮華，了無才幹，故而

〔註 126〕鍾會之「才性四本」今並亡，可參《世說新語》文學第五、三四、五一、六〇諸條。歐陽建「言盡意論」殘存，嚴可均全晉文卷一〇九輯有一則。其餘並現存書論。

〔註 127〕王伊同，《五朝門弟》，第八章高門之習俗第一節「清談」云：「猶正者以談義爲名，激者以佯狂爲計；論經禮者謂之俗生，說法理者名爲俗吏。始猶二三名家，躬爲倡導；繼則寒素之士，恥不相及，以一接名流爲榮；終則單身白丁，更以清談享盛名。禮法之家，妄冀糾彈，滔滔天下，又何以易之哉？」（香港中文大學出版社，1978 年重刊第 1 版，頁 226）

〔註 128〕參李延壽，《南史》，卷四五，頁 1134。

〔註 129〕房玄齡，《晉書》，卷七一熊遠傳，熊遠上疏云云。及 1887。

顏之推《家訓》涉務篇批評他們說：「品藻古今，若指諸掌，及有試用，多無所堪。居承平之世，不知有喪亂之禍；處廟堂之下，不知有戰陳之急；保俸祿之資，不知有耕稼之苦；肆吏民之上，不知有勞役之勤。」〔註130〕等到時隔境遷，烽火遍地，家世之蔭不保，高妙之名無用，多半「膚脆骨柔，不堪行步，體羸氣弱，不耐寒暑，坐死倉猝者，往往而然。」〔註131〕漢魏六朝家訓重視經世致用的精神，對當時浮華風氣的端正，有其卓越的見識。

　　第三、革除耽樂不知上進的惰性。魏晉以下士大夫子弟，多半能平流進取，坐享榮華，因此忘卻講學、修身之要務。顏之推《家訓》勉學篇批評當時的風氣說：「梁朝全盛之時，貴遊子弟，多無學術……無不熏衣剃面，傅粉施朱，駕長簷車，跟高齒屐，坐棊子方褥，憑斑絲隱囊，列器玩於左右，從容出入，望若神仙。」〔註132〕讀書人不讀書，如能自知其不可，猶能深自勉勵，謙懷求進。最怕的是才學皆拙，而自命不凡，不能甘於勞苦，而妄求高位，顏延之〈庭誥〉以為：「若乃聞實之為貴，以辯晝所克；見聲之取榮，謂爭奪可獲；言不出於戶牖，自以為道義久立；才未信於僕妾，而曰我有以過人；於是感苟銳之志，馳傾觖之望；豈悟已挂有識之裁，入修家之誡乎？記所云：『千人所指，無病自死』者也。行近於此者，吾不願聞之矣。」（附錄4-2-5）於此可知家訓中對耽於玩樂不知勉學，才拙志剛的青年子弟，訓勉是不遺餘力的。

　　這些中肯、篤厚、致用的家庭訓誡，在漢魏六朝之際，多能針對時弊，施加藥石，雖非仁義至論，亦可以典族範家。魏晉南北朝玄學鼎盛，佛教橫行，周公之禮荒廢，孔孟之仁不講，家庭訓誡適時維持基本的行為準則，革除荒誕不經、靡爛不振的習氣，實有它正面積極的作用。

　　至於流弊的部分，有兩點說明：

　　第一，過度重視免禍，使士大夫氣節淪喪殆盡。漢魏六朝仕宦家庭誡子，多以免禍做為訓誡子弟的準則。然而免禍並不代表為善，也有可能為惡，如果免禍是判斷去就的標準，那奸佞諂媚就無所不至了。因此行為規範絕不能以免禍做為是非、善惡的唯一考量，否則是非不能明，善惡更無從判別。這問題孟子說得極明白：「生亦我所欲也，義亦我所欲也，二者不可得兼，舍生而取義者也。生亦我所欲，所欲有甚於生者，故不為苟得也。死亦我所惡，

〔註130〕王利器，前引書，頁292。
〔註131〕同前註引書，卷四，頁292。
〔註132〕同前註引書，頁145。

所惡有甚於死者，故患有所不辟也。」〔註133〕「不爲苟得」「有所不辟」就是
士大夫的氣節，後漢范滂之行，魏晉以下難出其右者，端在於此。雖說魏晉
之後，大道不行，在上位者以謀逆奪權，殘殺忠良，固不足取；而在下位者，
既食人君之祿，豈有翻然改志，陷害舊主之理。如王沈初事曹魏高貴鄉公，
爲公所器重，任侍中之職，及公欲起兵攻司馬昭，召王沈謀商，王沈卻面順
而暗中馳告司馬昭，陷故主於不測。〔註134〕又如王儉，初事宋明帝，尚帝女
陽羨公主，拜駙馬都尉，其後知太尉蕭道成有異志，竟媚附道成，鼓舞謀逆，
終遂所願。〔註135〕此二人非無家教，王沈少孤，養於從叔王昶；〔註136〕王儉
生而父遇害，爲叔父王僧虔所養。〔註137〕王昶有〈家誡〉，爲現存三國家訓作
品之代表；王僧虔有〈誡子書〉，俱史傳，垂範後世。他們都特別重視家庭教
育，卻教育出賣主求榮的後代，雖則處於亂世，也不得不令人質疑是時家庭
教育中免禍的重視，其影響所及不只是明哲保身而已，它更使古人士大夫的
氣節盪然無存。如果說免禍意在保身，頂多只是妨礙積極爲善而已，但教育
講究動機與效果，以免禍做爲衡量一切事物之當行與否，則所行不分黑白、
倒正，其後果不堪設想。

　　第二，過度重視冠冕，漠視一般職業價值。漢魏六朝仕宦家誡子，都重
視冠冕傳家。因而凡有害於當官的一切行逕，幾乎都在摒斥之列；凡有利於
當官的所有條件，幾乎都在追逐之列。他們也固然知道遇與不遇，時也運也，
不可強求，〔註138〕但一方面也承認「躬稼難就，止以僕役爲資」（附錄4-2-8），
於是發展出百般皆下品，唯有讀書高的價值觀，因爲讀書是保持仕宦最重要
的條件，至少也可以免於淪落爲耕田養馬的小人。〔註139〕如此則一切不關讀
書、冠冕的工作或技能，都不願子弟爲之。如王昶〈家誡〉（附錄 2-3）摒斥
博奕、樗蒲、投壺、圍棋諸戲，令子弟皆不得爲。又如顏之推撰〈雜藝〉一

〔註133〕孫奭，前引書，卷十一下告子上，頁201。
〔註134〕參陳壽《三國志》，卷四，裴松之注引「漢晉春秋」，頁144。
〔註135〕參李延壽，《南史》，卷二二，王曇首傳，附儉傳。
〔註136〕參房玄齡，《晉書》，卷三九王沈傳。
〔註137〕參李延壽，《南史》，卷二二，王曇首傳，附儉傳。
〔註138〕《顏氏家訓》卷五省事云：「君子當守道崇德，蓄價待時，爵祿不登，信由天
　　　　命。」（王利器，前引書，頁307）
〔註139〕《顏氏家訓》卷三勉學云：「雖千載冠冕，不曉書記者，莫不耕田養馬。以此
　　　　觀之，安可不自勉耶？若能常保數百卷書，千載終不爲小人也。」（王利器，
　　　　前引書，頁145）

篇，列敘書法、繪畫、算術、醫方、音樂等等誡子不須過精；撰〈誡兵〉一篇，誡子不得任武職；撰〈勉學〉篇，誡子勉學，以爲可免於耕田養馬。他們對各種職業、技藝的鄙視，固然受到傳統、社會的影響，但同時也樹立起家庭教育不良的典範。我國古代在科技方面的成就，在某些時候，都有超越世界水準的地方。但長期的漠視，導致今天全盤向外國重新學習，這是我們看漢魏六朝家訓另一不可忽視的缺失。

第七章　漢魏六朝家訓之文學

　　父母撰文以告誡子女，是兩漢以後逐漸發展起來的文體，因爲它的情意眞摯，文辭樸實，給後世家訓作品樹立了良好的典範。像馬援〈誡兄子嚴敦書〉、鄭玄〈戒子益恩書〉、諸葛亮〈戒外生〉、陶淵明〈與子儼等疏〉，都是後世傳誦不絕的散文佳作，他們很多不以文章名家，但都能憑藉對親情的關懷與熱愛，使樸實無文的作品，產生扣人心弦的感染力，這是家訓作品值得一讀的重要原因。也是我撰述此章的用意。

　　本章共分三節，第一節，敘家訓的文體；第二節，敘家訓的情意表現；第三節，敘家訓的論理表現。希望透過文體的探討，明瞭家訓的外表形態；情意的解析，明瞭家訓的眞摯情感；論理的表現，明瞭家訓的訓誡根據。

第一節　漢魏六朝家訓之文體

　　本節從漢魏六朝家訓的書篇名目、體裁兩方面來探討漢魏六朝家訓關於文體上的問題。

一、從書篇名目考察漢魏六朝家訓之文體

　　撰文誡子，兩漢之後漸多，但局限於緣事而發，或臨終戒子，或起於子弟言行之不善，或送別子弟遠行，還很少預作家訓以繩墨子弟的；及至曹魏之世，家誡的撰述盛行，皆獨立爲篇，以律家門；晉南北朝，則除上述兩種型態以外，更有撰集成書的現象，南朝多抄古人家誡勒成一書，北朝多自撰家訓，增益古人的規模。漢魏以來，這類文章，儼然成爲獨立的文體，名目

繁多，但都離不開訓誡之意。南朝梁劉勰《文心雕龍》把父母訓誡子女的文章歸入「戒」一類，附屬在「詔策」之下。他說：

> 「戒」者，慎也，禹稱：「戒之用休」。君父至尊，在三同極。漢高祖之〈敕太子〉，東方朔之〈戒子〉，亦顧命之作也。及馬援已下，各貽「家戒」。班姬〈女戒〉，足稱母師矣。〔註1〕

彥和這段話，有幾點值得注意。第一，戒的作用在要求受文者誡慎小心。因而他引大禹所說的，要誡慎小心，推行善政。第二，把戒附屬在詔策之下，原因是父母與君主同為至尊，父母對子女的訓誡，在性質上就如同君主對臣民的詔誥一般。第三，戒原則上是父母對子女的下行文，但如馬援誡兄子嚴、敦書，其父母已亡，馬援撰書誡之，同在一家，稱為家戒。據此我們可以對「戒」下一個定義：凡是家中長輩對晚輩的訓誡之文，皆可以稱為「戒」。那麼警惕自己的銘，如崔瑗、卞蘭〈座右銘〉，警戒他人的箴，如張華〈女史箴〉、梁武帝的〈凡百箴〉，〔註2〕雖其內容類似「戒」，但對象不同，則不在此列。彥和另有「銘箴」一篇，以區別之。再者施文者與受施者，雖有父子或母女之關係，但內容全然與訓誡無涉者，亦不當攔入，如范曄〈獄中與諸甥姪書〉、雷次宗〈與子姪書〉者是。劉氏另有「書記」一篇，當歸附於此。〔註3〕

至於古來帝王，策封諸子，詔誥百官，亦有涉及父子之親者，而詳其為文，君臣之意較多，而父子之情較少。故漢武帝策封三王，彥和以為「策」，漢高祖敕太子，則入於「戒」。今敘家訓名義，捨詔策，而取戒敕者，庶不違彥和本意。〔註4〕而此原則亦較符歷來家訓，勸勉子弟之用心。

今依此原則，自漢魏六朝詩文中，搜尋符合「戒」的篇章，〔註5〕計有「敕」

〔註1〕 王更生，《文心雕龍讀本》文篇，詔策十九，頁 358。(文史哲出版社，民國73年3月初版)

〔註2〕 卞蘭「座右銘」、梁正帝「凡百箴」見《藝文類聚》卷二三鑒誡引，崔瑗「座右銘」、張華「女史箴」收入《文選》卷五六。

〔註3〕 漢魏六朝之際，凡父母施予子女之文，多涉訓誡，其間保存較完整而不涉訓誡者，有范曄「獄中與諸甥姪書」(見宋書卷六九本傳)、雷次宗「與子姪書」(見宋書卷九三隱逸)，前者自序生平好尚，後者以言所守皆非訓誡之辭。列入「戒」則有違戒慎小心之訴求，列入「書記」則符其書信之本質。

〔註4〕 劉勰，《文心雕龍》，詔策云：「漢初定儀，則有四品：一曰策書，二曰制書，三曰詔書，四曰戒敕。敕戒州郡，詔誥百官，制施赦命，策封王侯？」(王更生，前引書，頁356)文後敘武帝策封三王，垂範後代，為詔策，敘高祖敕太子為戒，判別明晰。

〔註5〕 材料的來源，取捨的原則，並見附錄說明。

「戒」「誡」「誥」「令」「命」「律」「訓」「篇」「誨」等名目，茲依次第敍於後：

（一）「敕」

如漢高祖劉邦〈手敕太子〉〔註6〕、劉備〈遺詔敕後主〉、齊武帝蕭頤〈敕廬王子卿〉等是。

「敕」，《說文》云：「誡也」，〔註7〕則敕字原亦告誡之意，人之常情多上告誡於下，長告誡於幼，故其初當謂下行告誡之言辭。至漢初，皇帝詔書，凡有四品，其四曰「戒敕」，謂敕戒州郡之文。〔註8〕但一般父兄告誡子弟，亦得云敕，如《漢書》卷七三韋賢傳云：「父賢以弘當爲嗣，故敕令自勉。」〔註9〕《後漢書》卷三二樊宏傳云：「（宏建武）二十七年，卒。遺勅薄葬，一無所用。」〔註10〕又卷三九趙咨傳：「（咨）乃遺書勅子胤曰：夫含氣之倫，有生必終。」〔註11〕「勅」爲「敕」俗字，皆戒敕之意。〔註12〕可知自上誡下，皆得云敕。只是後來敕多爲皇室專用，故士庶撰文，較少以「敕」爲名。

上面所列三敕，皆直書其事，劉邦敕子習文、親師，劉備敕子讀《禮記》、《漢書》，蕭頤敕子不得作乖體格服飾，語眞意切，無模稜兩可之辭。此曹操所謂「作敕戒，當指事而語，勿得依違。」〔註13〕之體現。

（二）「戒」「誡」

如東方朔〈誡子〉，班昭〈女誡〉，〔註14〕王肅、王昶、嵇康、李秉、任昉、張烈〈家誡〉，〔註15〕杜恕〈家戒〉，李充〈起居誡〉，姚信、梁元帝〈戒子〉，刁雍〈教誡〉〔註16〕等，又劉向〈誡子歆書〉，馬援〈誡兄子嚴敦書〉，

〔註6〕見附錄漢魏六朝誡子諸文，下並，同如有僅存篇名、書名而不見其文者，或諸女戒，附錄未收，例出註說明之。

〔註7〕段玉裁，《說文解字注》，頁124。（漢京文化公司，民國72年9月）

〔註8〕參劉勰，《文心雕龍》，詔策十九。（王更生，前引書，頁356）

〔註9〕班固，《漢書》，頁3108。（鼎文書局，民國72年10月5版）

〔註10〕范曄，《後漢書》，頁1121。（鼎文書局，民國70年4月4版）

〔註11〕同前註引書，頁1314。

〔註12〕陸德明，《經典釋文》，序錄「條例」云：「來旁作力，俗以爲約勅字」。（上海古籍出版社，1985年10月，頁11）

〔註13〕此劉勰引魏武帝曹操語，王更生，前引書，頁358。

〔註14〕見范曄，《後漢書》，卷八四列女傳。

〔註15〕參第五章第二節「北魏張烈〈家誡〉」一條。

〔註16〕參第五章第二節「北魏刁雍《教誡》」條說明。又《漢書》卷六六陳萬年傳載：

鄭玄〈戒子益恩書〉，王僧虔〈誡子書〉等，凡誡子書之屬附之。

「戒」，《說文》云：「警也，從廾戈，持戈以戒不虞。」〔註17〕戒字篆文象雙手持戈，以戒備意外的發生，此其本意。而後引申有謹慎小心之意，即劉勰所謂「戒者，慎也」（前引）。從言作「誡」，則謂以言誡人以謹慎小心也。後遂以誡人之文爲「誡」，而又與「戒」相通用。如《漢書》卷六五東方朔傳贊云：「非夷齊而是柳下惠，戒其子以上容。」卷七二王吉傳：「吉坐昌邑王被刑後，戒子孫毋爲王國史。」〔註18〕並作「戒」。而《史記》卷三三魯周公世家：「（周公）作毋逸……以誡成王」〔註19〕《後漢書》卷二四馬援列傳：「初，兄子嚴、敦並喜譏議，而通輕俠客。援前在交阯，還書誡之。」〔註20〕並作「誡」。是此二字當告誡時，可以通用。唯《史記》、《漢書》、《後漢書》中，仍以用「戒」爲多，用「誡」較少。至於撰文名篇，則用「誡」多，而用「戒」少，如班昭〈女誡〉，其序自云：「閒作女誡七章，願諸女各寫一通，庶有補益，補助汝身。」〔註21〕《嵇中散集》今傳世，所撰亦作「家誡」；唐歐陽詢《藝文類聚》卷二三鑒誡羅列「詩」「賦」「贊」「箴」「訓」「誡」「誥」「銘」「書」「論」，稱諸家訓爲「誡」而不云「戒」；宋李昉《太平御覽》文部條列「詩」至「零丁」三十七項，亦有「誡」而無「戒」。而《文心雕龍》詔策以「戒」統稱家訓，我想是因爲遷就漢初立制，有「戒敕」之目，而又以家訓附之於下，故以「戒」代「誡」，又改班昭「女誡」爲「女戒」，以正其說。這也可以說明二字無論動詞、名詞、文體名詞，是可以相互爲用的。

從上面羅列篇目，也可以知道，漢魏六朝家訓以「誡」或「戒」名篇的最多，劉勰《文心雕龍》以「戒」來統括所有這類父母訓誡子女的作品，是有其道理的。另外梁蕭統編《文選》，序云：「次則箴興於補闕，戒出於弼匡。」

「子咸字子康，年十八，以萬年任爲郎。有異材，抗直，數言事，刺譏近臣，書數十上，遷爲左曹。萬年嘗病，名咸教戒於牀下，語至夜半，咸睡，頭觸屏風。萬年大怒，欲杖之，曰：『乃公教戒汝，汝反睡，不聽吾言，何也？』咸叩頭謝曰：『具曉所言，大要教咸諂也。』萬年乃不復言。」（鼎文書局，民國72年10月5版，頁1900）「教戒」似漢人教訓子弟之常用語，故习雍用以名書。

〔註17〕 段玉裁，前引書，頁104。
〔註18〕 分別見班固，前引書，頁2804。
〔註19〕 司馬遷，《史記》，頁1521（鼎文書局，民國74年3月7版）。
〔註20〕 范曄，前引書，頁844。
〔註21〕 范曄，前引書，頁2789。

〔註22〕也把「戒」獨立出來，說它的功用在矯正行爲的偏差，不過在他的選文之中，並沒有「戒」這類的文章，無法進一步瞭解蕭統對這類文體的主張。梁任昉有《文章緣起》，也有「誡」這一類，並且說「後漢杜篤作〈女誡〉」，〔註23〕這種看法與劉勰把班昭〈女誡〉放在「戒」中來談，是頗相似的。大約在齊、梁之間，《文心雕龍》對「戒」的主張最爲清晰，他的「戒」體，對撰文者是帝王、凡庶，沒有區分；對受文者是男、是女，沒有區分；對撰文性質是書信、文章，沒有區分。只要是家中父兄對子弟的訓誡之辭皆屬之。

從上面的篇目之中，實又可就對象、內容區分爲三類，一是「家誡」，二是「女誡」，三是「誡子書」。「家誡」與「女誡」最大的不同是「家誡」誡男不及女，「女誡」誡女不及男，至於它們的對象多半包含全家子女，則爲其相同處。而「誡子書」也是針對子弟立訓，但多半緣事而發，臨文告誡，內容較「家誡」爲簡短。今天所存的班昭〈女誡〉，王昶、嵇康〈家誡〉，馬援、鄭玄、王僧虔等戒子弟書，都是各類很具有代表性的作品。

（三）「誥」

如夏侯湛〈昆弟誥〉、顏延之〈庭誥〉是。

「誥」《說文》云：「誥，告也。」段注：「以言告人，古用此字，今則用告字。」〔註24〕明徐師曾《文體明辨》「誥」序說：「古者上下有誥，故下以告上，仲虺之誥是也；上以告下，大誥、洛誥之類是也。」〔註25〕則「誥」之原意爲告訴，出乎其口，行之於文，故以「誥」名篇。今文《尚書》有「大誥」「康誥」「酒誥」「召誥」「洛誥」諸篇，都是用「誥」命名，大誥謂普告天下，康誥乃康叔封於康時武王告之之辭，酒誥乃周公以成王命告康叔之辭，召誥爲召公告王之辭，洛誥記成王至洛，周公獻卜，及王與周公問答之辭，與夫命周公時之典禮。〔註26〕誠如徐氏所述，並無上行下行之別。但以各誥載在典冊，多及王事政令，故《文心雕龍》詔策云：「誥以敷政」〔註27〕者，或以此故。

〔註22〕蕭統，《文選》，「文選序」頁 2。（上海古籍，1986 年 7 月）
〔註23〕任昉，《文章緣起》，頁 14。（臺灣商務印書館「萬有文庫薈要」，民國 54 年 11 月台 1 版）
〔註24〕段玉裁，前引書，頁 92。
〔註25〕徐師曾，《文體明辯序說》，羅根澤校點，頁 115。（華文出版社，未註出版年月）
〔註26〕以上各篇之大意，並參屈萬里，《尚書集釋》，各篇前說明。（聯經，民國 72 年）
〔註27〕王更生，前引書，頁 355。

漢魏六朝之際，以「誥」名篇，用誡子弟者，僅見此兩篇。夏侯湛〈昆弟誥〉，意在訓勉群弟，全文都在模仿《尚書》用語，可以看出他取名為「誥」的特別用心。不過因為他並非古人，刻意模仿的結果，多不能就事論事，造成內容的貧乏。至於顏延之〈庭誥〉，行文措辭，典雅有則，論事亦確切而詳明，堪為式範。

（四）「令」「命」附「遺令」

如曹袞〈令世子〉、李暠〈手令誡諸子〉、陶淵明〈命子〉、慕容廆《家令》〔註28〕等是。

「令」，《說文》：「令，發號也。」〔註29〕「命」，《說文》：「命，使也。」〔註30〕羅振玉云：「古文令，從人，集眾人而命令之。故古『令』與『命』為一字一誼。」〔註31〕令命二字在甲骨金文為同字同義，皆為發號命令之意。命令自上發之，故先秦「命」「令」皆君王號令臣下之言，秦始皇二十六年，始改命為制，改令為詔。〔註32〕而後世「命」「令」又已不限君王發號司令，凡誡子有「命子」，臨終有「遺令」，一般士庶皆得名之。

「遺令」在漢魏六朝之際，不論王公貴族，平民百姓，多有此作，目的在交代身後之事，偶而也會涉及對子孫的一些期許。不過絕大部分的內容都訴說薄葬的規範。周法高在「家訓文學的源流」（中）一文曾根據嚴可均《全上古三代秦漢三國六朝文》所收錄臨終遺令，探討《顏氏家訓》「終制」一篇的來源，可相參佐。〔註33〕此略述遺令之名義，間亦參考周氏一文。遺令，古稱「顧命」《尚書》有成王大漸，顧命群臣以立康王之作。顧謂還視，臨終眷顧子，其施文對象則多半是指群臣。兩漢以後，帝王多有「遺詔」，如漢文帝、光武帝、明帝、順帝、和熹鄧后、順烈梁后等。文帝〈遺詔〉現存較完整，全篇主旨在求薄葬，為以後遺詔諸作立下了典範。一般士民臨終遺令，現存較早而完整的有後漢趙咨〈遺書敕子胤〉，暢談生死之數，喪葬之

〔註28〕參第四章第一節八，其它（三）「慕容廆家令」條。

〔註29〕段玉裁，前引書，頁430。

〔註30〕同前註引書，頁57。

〔註31〕李孝定，《甲骨文字集釋》，第九卷，頁2867。（中研究史語所專刊之十五，民國71年6月4版）。

〔註32〕始皇二六年，令丞相、御史更名號，王綰、馮劫、李斯改「命」為「制」，「令」為「詔」。事載司馬遷，《史記》，卷六秦始皇本紀，頁236。（前引）

〔註33〕周法高文見大陸雜誌，二二卷三期，民國50年2月15日出刊。

節，厚終之非，並勉子以力行薄葬之事，爲士庶遺令諸作，立下良好的示範。三國時曹操有〈終令〉、〈遺令〉，曹丕有〈典論・終制〉、沐並有〈終制〉爲其代表；晉人有王祥〈訓子孫遺令〉、石苞〈終制〉、杜預〈遺令〉、皇甫謐〈篤終〉諸作。其間皇甫謐所撰，首尾完密，性質上介於論葬送之制及遺令之間，他在文前有一段話類似序說：「玄晏先生以爲存亡天地之定制，人理之必至也。故禮六十而制壽，至於九十，各有等差，防終以素，豈流俗之多忌者哉！吾年雖未制壽，然嬰疴彌紀，仍遭喪難，神氣損劣，困頓數矣。常懼夭隕不期，慮終無素，是以略陳至懷。」〔註34〕可以做爲魏晉以後遺令盛行時一般人撰遺言之心態。此文在言辭之間頗承襲曹丕〈終制〉，但論述尤詳，如狀盜墓者云：「或剖破棺槨，或牽曳形骸，或剝臂捋金環，或捫腸求珠玉」〔註35〕皆前人遺令所不忍言。南朝齊武帝有〈大漸下詔〉以顧命大臣，又有〈遺詔〉遺令薄葬，蕭嶷有〈遺令〉、蕭景先有《遺言》並承前人餘緒。梁世元帝《金樓子》終制篇，歷敘前賢薄葬語，與所撰「戒子篇」相類，又有沈麟士〈終制遺令〉、顧憲之〈終制〉、陶弘景〈遺令〉、袁昂〈臨終敕諸子〉、劉歊〈革終論〉。其中劉氏〈革終論〉頗類似皇甫謐〈篤終〉，論薄葬之理特詳，多涉形神之辯。至顏之推撰《顏氏家訓》有〈終制〉篇，蓋亦爲身後事預作申戒，未必是臨終遺令。〔註36〕

　　兩漢以來言喪葬之禮，帝王則美漢文帝遺詔之簡，凡庶則尊楊王孫裸葬之眞。〔註37〕然遺令尙儉，子孫未必盡從。及至魏晉以後，「遺令」「終制」之風大盛天下，甚有敕子「豫掘壙，戒氣絕，令二人舉屍即壙，絕哭泣之聲，止婦女之送」；〔註38〕有戒以「朝死夕葬，夕死朝葬……氣絕之後，便即時服，幅巾故衣，以籧篨裹衣，麻約二頭，置屍牀上。擇不毛之地，穿阬深十尺，廣六尺，

〔註34〕房玄齡，《晉書》，卷五一皇甫謐傳，頁 1416。（鼎文，民國 72 年 7 月 4 版）

〔註35〕同前註引書，頁 1417。

〔註36〕以上所論及諸文，除梁元帝，《金樓子》，爲現存書外，餘見嚴可均《全上古三代秦漢三國六朝文》。

〔註37〕漢書卷六七楊王孫傳載：「楊王孫……及病且終，先令其子曰：「吾欲贏葬，以反吾眞，必亡易吾意。死則爲布囊盛尸，入地七尺，既下，從足引脫其囊，以身親土。」（鼎文，民國 72 年 10 月 5 版，頁 2907）其後曹丕，典論終制，美文帝之儉；後漢趙咨、三國沐並、晉石苞、皇甫謐、後周韋敻遺令戒子，並美楊王孫裸葬之達。

〔註38〕並豫作終制戒子儉葬語，《三國志》魏志卷二三裴注引「魏略清介傳」，頁 662。（鼎文，民國 73 年 6 月 5 版）

阬訖，舉牀就阬，去牀下屍。」〔註39〕於是父祖以省費爲達，子孫以速葬爲孝，至於梁代，「人間喪事，多不遵禮，朝終夕殯，相尚以速。」〔註40〕當時「送終之禮，殯以暮日，潤屋豪家，乃或半晷；衣衾棺槨，以速爲榮，親戚徒隸，各念休反。」〔註41〕使得原來遺令中的節儉美意，頓時成爲競相爭逐的陋習，無怪乎當朝尚書右僕射徐勉批評時風說：「屬纊纔畢，灰釘已具，忘狐鼠之顧步，愧燕雀之迴翔，傷情滅理，莫此爲大。」〔註42〕這就是所謂「過猶不及」，古人制禮節之，意在於此。因「遺令」之中，多求儉葬，故略說其流變如此。

（五）「律」

如張融〈門律〉是。

「律」，《說文》：「律，均布也。」段注：「律者，所以範天下之不一而歸於一，故曰均布也。」〔註43〕當動詞則有約束之意，當名詞則謂法規條文，《漢書》卷二三刑法志：「相國蕭何攗摭秦法，取其宜於時者，作律九章。」〔註44〕是也。後世謂法律書籍爲律，如《唐律》即其例。然諸律書，意在國用，施於眾人而皆準，與家中自立規約，以約束家人者異。漢代有所謂「家約」。《史記》卷一二九貨殖傳：「任公家約：非田畜所出弗衣食，公事不畢則身不得飲酒食肉。」〔註45〕晉宋有所謂「家法」，《晉書》卷五庾敳傳：「王衍不與敳交，敳卿之不置。衍曰：『君不得爲耳。』敳曰：『卿自君我，我自卿卿。我自用我家法，卿自用卿家法。』」〔註46〕《世說新語》儉嗇云：「郗公大聚歛，有錢數千萬。嘉賓意甚不同，常朝旦問訊。郗家法：子弟不坐。因倚語移時，遂及財貨事。」〔註47〕《宋書》卷四二王弘傳：「弘明敏有思致，既以民望所宗，造次必存禮法，凡動止施爲，及書翰儀禮，後人皆依傚之，謂爲王太保家法。」〔註48〕「家約」「家法」都是指一家之中，共同遵守的規範，當爲一家之長或祖上相傳訂立，目的在整齊門風。但因爲這些「家約」或「家法」或口耳相傳，或共同默認，故少

〔註39〕皇甫謐「篤終」文，見《晉書》卷五一皇甫謐傳，頁 1416。（前引）
〔註40〕參姚思廉，《梁書》，卷二五徐勉傳，頁 378。（鼎文，民國 72 年元月 4 版）
〔註41〕同前註引書，徐勉上疏請禁速殯語。
〔註42〕同前註引書，頁 378。
〔註43〕段玉裁，前引書，頁 77。
〔註44〕班固，前引書，頁 1096。
〔註45〕司馬遷，前引書，頁 3280。
〔註46〕房玄齡，前引書，頁 1396。
〔註47〕余嘉錫，《世說新語箋疏》，頁 876。（王記書坊，民國 73 年 11 月）
〔註48〕沈約，《宋書》，頁 1322。（鼎文，民國 73 年元月 4 版）

形諸於文字，即便立文條列，以時隔境遷，亦難以保存。然則以「約」以「法」規範子弟者有之，至於以「律」者，仍罕見其例。張融在〈門律自序〉自云：「吾文章之體，多爲世人所驚。」（附錄 5-2）者，或是也。

　　歷來戒子之文，未見以「律」名篇者，張融有此作，應是受到佛教重「戒律」的影響，有以律約束家門之意。他在〈書與二何兩孔周剡山茨〉云：「欲使魄後餘意，繩墨弟姪，故爲門律。」〔註49〕又〈重與周書並答所問〉云：「製是門律，以律其門，非佛與道，門將何律。」〔註50〕而且「門律」之中只及佛、道二教之信仰問題，勸子弟「專尊於佛跡，無侮於道本。」（附錄 5-2）可以想見其命名爲「律」之用意。

（六）「訓」

　　如黃容《家訓》、明岌《明氏家訓》〔註51〕、王褒〈幼訓〉，顏之推《家訓》等是。

　　「訓」，《說文》云：「說教也。」段注：「說教者，說釋而教之，必順其理。」〔註52〕則訓字原義有兩層：一爲解說以教導之，二爲教導之必順其理。是順理以解說教導之，爲訓之本義。爲名詞則爲說教之內容。前所列「幼訓」「家訓」皆用此意。「家訓」一詞，延用至今，在漢魏六朝之際，多謂家庭父兄對子弟的良好教育。《後漢書》卷八十下文苑傳載蔡邕推薦邊讓給何進，以爲宜處高任，說：「（邊讓）髫齔夙孤，不盡家訓，及就學廬，便受大典」。〔註53〕此謂讓年幼失怙，沒有受到父親很好的教導。《晉書》卷六明帝紀太寧三年詔語：「吳時將相名賢之冑，有能纂修家訓，又忠孝仁義，靜己守眞，不聞於時者，州郡中正亟以名聞，勿有所遺。」〔註54〕時晉明帝即位不久，初遷江左，亟需江南人才共襄朝政，因以能秉受家庭父兄良好的教育爲條件。又《南齊書》卷三二王延之傳：「延之家訓方嚴，不妄見子弟，雖節歲問訊，皆先克日。子倫之，見兒子亦然。」〔註55〕此云「家訓方嚴」，謂家教很嚴格。蓋延之教育子弟即便回家拜見父親，也要求事先預定日期，不可造次。綜合上述，則「家訓」一辭，似相

〔註49〕僧佑，弘明集，卷六，頁 38。（慈悲精舍印經會影大正藏第五二卷）
〔註50〕同前註引書，頁 39。
〔註51〕二文並亡，參第四章第一節八、其它「黃蓉家訓」「明岌明氏家訓」條。
〔註52〕段玉裁，前引書，頁 91。
〔註53〕范曄，前引書，頁 2646。
〔註54〕房玄齡，前引書，頁 164。
〔註55〕蕭子顯，南齊書，頁 586。（鼎文，民國 72 年 4 月 4 版）

當於今天的「家教」一辭，汎指父兄對子弟所要求的一切規範。顏之推等人取以名書，當即緣於此義。

（七）「篇」「誨」

如魏收〈枕中篇〉、甄琛《家誨》〔註56〕等是。

「誨」，《說文》：「曉教也」段注：「明曉而教之也，訓以柔克，誨以剛克……曉之以破其晦，是曰誨。」〔註57〕則「家誨」即「家訓」之意。依段氏之意，「訓」以委婉，「誨」以剛猛，態度略有不同而已。甄琛《家誨》一書已佚，片字不存，未詳規範如何。至於魏收〈枕中篇〉，以「枕中」命名，則取其密而不輕易告人之意。（參附錄 7-2 說明）詳其內容不過免禍保身之術，難怪乎要枕藏而繩緬之，家訓之內容倘能真誠肯切，不挾私以害公，何必密而不宣，於此可見魏氏心態。

二、漢魏六朝家訓之體裁

漢魏六朝家訓的撰述，或文或詩，或駢或散，隨個人的學養，展現不同的形態，也可以看出這時期家訓在體裁上的多樣性。不過家訓目的既然是在誡子弟，就有別於吟風弄月的詩賦，不同於談玄論理的篇章。詩賦的撰述，或講究意境，或展現博學，意在藉此以涵養心性，博取聲譽。故左思撰〈三都賦〉，使洛陽為之紙貴，〔註58〕淵明賦詩，可以自樂其志。〔註59〕談玄論理，意在解精析微，究天人之際，不必確切致用，故嵇康論養生，而孤傲不群；〔註60〕京房考步吉凶之變，而不能自知其禍。〔註61〕撰述家訓的動機，或樹立門風，或年

〔註56〕甄琛書今亡，參第五章第二節四、其它「甄琛家誨」條。

〔註57〕段玉裁，前引書，頁 91。

〔註58〕房玄齡，《晉書》，卷九二文苑傳：「（左思三都賦成）於是豪貴之家競相傳寫，洛陽為之紙貴。」（前引，頁 2377）

〔註59〕陶淵明，《五柳先生傳》：「酣觴賦詩，以樂其志。」（逯欽立校注，《陶淵明集》，里仁書局，民國 71 年 9 月，頁 175）

〔註60〕嵇康撰養生論，云：「導養得理，以盡性命，上養千餘歲，下可數百年，可有之耳。而世皆不精，故莫能得之……清虛靜泰，少私寡欲……曠然無憂患，寂然無思慮……無為自得，體妙心玄，忘歡而後樂足，遺生而後身存。若此以往，庶可與義門比壽，王喬爭年，何為其無有哉。」（臺灣商務印書館，四部叢刊，嵇中散集，民國 68 年 11 月台 1 版，頁 15～16）嵇氏言養生，無不備，然行事多孤傲，參《世說新語》簡傲載鍾會往見康事，孤傲並非所言養生者當為，是知玄理探討，知之未必能行。

〔註61〕京房事，參《漢書》卷七五本傳，頁 3160。（前引）

老傳家，或臨終訓誡，或矯邪就正，絕不在陶冶性情，不在藉此謀求高名，更非空談玄理，而是考量現實的需求，盡一分父親的責任，追求子弟人格的完美。因此撰文訓家在體裁的選用上，自然趨向於慣常使用、簡明達意的散文爲主。其間偶有以駢文、詩、銘、尚書體來寫的，也都可以看出他們的別具用心。茲依本論文末所附現存較完整的誡子篇章分類說明於後：

（一）散　文

　　這時期家訓以散文撰述者佔最多數，如劉邦〈手敕太子〉，劉向〈誡子歆書〉、馬援〈誡兄子嚴敦書〉、張奐〈誡兄子書〉、鄭玄〈戒子益恩書〉、王昶〈家誡〉、嵇康〈家誡〉、姚信〈戒子〉、陶淵明〈與子儼等疏〉、王僧虔〈誡子書〉、徐勉〈爲書誡子崧〉、楊椿〈誡子孫〉、王襃〈幼訓〉等是，另顏之推《顏氏家訓》，全篇並以散體爲主。

　　散文在兩漢，固然是撰文說理的常態表現，但魏晉以後，逐漸趨向於華美，講究句子的對仗精巧，用典的貼切奧妙，遣辭的雅致不俗；流風所及，弊端叢生，只求形式之美，妄顧內容之實。隋李諤曾批評南朝齊梁的文風說：「競一韻之奇，爭一字之巧，連篇累牘，不出月露之形，積案盈箱，唯是風雲之狀。」〔註62〕當時朝野上下風氣如此。但我們在諸人誡子的作品當中，卻很少看到這種現象，反而展現出比典雅的散文更平實、更近於口語的文體。上自劉邦〈手敕太子〉下及顏之推《顏氏家訓》，散文在應用上，仍有其一席之地。尤其是誡子講究立竿見影之效，徒「競一韻之巧，爭一字之奇」對子弟的訓誡是毫無助益的。《顏氏家訓》成書二十篇，已被視爲南北朝時期散文名著，而實則家訓作品在傳統上，本來就有這種風格與特色。如馬援、鄭玄、陶淵明所作固已傳誦後世，至於王脩、殷褒、羊祜諸人〈誡子書〉，並樸實無華、諄諄善誘，讀其文，可以想見父欲子善的眞情流露；而王昶〈家誡〉情理兼備，徐勉〈爲書誡子崧〉念念不忘家內瑣事；皆可以概見家訓散文情眞辭質的風采。

（二）駢　文

　　如顏延之〈庭誥〉是。

　　在漢魏六朝諸人家訓中，除《顏氏家訓》以外，現存以〈庭誥〉字數最多（約四千字），但也是辭采最講究的一篇。本文把它列入駢文，是因爲他在

〔註62〕魏徵，《隋書》，卷六六李諤傳，頁1544。（鼎文書局，民國72年12月4版）此李諤上隋文帝書語。

文中使用駢句的比例很高，例如：

> 遊道雖廣，交義爲長；得在可久，失在輕絕。久由相敬，絕由相狎。
> 愛之勿勞，當扶其正性，忠而勿誨，必藏其枉情。輔以藝業，會以
> 文辭，使親不可褻，疏不可間，每存大德，無挾小怨。率此往也，
> 足以相終。（附錄 4-2-15）

> 廉嗜之性不同，故畏慕之情或異，從事於人者，無一人我之心。不
> 以己之所善謀人，爲有明矣。不以人之所務失我，能有守矣。己所
> 謂然，而彼定不然，奕棊之蔽；悅彼之可，而忘我不可，學噸之蔽。
> 將求去蔽者，念通性分而已。（附錄 4-2-21）

舉篇所見，盡是駢言儷句。劉勰《文心雕龍》麗辭篇所謂言、事、正、反四對，〔註63〕他都用到了。如「得在可久，失在輕絕」「久由相敬，絕由相狎」是言對、反對，「輔以藝業，會以文辭」「親不可褻，疏不可間」是言對、正對。另「隅奧有竈，齊侯蔑寒；犬馬有秩，管燕輕饑」（附錄 4-2-12）是事對、正對；「施如王丹，受如杜林」（附錄 4-2-17）是事對、反對。從此也可以看出他寫這篇〈庭誥〉確實用心良苦，既要講求對仗工巧，又不能失於理致；既要講求文辭華美，又不能妄顧訓誡。難怪沈約編《宋書》，幾乎全篇並錄，這恐怕跟這篇家訓比較符合他們所謂美文有關。

然而〈庭誥〉終究是家訓，所言也不過人生處世之道，總不能暢論天人之際，鋪寫風月殿堂，因此持之與他所作的〈三月三日曲水詩序〉〔註64〕做比較，仍令人覺得〈庭誥〉在遣辭用句上是淺近易懂的。這篇的特色除了文辭華美之外，另有一項特質，就是論理精密。這與一般誡子書不暇講究理論，而多半動之以情，有很大的不同。我想這除了延之特別重視子弟教育故而詳加解說以外，也跟他個人涵養有關。在梁僧祐《弘明集》卷四中收集了他與何承天討論儒佛的義理，連篇累牘，可以想見顏氏在哲理上有其個人獨特的見解，不是人云亦云而已。因此在寫〈庭誥〉時，也多能站在道理的討論上，論述何者當爲何者

〔註63〕 劉勰，《文心雕龍》，麗辭云：「故麗辭，凡有四對：言對爲易，事對爲難；反對爲優，正對爲劣。言對者，雙比空辭者也；事對者，並舉人驗者也；反對者，理殊趣合者也；正對者，事異義同者也……又以言對事對，各有反正，指類而求，萬條自昭然矣。」（王更生，《文心雕龍讀本》下篇，民國 72 年 11 月初版，頁 133～134）

〔註64〕 收入蕭統，《文選》，頁 2049。（前引）駱鴻凱，《文選學》，「讀選導言」六謂此文「用字避陳翻新，開駢文雕繪之習。李申耆謂『織詞之繡，始之延之。』即以此篇爲例。」（漢京文化，民國 71 年 10 月，頁 311）

不當爲之理，令子弟不只是感動而接受，不只是屈服命令而接受，而是希望他們心悅誠服，認同行爲背後所根據的道理。因此延之在序文才會說：「若立履之方，規鑒之明，已列通人之規，不復續論。今所載咸其素蓄，本乎性靈，而致之心用。」（附錄 4-2-1）這點是在此之前，他人家訓所不及之處。後來的顏之推《家訓》情理並茂，恐怕也相當程度吸收了他的這項優點。

另外他在篇章結構、用典遣辭上仍有可議之處。〈庭誥〉現存的篇幅近四千字，仍然不是全袟（參附錄 4-2 說明），可以想見原來的內容必然更多。但在敘事上次序的安排，除了前言、後敘的部分略有眉目以外，多雜亂無章，似乎是延之隨手撚來，得一感想，即便記下，及章節漸多而後勒成此文，因此常有同屬一類之事，而前後錯出的情形。其次用典過多，遣辭過簡，使得這篇雖然隨著《宋書》得以大致流傳下來，但在傳抄的過程錯誤百出。王仲犖曾據《冊府元龜》來校《宋書》中的〈庭誥〉，列舉二十七條校文，〔註65〕本文又據《戒子通錄》、宋本《冊府元龜》及一些明、清以前《宋書》刊本校它，也得到一些成果（參附錄 4-2 校記），但仍有些地方難以明白。這雖與後人傳抄不精有關，但文意太過晦澀，也間接造成錯誤的產生。這不得不說是延之在撰文上的一個缺失。

（三）尚書體

夏侯湛〈昆弟誥〉是。

夏侯湛此文，意在勸勉群弟，現存尚有一千餘言，全賴《晉書》悉數抄入，得以保留至今。在諸人家訓作品殘亡的情況下，此文得以流傳，亦稱長篇。全文模仿《尚書》堯典、皋陶謨，假設湛與群弟對答以成此文，在歷來家訓中，實爲罕見。因受體裁的限制，使內容較爲貧乏，實質上對群弟，恐怕也沒有什麼訓誡意義，或者只是純粹做文字遊戲而已，亦未可知。錢大昕曾批評此文：「夏侯孝若昆弟誥模擬尚書，乃王莽、宇文泰大誥之流，詞最淺劣，不知史家何以錄之。」〔註66〕其說是也。

（四）詩

如韋玄成〈誡子孫詩〉、陶淵明〈命子〉、謝混〈誡族子詩〉等是。

〔註65〕參王仲犖「從宋書顏延之傳庭誥校勘記看冊府元龜在校勘學上的價值」一文，收入王氏「黤華山館叢稿」，頁 496～504。（大陸中華書局，1987 年 4 月）

〔註66〕錢大昕，《二十二史考異》，卷二一。收入「錢大昕讀書筆記廿九種」第一冊，頁 423。（鼎文書局，民國 68 年 9 月初版）

漢代的誡子孫詩，如韋氏所作，全篇四言，尚不離《儀禮》士冠禮所載對子弟成年禮的冠辭，據此篇可以考見誡子詩的淵源。後代以詩誡子的作品很少，但如陶淵明〈命子〉共分十章，章八句，句四字，仍上承《儀禮》中士冠辭（八章，章六句或七句，句四字）的規模，前六章敘祖先的功業，後三章對長子儼的期許，頗有撰述家風，以啓來裔的味道，已不是韋氏緣事而自責以戒子弟的形態，而且淵明此詩在遣辭用字上，完全脫離前二者的藩籬，頗能自鑄偉辭，真情流露亦時而可見。至於謝混〈誡族子詩〉，全篇五言，目的在評述族子詩作，及提出他的建議，末云：「數子勉之哉，風流由爾振，如不犯所知，此外無所慎。」（附錄3-5）可知此詩作與韋氏、陶氏的形式、內涵，已迥然不同。

以詩作誡子，漢魏六朝之間較為少見，主要原因當是詩歌在句式、押韻上限制較多，並不適合對子弟訓誡，而且詩歌的性質，利於抒發性靈，不利於指事糾正子弟的疏失。故而雖偶有此作，未能成為家訓中主要的體裁。另北魏文明皇后曾有〈勸戒歌〉三百餘章（參第五章第二節四「文明皇后」條），以勸勉其子，是歷來撰詩誡子最長篇的作品，惜片字不傳，不過勸誡的對象既然是北魏孝文帝，則內容大蓋類似唐太宗《帝範》〔註67〕者流，教子為政之道。

（五）其　他

如東方朔〈誡子〉、魏收〈枕中篇〉是。

這兩篇都是韻文，風格不類詩作，有些近似崔瑗〈座右銘〉，但句式又長短不齊，與押韻的箴、銘相類。劉勰《文心雕龍》論銘箴之異同說：「箴誦於官，銘顯於器，名目雖異，而警戒實同。」〔註68〕大致說來，箴在規上，銘在自警，而家訓之類此者，意在誡子，至於三者警誡之意，則同。〈枕中篇〉在文末云：「周廟之人，三緘其口。漏卮在前，欹器留後。俾諸來裔，傳之坐右。」（附錄7-2）更可以看出他撰此文，體材上的承繼。《說苑》卷十敬慎載孔子觀於周廟之欹器云：「吾聞右坐之器，滿則覆，虛則欹，中則正。」〔註69〕又云：「高而能下，滿而能虛，富而能儉，貴而能卑，智而能愚，勇而能怯，辯而能訥，博而能淺，明而能闇」〔註70〕又載太廟金人銘云：「無多言，多言多敗；無多事，多事多患。安樂必戒，無行所悔。勿謂何傷，其禍將長；勿謂何害，其禍將大；

〔註67〕藝文印書館，《百部叢書集成》，收有「聚珍版叢書本」「粵雅叢書本」。
〔註68〕王更生，前引書，頁189。
〔註69〕向宗魯，《說苑校證》，頁242。（大陸中華書局，1987年7月）
〔註70〕同前註引書，頁243。

勿謂何殘，其禍將然；勿謂莫聞，天妖伺人。熒熒不滅，炎炎奈何；涓涓不壅，將成江河；緜緜不絕，將成網羅；青青不伐，將尋斧柯。」〔註71〕這些內容所強調的敬慎免禍，與東方朔、魏收訴求相類，銘文中押韻的形態，也是二篇體裁表現的特色。在相當程度上，應有承襲的關係。

　　兩篇在文辭表現上，都很講究工整的對仗，如東方朔〈誡子〉：「才盡者身危，好名者得華。有群者累生，孤貴者失和。遺餘者不匱，自盡者無多。」（附錄 1-2）六句之中，兩兩相對，而且都屬反對，在西漢之初，這種既押韻又對仗工整的作品，還是比較少見的。至於〈枕中篇〉尤盡其華采之能事，如「梁肉不期而共臻，珠玉無足而俱至」（言對、正對）「公鼎爲己信，私玉非身寶」（言對、反對）「其達也則尼父棲遑，其忠也而周公狼狽」（事對、正對）「蘧瑗識四十九非，顏子幾三月不違」（事對、反對）（附錄 7-2）史謂收「辭藻富逸」〔註72〕也同樣表現在這上面。他奉勸子姪，看到他人的富貴，不可諂媚；對待他人的批評，不可埋怨，〈枕中篇〉說：「玉帛子女，椒蘭律呂，諂諛無所先；稱肉度骨，膏脣挑舌，怨惡莫之前」。奉勸子姪身行不善，不可找理由搪塞：說「他人看輕我」，如自己眞有不善，則恐有覆亡之災；說「某人推崇我」，如自己沒有可以令人推崇的行爲，就會轉而成爲禍害，〈枕中篇〉說「無曰人之我狹，在我不可而覆。無曰人之我厚，在我不可而咎」。這些精簡的辭句，都可以顯示魏收特意經營此篇的用心。

　　押韻、對仗、工整、華美，是這兩篇的特色，他們這樣做最大的優點是：朗朗上口，易於背誦，可以世世代代流傳久遠。相對的缺點是難懂、不切時事。如能既押韻，而不流於艱難，既工整，而不浮於事理，必然能得到廣泛大眾的認同，而成爲一種型家範族的格言。至於敦煌寫本之《太公家教》一卷，〔註73〕全篇平易而押韻，應是這類家訓平民化與普及化的成果。

第二節　漢魏六朝家訓之情意表現

　　漢魏六朝家訓作品的撰述者，身分是父、叔、兄，受文者是子、姪、弟，因爲同在一家之中，故而不論是在家行文告誡，或在外致書勸勉，多半能眞

〔註71〕同前註引書，頁 258。
〔註72〕李百藥，《北齊書》，卷三七魏收傳，頁 484。（鼎文，民國 72 年 4 月 4 版）
〔註73〕周鳳五有「敦煌寫本太公家教研究」，明文書局，民國 75 年 5 月初版。

實而誠懇。他們不會虛情假意，歌功頌德；不會高談闊論，連篇累牘；更不會助紂爲虐，誨淫勸盜。所以在作品裡面呈現出來的是（一）情感眞摯、（二）內容充實、（三）立意美善，下面我分這三個部分來談，希望能藉此瞭解漢魏六朝家訓在情意上的表現。

一、情感眞摯

　　文章辭采，有如人的外表；情感眞摯，有如人的內涵。外表華美固然可以吸收眾人的目光，但內涵良善更能持續長久的友情。一篇好的文章，要經得起考驗，本來就必須先具有眞實的情感及豐富的內涵。劉勰《文心雕龍》情采論情感的重要時說：「夫桃李不言而成蹊，有實存也；男子樹蘭而不芳，無其情也。夫以草木之微，依情待實；況乎文章，述志爲本，言與志反，文豈足徵。」〔註74〕他以爲文章有豐富的情感內容，自然受到肯定，如果「言與志反」，文辭再美，也不能取信於讀者。家訓作品在這方面的表現頗爲傑出。

　　陶淵明〈命子〉云：

　　　　厲夜生子，遽而求火。凡百有心，奚特於我。既見其生，實欲其可。

　　　　人亦有言，斯情無假。（附錄 3-6）

《莊子》天地篇裡有一段話，說厲人身染惡疾，夜晚妻子臨盆，就急急忙忙去找火來看小孩，深恐小孩一出生就跟自己一樣。〔註75〕厲人被社會所遺棄，但仍希望小孩是完美無缺的，更何況是社會名流呢？淵明舉這個例子來說明自己對兒子的深切期許，並以爲天下父母對子女沒有生而不愛的，所以他說「凡百有心，奚特於我」。這種父母對子女的慈愛，展現在家訓作品當中，就是眞情流露。眞情的傳達，有很多方式，在家訓中常見的有「慈愛悲憫」「責子遷善」。愛而不教，在家訓的作者眼中，是適足以害之的；責而不憫，則又失於冷酷無情。兩者的交錯互出，正可以看出父親「既見其生，實欲其可」的心態，及家訓中特有的情感表徵。下面我舉一些篇章來說明：

　　馬援的〈誡兄子嚴、敦書〉（附錄 1-5），傳誦後世，不只是因爲他功勳卓著，爲後人所敬仰而已；也不只是文中美龍伯高敦厚、刺杜季良豪俠的譬喻精當而已。信中嚴厲與慈愛的對比，也是其成功的要素。他一方面冷峻的

〔註74〕王更生，《文心雕龍讀本》下篇，情采，頁78。（前引）

〔註75〕丁福保，《陶淵明詩箋注》，云：「厲人生子，遽取火視之，蓋恐所生之子，有似己惡疾之故。」（藝文印書館，民國 66 年 7 月 5 版，頁 37）此從其說。

責斥好議論人長短、妄是非正法的行爲是「吾所大惡也，寧死不願聞子孫有此行也。」令人心生畏懼；另一方面又委婉的申訴：「汝曹知吾惡之甚矣，所以復言者，施衿結褵，申父母之戒，欲使汝曹不忘之耳。」令人惻然感動於父親教子的苦心。他以女兒出嫁，母親總是再三叮嚀爲例，說明身爲一家之長不勞反覆勸說，也就如同母親對女兒的慈愛關懷。援此文在嚴峻之中，又能透露親子的情感，是其成功的因素之一。

張奐〈誡兄子書〉（附錄 1-6）也有類似的手法。他在文前以同情憐憫的口氣，告訴兄子說：「汝曹薄祜，早失賢父，財單藝盡，今適喘息。」令人讀之，悲從中來，有詩人蓼莪之歎，但接著一連串的指責，他說：「聞仲祉輕傲耆老，侮狎同年，極口恣意。當崇長幼，以禮自持。聞燉煌有人來，同聲相道，皆稱叔時寬仁，聞之喜而且悲。喜叔時得美稱，悲汝得惡論……年少多失，改之爲貴……不可不思吾言，不自克責。反云『張甲謗我，李乙悉我，我無是過。』爾亦已矣。」連子弟可能找的一些搪塞藉口，都一一道破，冀望兄子仲祉，能翻然改圖。這是悲憫與責備兩情交錯的表現。

鄭玄〈戒子益恩書〉（附錄 1-8）全文大半在敘說個人的生平及志趣，有清白傳家的精神。他同情獨子益恩「咨爾煢煢一夫，曾無同生相依」，但也勉勵他「家今差多於昔，勤力務時，無恤飢寒。菲飲食，薄衣服，節夫二者，尚令吾寡恨。」他一方面憐憫益恩沒有兄弟相依靠，但另一面又自我寬解，敘說家庭的經濟狀況，已略有改善，要求子弟勤勉、節儉。整個書信對子弟的要求並不多，但總能爲對方設想，尋求最基本的生活條件，也算是善盡父親的責任。他在文末還留了兩句話，令人讀之難忘，他說「若忽忘不識，亦已焉哉！」看來似達觀、似忘情，實則父欲子善，豈有傳家就撒手不管的道理，〔註76〕他其實是想藉這句重話來警醒子弟今後責任重大，絕不可自暴自棄，是一種動之以情的手法。像前敘張奐誡兄子，文末雲「爾亦已矣」，又豈是絕望之辭；後來陶淵明有〈命子〉詩，末章云：「夙興夜寐，願爾斯才，爾之不才，亦已焉哉。」（附錄 3-6），淵明撰此詩，長子儼才七、八歲（參附錄說明），藉口說「那也就罷了」，並非實情，所以待小孩年長，又寫〈責子〉，責備他們不讀書不知勤勉。張奐、鄭玄、陶淵明都同樣懷著一股諄諄之情，

〔註76〕　《國語》，卷十一晉語載范武子告子傳家，往後范文子有小失，仍以杖擊之，而致折其委笄。（漢京文化，民國 72 年 12 月，頁 400～401）古今父欲子善，蓋就木而後得止。

來訓勉子姪是可以想見的。

　　王脩〈誡子書〉（附錄 1-10）自敘諸子離別後的孤單說：「自汝行之後，恨恨不樂。何者？我實老矣，所恃汝等也，皆不在前，意邈邈也。」另一方面則鼓勵他珍惜光陰，交好朋友，言行要謹慎。同樣俱有情理兼備的特質。他在文末說：「父欲令子善，唯不能殺身，其餘無惜也。」雖有私愛其子之嫌，但正也點出「不能殺身」是身為父母親情的坦誠表白，而「其餘無惜」則展現教子求備眾善的苦心。一則以情愛之，一則以善勉之，在情意的表現上面，王脩此書，無疑是成功的。

　　殷褒〈誡子書〉（附錄 2-5）責備子弟好評議世俗說：「況爾析薪之智，欲彈射世俗，身為謗先，怨禍並集。」這樣的批評不只否定「彈射世俗」的行為本身不好而已，也否定了子弟的智謀才能。「析薪」原多用於能繼承家業，是褒美之辭，〔註77〕他卻用來痛斥子弟不知自量，智僅能析薪，餘無所堪。這種貶損，當然是希望子弟能認清自己，目的在制止子弟逞口舌之欲。隨後他口氣一轉，又說：「使吾懷朝夕之憂，為范武子所歎，亦非女之美也。若朝益暮習，先人後己，恂恂如也。則吾聞音而識其曲，食旨而知其甘，永終吾餘年，復何恨哉。」全用子行不善，則父憂懼；子行恭謹，則父安詳為理由。希望子弟能感念老父的掛慮，改過遷善。這樣的論據，原不足以說服他人的，但子弟好批評是非，恐怕也並非不明白本身行為的疏失，故而動之以親情，冀能觸動他們的孝思，端正自己的行為，也不失為一個良好可行的方法。

　　他們責備子弟，出自於真實的認知及誠心的規勸，不是像陳琳幫袁紹聲討曹操，罵操為「豺狼」；幫曹操聲討袁紹，則罵紹為「蛇虺」。〔註78〕全然把文字當遊戲一般，沒有任何真確的認知，難怪顏之推要說這是「文人之巨患」，〔註79〕李充〈起居誡〉，也以為軍書羽檄，語涉虛誕，勉子弟舍之，

〔註77〕左傳昭公七年敘子產之言：「古人有言曰：『其父析薪，其子弗克負荷。』施將懼不能任其先人之祿，其況能任大國之賜？」（楊伯峻，《春秋左傳注》，頁1291，源流出版社，民國71年3月初版）楊伯峻注：「析薪猶言劈柴。此譬喻語，猶其父勤勞以興家立業。」後析薪多謂能繼承父業，《三國志·魏志》，卷十三王朗傳評：「王朗文博富贍……王肅亮直多聞，能析薪哉！」（陳壽，《三國志》，鼎文書局，民國73年6月5版，頁422～423）言王肅堪承王朗素業。

〔註78〕顏之推《顏氏家訓》卷四文章：「陳孔璋居袁裁書，則呼操為豺狼；在魏製檄，則目紹為蛇虺。」（王利器《顏氏家訓集解》，上海古籍出版社，1980年7月，頁240）

〔註79〕同前註引書，頁240。

以待能者。（參附錄 3-3）李充、顏之推都注重家庭教育，而且都撰家訓以誡子，他們對文學的主張，自然也能適切的表現在他們的作品之中。至於他們要求子弟，踐履眾善，也都能懷慈懇之心，發乎情止乎理，並非如漢代王褒〈僮約〉所謂「當從百役使，不得有二言」「奴不聽教，當笞一百」，〔註80〕那樣的恫嚇威逼，如此雖能使之就範，不能使他心悅誠服。於此可知，家訓之情，固屬父子天性，在教育的作用上，也有其良好的效用。而漢魏六朝誡子家訓，在過去浮華的文風中，仍能俱有相當的文學價值，原因即在此情感之眞摯無假。

二、內容充實

家訓的撰述，自有其追求子弟美善的動機，發而爲文多能指事而語，娓娓道來，從沒有高談闊論，連篇累牘之病，也無應景搪塞，吟風弄月之嫌。在此我從「內容豐富」「主旨明確」兩端言之。

例如顏延之〈庭誥〉，只是一篇文章，但內容卻已包羅人生處世的眾多課題，諸如立志、教子、理財、待下、貧富、職業、修養及態度、公德與私情、交友、識鑒、處謗、處變、嗜欲、飲酒與聲樂、服飾、讀書、撰文與論說、論文、數相、佛道信仰等，他自也在文前說：「夫選言務一，不尙煩密，而至於備議者，蓋以網諸情非。古語曰：得鳥者，羅之一目，而一目之羅，無時得鳥矣。此其積意之方。」（附錄 4-2-1）這已可以說明家訓訴求的多樣性，站在教育的立場，自然希望眾情備舉，而不願意掛一漏萬。

而我們看看顏延之與何承天往返書信，何承天撰〈達性論〉，顏延之回〈釋何衡陽達性論〉，何再寫〈答顏永嘉〉，顏再回〈重釋何衡陽〉，何又寫〈重答顏永嘉〉，顏三答〈又釋何衡陽〉，〔註81〕三來回，共七、八千言，二人爭論的焦點只在「人」與「萬物」的差異。〔註82〕顏氏類似如此的佛理文章尙有十餘篇，唯今多不傳，不能詳其所指。既爲佛理之探究，也就難脫前引三文的性質。顏之推所謂「仲尼居即須兩紙疏義」，〔註83〕顏延之諸文，豈止兩紙？於此可以略

〔註80〕見嚴可均《全漢文》卷四二，收入「全上古三代秦漢三國六朝文」，頁 359，中文出版社，1981 年 6 月 3 版。
〔註81〕收入梁僧佑，弘明集卷四，頁 21～27。（前引）
〔註82〕參湯用彤，《漢魏兩晉南北朝佛教史》，十三章佛教之南統，「形神因果之辯論」條。頁 305。（大陸中華書局，1988 年 8 月）
〔註83〕王利器，前引書，頁 170。

知當時風氣。文章的撰述，書信往返的論辯，猶留有魏晉以來玄談的風氣，即以清談的方式論述佛法。〔註84〕而這些篇章，在今日看來，內容上是較爲空洞的。難怪南朝齊張融閑暇之時撰〈門律〉（附錄 5-2），以佛、道二教律家門，並把〈門律〉廣寄給同好，意在調停佛、道二教之爭，結果又引起另一場佛教保衛戰。（參附錄説明）等到遇疾，覺得〈門律〉不妥當，又撰〈門律自序〉説：「吾昔嗜僧言，多肆法辯，此盡遊乎言笑，而汝等無幸。」（附錄 5-2）張融覺得論辯佛法沒意義，不欲子弟爲之，當與內容反反覆覆，又不切時務有關。所謂「積案盈箱」「連篇累牘」，是家訓作者所摒棄的，在眾人家訓中，即便好佛理如顏延之，也不得不廣披羅目，以爲子弟處世津梁。

今漢魏六朝家訓，除顏之推一書保存較完整之外，其餘眾作殘損很多，但片章斷簡，也都指事明確，無依違之辭。如劉向〈誡子歆書〉（附錄 1-4）告誡子弟當有憂患意識，如心存憂患，則恐懼恭敬，所謂「弔者在門，賀者在閭」；如安逸忘憂，則驕縱奢侈，所謂「賀者在門，弔者在閭」。並舉齊頃公驕敗懼榮爲例，勸勉劉歆年少任黃門侍郎，當戰戰兢兢，恭謹待人。全文不及二百字，但言不虛設，文意燦然可觀。

其他如王肅〈家誡〉（附錄 2-2），今僅存飲酒一事，然敘酒的作用、飲酒的原則、爲人所強如何推辭等，皆直書其事，語意明確；王昶〈家誡〉（附錄 5-3）勉子弟遵儒者之教、履道家之言、戒浮華朋黨、勉知足、敘立功二難、敘治家二患、戒速成、戒自伐、戒毀譽、明處謗莫若自修、慎交友、評論古今人物以供子取捨、敘雜戲等，王氏所作現存仍非完整，然內容所及亦稱宏富；杜恕〈家戒〉（附錄 2-4），今僅存評論張閣一段；嵇康〈家誡〉（附錄 2-6），勉子姪立志與持志、勉取大德略小節、論施與受之原則、慎言語、慎飲酒等。此四者並以「家誡」名篇，對象不限一人一行，故原文內容當甚繁多，就所存來看，雖或涉及生活細節，但都能實事求是，言之有物，與清談家的玄理、佛法的論辯，或言有無，或說報應者，大異其趣。至於《顏氏家訓》一書，尤包羅宏富，全書有如顏氏一生之見聞錄，除了少數的篇章（如歸心）以外，絕少臆測之辭。凡論事必舉其所見，雖或耳聞於他人，亦交待明確。撰家訓而能至此，難怪乎此書之獨傳。總之從漢魏以來顏之推撰集成書，在內容的講究上，其精神是一致的。

〔註84〕湯用彤云：「當時名士之所以樂與僧人交游，社會之所以弘獎佛法，蓋均在玄理清言。」（前引書，頁 317）

三、立意美善

　　父兄教育子弟，求其美善，古來皆然，非獨漢魏六朝家訓如此。然而美
善的追求，有人獨善其身，有人兼善天下；有人履仁行義，有人謹慎謙恭；
都是美善的一端。如果教子獨善其身，則譏以唯利是圖；教子謹慎謙恭，則
謗以老謀深算。也似乎過責於父兄之愛、親子之情。道德教育固然有其理想
與目標，這個理想與目標的追求，原至善至美，持之以評量家訓，也是家庭
教育研究者重要的課題。但不必以未達至善不得爲道德，未臻至美不得爲藝
術衡量之，而予以全盤否定。終究，家訓的撰述者，既立言爲訓，意在可長
可久，尚不至教子諂媚以取榮，躁競以求官，害人以利己，損國以豐家，則
其亦必有可觀之處。柳宗元以爲「文者以明道」，〔註85〕則善惡之明辨，也是
構成文章情意表現的一環，故申說之。

　　春秋衛大夫石碏曾敘及教育子弟的原則，他說：「臣聞愛子，教之以義方，
弗納於邪。驕、奢、淫、泆，所自邪也。」〔註86〕孔穎達解說：「驕謂恃己陵
物，奢謂誇矜僭上，淫謂嗜欲過度，泆謂放恣無藝。」〔註87〕既然石碏用這
些話來勸衛莊公，而且說是「臣聞」，想必是當時所共同認定的理念與原則，
我在此就以他所列舉的致邪四端，來看漢魏六朝家訓戒子去驕就謙恭、去奢
就儉樸、去淫就止足、去泆就勤勉，庶可以概見其立意美善之一斑。

　　漢高祖〈手敕太子〉：「汝見蕭、曹、張、陳諸公侯，吾同時人，倍年於
汝者，皆拜。」（附錄 1-1，下省附錄二字）劉向〈誡子歆書〉：「今若年少，
得黃門侍郎，要顯處也。新拜，皆謝貴人，叩頭，謹戰戰慄慄」（1-4）馬援
〈誡兄子嚴敦書〉：「龍伯高敦厚周慎，口無擇言，謙約節儉，廉公有威，
吾愛之重之，願汝曹効之。」（1-5）張奐〈誡兄子書〉：「聞仲祉輕傲耆老，
侮狎同年，極口恣意。當崇長幼，以禮自持」（1-6）鄭玄〈戒子益恩書〉：「敬
慎威儀，以近有德。」（1-8）曹袞〈令世子〉：「汝幼少，未聞義方，早爲人
君，但知樂，不知苦；不知苦，必將以驕奢爲失也。」（2-1）王昶〈家誡〉：
「夫人有善，鮮不自伐；有能者，寡不自矜。伐則掩人，矜則陵人。掩人者
人亦掩之，陵人者人亦陵之。」（2-3）羊祜〈誡子書〉：「恭爲德首，慎爲行

〔註85〕見柳宗元「答韋中立論師道書」，收入《全唐文》，卷五七五。（大化書局「全
　　　　唐文及拾遺」，民國 76 年 3 月初版，頁 2610）
〔註86〕十五傳隱公三年，石碏諫衛莊公語。楊伯峻，前引書，頁 31。
〔註87〕楊伯峻，前引書，頁 32。楊注引。

基，願汝等言則忠信，行則篤敬。」（3-1）李充〈起居誠〉：「溫良恭儉，仲尼以為貴，小心翼翼，文王所以稱美。」（3-3）李暠〈手令誡諸子〉：「富貴而不驕者至難也，念此貫心，勿忘須臾。」（3-7）宋文帝〈誡江夏王義恭書〉：「禮賢下士，聖人垂訓；驕侈矜尚，先哲所去。」「以貴陵物，物不服；以威加人，人不厭。」（4-1）梁簡文帝〈誡子書〉：「以汝之承籍，必不畏人欺，但恐汝倚恃欺慢他人耳。」（6-1）楊椿〈誡子孫〉：「汝等若能存禮節，不為奢淫驕慢，假不勝人，足免尤誚，足成名家。」（7-1）以上諸人誡子，皆以去驕縱勉謙恭為訴求。人所以驕傲，或因富貴，或因才學，故而有倚貴陵賤，恃才傲物之失。然則才學固不足恃，富貴亦何能久，此家訓所以叮嚀再三，耿耿於懷者也。

鄭玄〈戒子益恩書〉：「菲飲食、薄衣服，節夫二者。」（1-8）王昶〈家誡〉：「治家亦有患焉，積而不能散，則有鄙吝之累；積而好奢，則有驕上之罪。大者破家，小者辱身。此二患也。」（2-3）諸葛亮〈戒子〉：「夫君子之行，靜以修身，儉以養德，非澹薄無以明志，非寧靜無以致遠。」（2-8）宋文帝〈誡江夏王義恭書〉：「供用奉身，皆有節度，奇服異器，不宜興長。」（4-1）顏延之〈庭誥〉：「省贍以奉己，損散以及人；此用天之善，禦生之得（德）也。」（4-2-10）齊武帝〈敕廬陵王子卿〉：「吾前後有敕，非復一兩過。道諸王不得作乖體格服飾，汝何意都不憶吾敕邪？……凡諸服章，自今不啟吾知復專輒作者，後有所聞，當復得痛杖。」（5-1）楊椿〈誡子孫〉：「今汝等服乘，以漸華好，吾是以知恭儉之德，漸不如上世也。」（附錄7-1）顏之推《顏氏家訓》治家：「今北土風俗，率能躬儉節用，以贍衣食；江南奢侈，多不逮焉。」〔註88〕諸人訓子並崇儉戒奢。這不只是奢侈足以致禍的問題而已，更是奢的態度能引發諸種惡行，儉的修養可帶來諸種美德，故春秋魯莊公奢侈，大夫禦孫氏諫之曰：「臣聞之：『儉，德之共也；侈，惡之大也。』先君有共德，而君納諸大惡，無乃不可乎？」〔註89〕於此可知家誡崇儉戒奢，涵意深遠。王昶〈家誡〉：「患人知進而不知退，知欲而不知足，故有困辱之累，悔吝之咎……故知足之足常足矣。」（2-3）宋文帝〈誡江夏王義恭書〉：「性之所滯，其欲必行，意所不在，從物迴改，此最弊事。宜慨然立志，念自裁抑……聲樂嬉遊，不宜令過，蒱酒漁獵，一切勿為。供用奉身，皆有節

〔註88〕王利器，前引書，頁55。
〔註89〕楊伯峻，前引書，頁229。此莊公二四年傳。

度，奇服異器，不宜興長。」（4-1）顏延之〈庭誥〉：「古人恥以身爲溪壑者，
屏欲之謂也……雖生必有之，而生之德，猶火含煙而煙妨火，桂懷蠹而蠹殘
桂，然則火勝則煙滅，蠹壯則桂折。故性明者欲簡，嗜繁者氣惛，去明即惛，
難以生矣。」（4-2-20）楊椿〈誡子孫〉：「所以孜孜求退者，正欲使汝等知天
下滿足之義，爲一門法耳。」（7-1）魏收〈枕中篇〉：「時然後取，未若無欲。
知止知足，庶免於辱。」（7-2）顏之推《家訓》有「止足」一篇，旨在少欲
知足。石碏所謂「淫」，孔穎達所解「嗜欲過度」，都是指人類物欲的放縱而
不知節制。食、衣、住、行皆人身所不能免，恣意追求，則流於「淫」，「淫」
可以致諸非務，「奢」是其中的一項表徵。因此家訓中多就欲望的節制著手
勸誡。

　　漢高祖〈手敕太子〉：「今視汝書，猶不如吾。汝可勤學習，每上疏宜自
書，勿使人也。」鄭玄〈戒子益恩書〉：「勤力務時，無恤飢寒。」（1-8）王脩
〈誡子書〉：「人之居世，忽去便過，日月可愛也。故禹不愛尺璧而愛寸陰，
時過不可遇，若年大不可少也。」（1-10）諸葛亮〈誡子〉：「夫學欲靜也，才
須學也，非學無以廣才，非志無以成學，慆慢則不能勵精，險躁則不能治性。」
（2-8）李暠〈手令誡諸子〉：「退朝之暇，念觀典籍，面牆而立，不成人也。」
（3-7-1）蕭綱〈誡子書〉：「汝生於九重之中，長於婦人之手，喜怒哀樂，恣
意所如，不加之學，便成酷贛，傾覆宗社，唯汝之身。」（6-1）王襃〈幼訓〉：
「文士何不讀書，武士何不馬射。若乃玄冬修夜，朱明永日，肅其居處，崇
其牆仞，門無糅雜，坐闕號呶，以之求學，則仲尼之門人也，以之爲文，則
賈生之升堂也。」（7-3）另顏之推《家訓》有「勉學」、「涉務」等皆與勤勉有
關。家訓中誡子勤勉，多在讀書，此就積極面而言，倘能勉學，則無虞放佚
而失去人生的目標。

　　以上所述謙恭、儉樸、止足、勤勉，都是我們立身處世不可或缺的修養，
前賢撰文誡子，立意之美善，於此可見其端倪。

第三節　漢魏六朝家訓之論理表現

　　撰述家訓以教育子弟，目的在讓子弟能信服而接受，並不是徒弄筆墨，
展露文才。因此方法及理論的依據，就勢必要特別講究。本節僅以附錄所輯
與《顏氏家訓》一書，加以歸納整理，略可以概見漢魏六朝撰文誡子的論理

表現。

　　《顏氏家訓》成書最晚，但所使用的方法幾乎遍及各種，因而在每項方法的敘述中，例以顏氏殿後，一則可以明瞭他撰述家訓的用心，一則可以看出他吸收前人經驗的努力。茲分述於後：

一、命名字爲誡

　　在家訓中明示命名取字，以勸誡子弟的，並不多見。如後漢酈炎〈遺令書〉：「其名曰『止戈』，汝長自爲之，寧咨爾止戈。」（附錄 1-7 下同）此時酈炎身繫死囚，而子未滿兩旬，故言及之。依其後文，欲子「博學以著書，以續受父母久（之）業。」「懼汝之隱，可不敕汝以仕乎？」觀之，則命名「止戈」，蓋謂不從事武職，而陷好勇鬥狠之弊。其後三國王昶〈家誡〉則更詳細說明他取名字爲誡的用意，他說：「欲使汝曹立身行己，遵儒者之教，履道家之言，故以玄、默、沖、虛爲名，欲使汝曹顧名思義，不敢違越也。古者盤杆有銘，幾杖有誡，俯仰察焉，用無過行；況在己名，可不戒哉！」（附錄 2-3）他把取名告誡，進一步理論化，給取名訓誡者，有一個很好的根據。至陶淵明〈命子〉云：「名汝曰儼，字汝求思。溫恭朝夕，念茲在茲。尚想孔伋，庶其企而！」（附錄 3-6）有兩層涵意，一則取〈曲禮〉「毋不敬，儼若思」以爲勉，一則以孔伋字子思，能無忝所生，取其尚想古人之意。（參第四章第一節內容分析）他們取名大致表現身爲父親對子弟行爲的一種期許。顏之推《家訓》雖不及以命名爲誡，但在風操篇中，論避名諱，提到命名的一些原則，綜覽其說有三點：第一，避免鄙名，連及父母；如「蟣虱」「犬子」「狗子」「驢駒」「豚子」等。第二避免涉及先人；如「翁歸」「翁寵」「思媚」「少孤」等。第三，避免連古人姓名爲名，如「朱孫卿」「許顏回」「庾晏嬰」「祖孫登」等。〔註 90〕他是站在教育兒子如何爲孫取名的角度來談，與前三者直以命名訓誡子姪者不同。至於之推命子曰「思魯」、「愍楚」、「遊秦」，蓋唯取其不忘祖先及一生經歷而已。〔註 91〕

　　《儀禮》士冠禮載古人爲子取字，取其美善，其文云：「字辭曰：禮儀既

〔註90〕王利器，前引書，頁 76～49。

〔註91〕李百藥，《北齊書》，卷四五文苑傳：「之推在齊有二子，長曰思魯，次曰敏楚，不忘本也。」（前引，頁 626）錢大昕，《廿二史考異》，卷三一云：「敏當作愍，即愍字。之推又有子名游秦，蓋入周後所生。」（收入鼎文書局「錢大昕讀書筆記」廿九種第一冊，頁 606，民國 68 年 9 月初版）

備，令月吉日，昭告爾字。爰字孔嘉，髦士攸宜。宜之於假，永受保之，曰伯某甫。仲、叔、季，唯其所當。」〔註92〕這種儀式，後人未必遵行，但爲子命名，取其祝福、期許之用心，則古今所同。唯前所敘酈炎、王昶、陶淵明，以名字做爲子姪行爲取捨的準繩，那又比《儀禮》所載爲明確而積極，站在誡子的立場，似乎是更具有警誡及教育意義的。

二、敘自身經驗以爲誡

敘自身之經驗來勸告子弟，可說是家訓作品很具特色的一種理論依據。自己有好的經驗，可以勉勵子弟遵行，不好的經驗，可以告誡子弟勿蹈其弊。既不需依經傍史，也無用煩瑣的論證，因此漢魏六朝家訓中不乏其例。

如劉邦〈手敕太子〉（附錄 1-1），敘述自己以前「當秦禁學」，不讀書也不寫文書，後來很反悔，告誡惠帝要勤學，多練習文筆。韋玄成〈誡子孫〉（附錄 1-3）則反反覆覆述說自己以前行爲的疏失（與楊惲厚善及騎馬至孝惠廟二事），告誡子孫謹慎。梁元帝《金樓子》戒子篇（6-2-7）則敘說自己年輕的時候「自得如山，忽人如草」喜歡評論他人的善惡、作品的好壞，後來很懊悔，希望諸子要戒除這種劣習。前述多以己行不善，誡子勿蹈爲訓。至顏之推，則運用更廣，善惡並陳。如「勉學篇」載己七歲背〈魯靈光殿賦〉，爾後十年一理，猶不遺忘；二十歲以後，所誦經書，一月不看，便至荒蕪；以此說明早學的功效。〔註93〕「養生篇」載己嘗以牙齒搖動欲落，飲食冷熱，皆苦疼痛，後見《抱朴子》牢齒之法，早晨叩齒三百下爲良，行之數日，即便平愈，後仍持之；以此勉子，雖爲小術，無損於事，可以修行。〔註94〕「文章篇」載己由南入北，不知風俗，隨意詆訶他人文章，嘗以此忤人，後甚悔之；誡子必無輕議。〔註95〕

自敘經驗誡子，多因爲撰述者長年以來體會深刻，故發而爲論，皆自然生動，無故作高論，矯情求譽之嫌，這是他的優點。但相對的，經驗有時只在求利免禍，以此爲訓，也容易陷於是非不分的情形，這則是它的缺失。然而方法再好再多，固然有賴撰述者匠心獨運，不能一概而論。

〔註92〕賈公彥，前引書，卷三士冠禮，頁 32。
〔註93〕王利器，前引書，頁 166。
〔註94〕同前註引書，頁 327。
〔註95〕同前註引書，頁 259。

三、引聖賢言論、諺語以爲誡

自敘經驗，有時未必能切於事，如能廣引社會上，大家所認定的金玉良言，甚或鄙俚俗諺，也可以產生警示的效果。如劉向〈誡子歆書〉（附錄 1-4）引董仲舒的話「賀者在門，弔者在閭」「弔者在門，賀者在閭」，然後據此引論憂勞足以興國的道理，是較典型的例子。其他如王昶〈家誡〉（附錄 2-3）引「孔子」「馬援」「諺」等語，陶淵明〈與子儼等疏〉（附錄 3-6）引「子夏」「詩」等語，其例眾多，目的在證成其說，以加強勸誘子弟的效果。顏之推博學，引論尤詳，泛採古書廣納眾議，所引書，不下百種。〔註 96〕諺語亦頗引用，如「教婦初來，教兒嬰孩」（教子）「博士買驢，書券三紙，未有驢字。」（勉學）等是。

四、評論古今人事以爲誡

這個方法，自兩漢至隋，諸人戒子，使用者最多，佔據的篇幅最大。終究教子弟做人處世，一人的經驗是有限的，古書的訓誡又難以生動，爲求其生動切於時事而又能採之不盡者，莫若古今人事之例證。

以評論古人行事誡子者，如東方朔〈誡子〉（附錄 1-2），以伯夷、叔齊爲拙，以柳下惠爲工；劉向〈誡子歆書〉（附錄 1-4）敘春秋齊頃公驕敗懼榮之事以誡子；王昶〈家誡〉（附錄 2-3）舉春秋范文子、三郤、王叔陳生爲例，誡子不可矜善自伐，舉伯夷、叔齊、介之推爲例，不欲子學之；嵇康〈家誡〉（附錄 2-6）評論申包胥、伯夷、叔齊、柳下惠、蘇武，以爲皆守志之盛者，舉孔融求代兄死，以爲忠臣烈士之節；殷褒〈誡子書〉（附錄 2-5）舉前漢京房考步吉凶，不能自見其禍以誡子。

評論當時人事誡子者，如馬援〈誡兄子嚴、敦書〉（附錄 1-5）評論龍伯高敦厚、杜季良豪俠，誡嚴、敦取此去彼；王昶評論徐幹、任嘏、郭奕、劉楨，用意仿馬援。

據自身經驗以誡子，人各有異，不足爲怪；引聖賢言論以誡子，人無異辭。至於評論人物則伯夷、叔齊求仁而得仁之行，而東方朔、王昶非之，不欲子弟學之；嵇康以爲二人乃守志之盛者，爲賢哲之典範。產生教育子弟時的不同價值觀，從此將引導子弟走上不同的路。這是評論古人誡子值得注意的課題。

〔註96〕此據周法高，《顏氏家訓彙注》，附錄五「專名索引」所載書名計之。

　　另外評論今人以爲誡，似乎更能有典型在世或鑑誡在前的臨場感。然而揚人之善固爲美矣，貶人爲惡，則不免與其所告誡相違背（如馬援、王昶是），而且倘其人皆在，或其子孫見之，也有其一定的副作用。

　　顏之推一書，在評論古今人事的運用，尤窮極其能，搜羅宏富。由於他仕宦於江左、江右，身經南朝齊、梁，北朝北齊、北周，又入於隋，一生見多識廣，迥非前人誡子者所能比擬，故而該書幾乎是他的見聞錄。顏氏尤其善於利用耳目所見，風俗所尚，來評論是非善惡，文章的安排又能夾議夾敘，例證與論理配合無間，這是顏氏一書除了吸收前賢的精華外，又較爲突出的地方。

五、敘家風以爲誡

　　敘家風以爲誡，就現存資料觀之，似晉以後才流行的方式。三國時撰「家誡」者眾，而最具代表的兩篇王昶、嵇康〈家誡〉，皆一千餘字，全無述及祖先功德之事，或祖先告誡之語。唯晉以後漸多，至楊椿、顏之推並以祖先告誡誡子，最具特色。

　　晉夏侯湛有〈昆弟誥〉（附錄 3-4），歷敘遠祖滕公、曾祖愍侯、祖父穆侯之功德，及父夏侯莊、母羊姬之行誼與訓誨，欲群弟仰觀堂構。陶淵明〈命子〉（附錄 3-6）歷敘先祖陶唐氏、禦龍氏、豕韋氏、陶叔、陶舍、陶青、陶侃之功業及祖父陶茂、父親之行誼，欲子步武先人。梁王筠〈與諸兒書〉（附錄 6-4）以家世爵位相繼，人人有集爲榮，欲諸子思各努力。楊椿〈誡子孫〉（附錄 7-1）敘家族入北魏後之繁盛，並引祖父楊眞語誡子孫。顏之推在「誡兵篇」敘氏自鄒魯以來，皆以儒雅爲業，欲子繼此門風；「止足篇」敘先祖顏含告誡；「文章篇」敘家世文章典正，不從風俗，皆有欲子弟追武先人之意。

六、抄書以爲誡

　　前人訓誡、家誡作品漸多之後，也有抄書以誡子者。如西涼李嵩，寫諸葛亮〈訓勵〉、應璩文以誡子，今謹存其說明（附錄 3-2）。梁元帝蕭繹《金樓子》戒子篇抄東方朔、杜恕、馬援、王昶、陶淵明、顏延之、向朗等人家訓，抄金人銘、崔瑗〈座右銘〉、春秋單襄公語、曾子語、子夏語、任昉語，敘任嘏、孔光、季羔、潘濬、陸遜、李豐、鄭袤、王丹、朱穆等人行事，以爲子弟取捨。

抄書誡子如李暠者今已全亡不可知，至如梁元帝，抄諸人家訓、名言，立意亦佳，然家訓多因材施教，因家庭環境不同而有所去取擇別，他人家訓未必盡合我用，故元帝於各條下，偶有案語，蓋以此也。

七、自構理論以爲誡

自構理論以爲誡子，較具特色者如諸葛亮〈誡外生〉、〈誡子〉、顏延之〈庭誥〉、魏收〈枕中篇〉等是。三人家訓少所依傍，全篇皆自鑄瑋辭，故時有傳世不朽之名言，如諸葛亮者是。而〈庭誥〉以篇幅較長，又少所引證，雖頗用典故，然多溶入文章之中，故其論理之表現，最具特色，茲舉一段論職業爲例：「祿利者受之易，易則人之所榮；蠶穡者就之艱，艱則物之所鄙。艱易既有勤倦之情，榮鄙又開向背之意。此二塗所爲反也。以勞定國，以功施人，則役徒屬而擅豐麗；自理於民，自事其生，則督妻子而趨耕織。必使陵侮不作，懸企不萌；所謂賢鄙處宜，華野同泰。」（附錄4-2-5）整段既不敘經驗，也不引文，也無典故，純粹就仕宦與農夫做對比，說明二者之「易、艱」「榮、鄙」「勤、倦」「向、背」之相反，再就傳統儒家理念，論勞心治人，勞力治於人，乃當然之理。末以各安其所，各理其事做結。言約而旨豐，文美而達意。全文除「此二塗所爲反也」爲單句之外，對仗工整。首二句、二四兩句各爲頂針，而且前後相疊爲對；五六兩句又承前四句相爲對，全部皆爲反對，八、九、十與十一、十二、十三前後三句相疊爲對。最後四句各兩兩爲對。《宋書》顏延之傳稱其「文章之美，冠絕當時」〔註97〕良非過譽。而家訓之中，有此一格，亦可與諸人「家誡」「誡子書」相抗衡矣。

八、敘生平事蹟以清白遺子孫

家訓中以自述生平志行爲主體，而以誡子爲附屬者，在漢魏六朝之際，以鄭玄〈戒子益恩書〉，陶淵明〈與子儼等疏〉（附錄3-6）最具代表性。前面提到「以自身經驗爲誡」，必取其生平事蹟中，堪爲典式，或可做鑑誡者，其訓誡內涵直接由此經驗而起，如劉邦、韋玄成者是；至於條述「家風」，欲子仰觀家門風範，重心在褒美先祖，雖然談到自身，也頗多自謙之辭，如陶淵明〈命子〉、楊椿者是。至於以清白遺子孫，則自述與誡子之內容，略無相涉，

〔註97〕沈約，《宋書》，卷七三，頁1891。（鼎文書局，民國73年元月4版）

其目的在敘說一生之行事雖不足以庇蔭子孫，然亦無愧於天地之間。此則鄭、陶二篇所以迥異於他人家訓者也。

在漢魏六朝之際，用這樣的方式來誡子，實爲罕見，我以爲有下列二個原因：

第一，二人皆爲知識分子，但不求仕宦。鄭玄一生不仕，他自己說「但念述先聖之元意，思整百家之不齊。」（書中語）；陶淵明雖曾仕宦，但不以此爲樂，強迫自己當官，實非本願，因此他去辭去彭澤令時說「質性自然，非矯勵所得；飢凍雖切，違己交病。」〔註98〕他所樂的，是「五六月中，北窗下臥，遇涼風暫至，自謂是羲皇上人。」（疏中語）這與楊椿、顏之推秉持傳統儒家思想學而優則仕的意向頗有不同。

第二，二人皆在年老體衰之後撰書傳家。鄭玄書信中自云：「入此歲來，已七十矣」「案之禮典，便合傳家」「今我告爾以老，歸爾以事」「家事大小，汝一承之」，陶淵明疏中云：「吾年過五十」「疾患以來，漸就衰損」「自恐大分將有限也」雖淵明不言傳家，而頗有鄭氏之意。如後漢楊震，位至太守，而子孫常蔬食步行，故舊長者或欲令爲開產業，震不肯，而說：「使後世稱爲清白吏子孫，以此遺之，不亦厚乎？」〔註99〕以清白傳家，流美後世，載在史冊。這就與兩漢以來如劉向、馬援、王脩、王僧虔的「誡子書」，在動機上是有所別的。

二人不樂仕宦，而且肯定自己的生活方式，因此在文前多敘志行，表明自己的執著。但這種生活並非他們所意欲子弟從事的理想途徑，因此鄭玄仍以「顯譽成於僚友，德行立於己志，若致聲稱，亦有榮於所生」相勉，而不勸子承繼家業；陶淵明則不免發出憐憫的口吻「俛俛辭世，使汝等幼而飢寒」「汝輩稚小家貧，每役柴水之勞，何時可免？念之在心，若何可言」頗有自責的味道。這些現象足以說明自樂與勸子之間，仍有一點衝突的。於是鄭玄很直率的告訴子弟「吾雖無紱冕之緒，頗有讓爵之高，自樂以論贊之功，庶不遺後人之羞」逐以「讓爵」的行爲，不遺羞後人，來表明自己；而淵明既無「讓爵之高」，也無「論贊之功」，只能用「感孺仲賢妻之言，敗絮自擁，何慚兒子」來自我寬慰。傳統仕宦家庭的家訓，自敘生平的結果，都是要子弟記起教訓，或緬懷典型，以求紹家世之業，二人傳家與諸人家訓所以不同，就是他們本身不樂仕宦，但又不忍令子步武其作風，因而只有清白傳家，庶不遺羞後世爲訓。

〔註98〕逯欽立校注，《陶淵明集》，頁159。（前引）
〔註99〕參范曄，《後漢書》，卷五四，頁1760。（前引）

第八章　《顏氏家訓》問題研討

　　漢魏六朝家訓，撰述者固然眾多，成書者，亦復不少（參三、四、五章內容分析），但流傳至今，能保有七卷二十篇完整卷帙的，僅有《顏氏家訓》一書而已。由於它的內容涉及層面較廣，已與兩漢以來誡子書，魏晉的「家誡」，有本質上的不同。〔註1〕而且歷來對此書的箋注，〔註2〕內容的分析研究，〔註3〕作者的評論研究，〔註4〕數量眾多，成果斐然。所以本文僅針對其成書的特質，與此書對儒、釋思想的定位，及其內容中仁義與利害並陳的駁雜，三個方面提出個人見解。

　　《顏氏家訓》雖名為「家訓」，但從它撰文的動機，成書的內容，論述的手法，都有想要成一家之言的趨勢。但持之與魏晉以來儒家的典籍相較，則文字之間又處處展現父親對子弟循循善誘的「家誡」獨特風格。這是此書既

〔註1〕　顏氏書中有「書證」「音辭」二篇泛論古書形音義及當時文字、語音等問題，為歷來家誡所不及。「歸心」篇專為佛教說法，也是家庭訓誡中次要的課題。顏氏都長篇大論，迥異往常家誡。這些皆非傳家所急，與歷來偏重修身、處世的家誡，在性質上已有很大的區別。

〔註2〕　如清人趙曦明注、盧文弨等人校補之「顏氏家訓彙注」（台聯國風出版社）、王利器「顏氏家訓集解」（上海古籍出版社）等是。

〔註3〕　如守屋美都雄撰「顏氏家訓について」（中國學誌第四本，頁 1-30，1967 年 12 月）、林文寶「顏之推及其思想述要」（台東師專學報第五期，頁 1～46，民國 66 年 4 月）、尤雅姿「顏之推及其家訓之研究」（臺灣師範大學博士論文，民國 80 年 6 月）等是。相關論著尤氏論文後羅列參考書目，頗為宏富。

〔註4〕　如繆鉞「顏之推年譜」（原載真理雜誌一卷 4 期，收入周氏「彙注」附錄二）、丁愛博「顏之推・一個崇佛的儒者」（收入正中書局「中國歷史人物論集」頁 46～78）、吉川忠夫「顏之推論」（收入吉川氏「六朝精神史研究」第九章頁 263～302）等是。相關之研究，亦詳見前引尤氏論文。

不同於以往家誡，又有異於儒家典籍之處。第一節即以「顏氏家訓成書之特質」爲名，取兩漢以來諸人家訓與之比較，展示它吸收前人經驗與開創新局的特色；另一方面取魏晉儒家典籍與之比較，看它在理論承繼及措辭變革上的手法。藉此來凸顯家訓的特質。

　　另《顏氏家訓》中有「歸心」篇，希望子弟研習佛法，並對儒家周孔的精神，多加貶抑；「勉學」篇所述讀聖賢書的訴求，及全書整體精神，多加貶抑；「勉學」篇所述讀聖賢書的訴求，及全書整體精神，又多趨向於儒家思想，反而批評老、莊爲任縱之徒。可以想見顏之推對儒、釋思想的定位上，有待更進一步的澄清。

　　至於此書除了前述思想問題的衝突外，內容也有駁雜不純，前後矛盾的地方，我在此也試圖從現象的分析，進一步探索其原因。

　　希望透過這三種方式的探討，能更看清《顏氏家訓》一書的本來面目，肯定它在家訓中的地位，而不流於全面的迷信與盲從，對該書的瞭解，應該有其正面作用。

第一節　《顏氏家訓》成書之特質

　　《顏氏家訓》二十篇，倘單篇個別獨行，都很類似歷來家誡、遺令之屬；集而成書，則類似儒家諸子。這種情況在《隋書》經籍志中可略見其端倪，〈隋志〉並未把《家訓》登錄進去，但它在子部儒家類、集部總集類並錄了相關作品，儒家類載八種如下：

　　（一）諸葛武侯集誡二卷

　　（二）眾賢誡十三卷

　　（三）女篇一卷

　　（四）女鑒一卷

　　（五）婦人訓誡集十一卷

　　（六）娣姒訓一卷

　　（七）曹大家女誡一卷

　　（八）貞順志一卷〔註5〕

集部總集類載七種：

〔註 5〕 魏徵，《隋書》，卷三四經籍三，頁 999。（鼎文書局，民國 72 年 12 月 4 版）

（一）眾賢誡集十卷。殘缺。梁有誡林三卷，綦毋邃撰；四帝誡三卷，
　　　王誕撰；雜家誡七卷，諸家雜誡九卷，集誡二十二卷。亡。

（二）諸葛武侯誡一卷、女誡一卷。

（三）女誡一卷。曹大家撰。

（四）女鑒一卷。梁有女訓十六卷。

（五）婦人訓誡集十一卷。並錄。梁十卷。宋司空徐湛之撰。

（六）娣姒訓一卷。馮少冑撰。

（七）貞順志一卷。〔註6〕

　　這種兩存的現象，姚振宗以爲是修《隋書》者，據陳、隋時別家書目列
入儒家，後又據《七錄》入總集類中，忘其前後重複。〔註7〕也就是說「家誡」
「女誡」類的作品，在阮孝緒編《七錄》時，例列入文集錄，而不在子兵錄。
〔註8〕那麼顏之推如果撰述一部類似「女誡」的家訓，在諸子之中，確實是罕
有其例的。故而他在「序致」篇中說：

　　　夫聖賢之書，教人誠孝，慎言檢跡，立身揚名，亦已備矣。魏晉已
　　　來，所著諸子，理重事複，遞相模斅，猶屋下架屋，牀上施牀耳。
　　　吾今所以復爲此者，非敢軌物範世也，業以整齊門內，提撕子孫。
　　〔註9〕

一方面批評諸子（蓋謂承繼儒家思想的子書）理重事複，一方面說自己的書與
諸子不同，不敢軌物範世。自己的書如果只是誡子，那與諸子又有何相涉？何
必要說它們屋下架屋，牀上施牀呢？劉宋顏延之〈庭誥〉在文前云：「庭誥者，
施於閨庭之內，謂不遠也。吾年居秋方，慮先草木。故遽以未聞，誥爾在庭。
若立履之方，規鑒之明，已列通人之規，不復續論。今所載咸其素蓄，本乎性
靈，而致之心用。」（附錄 4-2-1）這大約可看出一般家誡撰述者的動機，只是

〔註6〕魏徵，前引書，卷三五經籍四，頁1088。
〔註7〕姚振宗，《隋書經籍志考證》，卷二四儒家「貞順志一卷」條末云：「以上八家，
　　　《七錄》皆編入文集錄之雜文部中，而陳、隋時別家書目有列之儒家者，故
　　　本志以附此類。其後至集部又據《七錄》入總集類中，忘其前後重複也。其
　　　文亦此略而彼詳，足以驗其所據之非一書矣。」（收入大陸中華書局「二十五
　　　史補編」第四冊頁5462，1989年7月）
〔註8〕阮錄今亡，其序見《廣弘明集》卷三，據所分七錄，內五外二，內五者有經
　　　典、紀傳、子兵、文集、術技五錄，外加佛、道二錄。（唐道宣，《廣弘明集》，
　　　據大正藏本五二卷，阮序見頁108～109，慈悲精舍印經會）
〔註9〕王利器《顏氏家訓集解》，卷一頁19。（上海古籍出版社，1980年7月）

單純的「年居秋方，慮先草木」所以必須「誥爾在庭」，並非要成一家之言。但之推把自己的家訓拿來與諸子相比，雖謙稱「不敢軌物範世」，卻對此書寄予不會疊牀架屋的厚望，不只是留此二十篇以為子孫後車而已。職此之故，才會形成措辭如傳統家訓，循循以善誘，而規模如諸子，理覈而事備，形成獨具一格的家訓風範。下面分別就家誡、諸子的角度，來看《顏氏家訓》。

一、從家誡角度看《顏氏家訓》

《顏氏家訓》與兩漢以來家誡，有其相似之處，分三點說明：

第一，「家訓」的書名，原有承襲。《北齊書》卷四五文苑傳載之推：「有文三十卷，撰家訓二十篇，並行於世。」〔註10〕「家訓」蓋為之推原擬書名。而晉已有黃容《家訓》、明岌《明氏家訓》（參第四章第一節）在前。至於篇數之多，北魏甄琛《家誨》二十篇、刁雍〈教誡〉二十餘篇（參第五章第二節）與之相捋。是之推此書，亦非無中生有。

第二，內容訴求的相似。如「名實」篇論「上士」「中士」「下士」之別，而顏延之〈庭誥〉亦有「士之上也」「此其亞也」「吾不願聞之」（附錄4-2-5）三士之論，其三士之等級差別，略相近也。

又「雜藝」篇中論及諸藝不需過精，除射箭之外，可以兼明，不可專業；其論調與王昶〈家誡〉（附錄 2-3）如出一轍。又「止足」篇引先祖顏含戒子姪云：「汝家書生門戶，世無富貴；自今仕宦不可過二千石，婚姻勿貪勢家。」〔註11〕而北魏楊椿〈誡子孫〉云：「（祖父）常約敕諸父曰：『汝等後世，脫若富貴於今日者，慎勿積金一斤、綵帛百匹已上，用為富也。』又不聽治生求利，又不聽與勢家作婚姻。」（附錄 7-1）其訓誡內涵、方法，多有相似處。此皆可以說明之推《家訓》對前人「家誡」的內容，當有廣泛的吸收。

第三，情意的真摯，頗有異曲同工之妙。在前章論情意的真摯，不及之推，而這種手法，之推實不多讓。如「治家」篇論時人棄女嬰之非云：「世人多不舉女，賊行骨肉，豈當如此，而望福於天乎？吾有疏親，家饒妓媵，誕育將及，便遣閽豎守之。體有不安，窺窗倚戶，若生女者，輒持將去；母隨號泣，使人不忍聞也。」〔註12〕「使人不忍聞」，實發乎內心慈愛之情，其感人之深尤勝千

〔註10〕李百藥，《北齊書》，頁618。（鼎文書局，民國72年4月4版）
〔註11〕王利器，前引書，頁316。
〔註12〕同前註引書，頁62。

言之雄辯。另「教子」篇敍齊朝有一士夫教子學鮮卑語及彈琵琶，以此伏事公卿，無不寵愛。之推聞其沾沾自喜，在書中做了一段評論說：「吾時俛而不答。異哉，此人之教子也！若由此業，自致卿相，亦不願汝曹爲之。」〔註13〕他並沒有就此事作長篇論述，但「俛而不答」，在情感的表現上實已勝過兩紙疏義。這些都是家誡中常見的表現手法。

　　然而《顏氏家訓》仍有漢魏六朝家誡所遠不及之處，茲述於下：

　　第一：內容完整，篇次井然有序。今存《家訓》七卷二十篇，首篇序致，論撰述此書之動機與目的。其次「教子」「兄弟」「後娶」相應於父子、兄弟、夫婦家門內之三倫；次「治家」統論家長處理家事之原則。此四者在家門之內，並爲一卷。其次「風操」論處世態度，「慕賢」論朋友，二者在門外，並爲一卷。「勉學」論讀書學習，獨立一卷。次「文章」多敍之推對文學的主張，這是文士特有的活動，與「勉學」有密切關係，故次之。次「名實」「涉務」「省事」「止足」「誡兵」五篇並論處世之原則及觀念，這與「風操」特重言語、行爲表現有所不同。次「養生」論保健，針對道家而發。次「歸心」論信仰，針對佛教而設。以上分居四、五兩卷。次「書證」獨立一卷，爲之推讀書之雜記，偏重字形之考證。次「音辭」雜記古今音義。次「雜藝」敍休閒活動。最末「終制」爲遺言薄葬之屬。末三篇爲一卷。內容從格物、致知、修身、齊家、處世，面面俱到，首尾完整，以現存家誡資料來看，它確實是前無古人的。

　　第二：理論的講究。前人家誡在情意的表現上，或還可與《顏氏家訓》論高下，至於理論的周備上，則遠遠不及。就算是漢魏以來家誡，全篇以理論擅長的顏延之〈庭誥〉，也有所不知。如兩人都提到教育子弟的方法。〈庭誥〉云：

　　　〔雖〕曰：身行不足遺之後人。〔然〕欲求子孝必先慈，將責弟悌務爲友。雖孝不待慈，而慈固植孝；悌非期友，而友亦立悌。夫和之不備，或應以不和；猶信不足焉，必有不信。儻知恩意相生，情理相出，可使家有參、柴，人皆由、損。（附錄4-2-4）

全文倡導身教的重要，就單獨「身教」的問題，之推僅在「治家」篇首提及，似不如延之。但他在「教子」篇裏，申論兒童教育的重要，及探討教育子弟上的一些問題，做爲整部家訓的立論根據，就家訓以教育子弟爲目標上，委實是絜下深厚的理論基礎，這就是延之論列所不及的事了。至於其他人的家

誠，在理論的建構上猶不如〈庭誥〉，對《顏氏家訓》來說，更是望塵莫及。

　　第三：例證的詳備而允當。之推論事，必隨之以例證，這雖是兩漢以來家誡誡子的常用手法（參前章第三節），但運用得綿密而貼切，仍不如之推。如「慕賢」篇，首論賢人難得當珍惜之；次言朋友之重要，當慎交遊；末歸結於優於我便足貴之。再論世人重遙輕近，舉魯人稱孔子爲「東家丘」，虞君狃宮之奇不納其諫二例。三論取人之言當顯稱其名不可掠美。末舉時賢五人，述丁覘、羊侃、楊遵彥、斛律明月、張延雋之事蹟，供子弟瞻仰學習。這是前論後例的典型。之推在書中大量使用例證，有些是採自古書，有些是自身體驗，有些是耳目見聞，在教育子弟的作用上有鮮明、論證可驗的效果。

　　第四：敘事舉證，趣味橫生。兩漢以來，誡子書或家誡的作品，趨向於溫厚而嚴肅，雖有循循善誘之情，而少有活潑生動之趣。能與之稍比憑者，僅〈庭誥〉一篇，如所論三士下士之行迍，以爲「千人所指，無病自死」者（附錄 4-2-5）；又論見少識淺之病，以爲是「少壯之廢」者（附錄 4-2-6），較生動有趣。但整體來說，不如《顏氏家訓》運用得廣泛。如「勉學」篇敘貴遊子弟，多無學術云：

> 無不熏衣剃面，傅粉施朱，駕長簷車，跟高齒屐，坐棊子方褥，憑斑絲隱囊，列器玩於左右，從容出入，望若神山。〔註14〕

等到雜亂之後，時隔境遷，再也無人可依靠，自己也沒什麼才能，他說：

> 求諸身而無所得，施之世而茶所用。被褐而喪珠，失皮而露質，兀若枯木，泊若窮流，鹿獨戎馬之間，轉死溝壑之際。〔註15〕

前後的生動描述，及強烈對比，在趣味性及警醒效果上有其雙重的作用。另外在例子上有趣的更多，如「風操」篇載，齊朝士子，皆呼祖僕射（珽）爲「祖公」，全不嫌有所牽涉事。〔註16〕又「勉學」篇載朱詹好學而貧窮云：「好學，家貧無資，累日不爨，乃時吞紙以實腹。寒無氈被，抱犬而臥。犬亦飢虛，起行盜食，呼之不至，哀聲動鄰，猶不廢業，卒成學士。」〔註17〕又「文章」篇載并州有一士族，文章醜拙而不自知云：「好爲可笑詩賦，誂撆邢（邢邵）、魏（魏收）諸公，眾共嘲弄，虛相讚說，便擊牛釃酒，招延聲譽。其妻，

〔註14〕同前註引書，頁 145。
〔註15〕同前註引書，頁 145。
〔註16〕同前註引書，頁 98。
〔註17〕同前註引書，頁 189。

明鑒婦人也，泣而諫之。此人歎曰：『才華不爲妻子所容，何況行路！』至死不覺。自見之謂明，此誠難也。」〔註 18〕這些例子，在其他人的家誡中，是非常罕見的，有些類似《世說新語》、《笑林》（魯迅《古小説鉤沈》有輯本）之屬的描述手法。如果家訓目的是讓子弟能樂於閱讀，進而記取教訓，顏之推這種手法倒是可以輕易達成的。

　　由上述我們可以發現，就撰文誡子的角度看顏之推《家訓》，他不但能吸收前人家誡中可用以訓家的良好成果，更能開創一番新的格局，尤其在內容的充實，理論的講究，例證的詳備，敘事的生動方面，力求突破與創新，就現存漢魏以來家訓言之，確實有其獨特與眾不同的地方。其中內容的充實及理論的講究，原非歷來家誡各誡其子所能備議，倘非欲成一家之言，而著意搜羅經營，絕難以達到像顏之推《家訓》那樣的宏富。而《家訓》所以能勝於往日家誡，及它與諸子之間的關係，擬在後文接著討論。

二、從諸子角度看《顏氏家訓》

　　魏晉之間，儒家典籍能完整保留下來的，並不多見，趙曦明注《顏氏家訓》舉〈隋書・經籍志〉所列七家，〔註 19〕今存者，僅有徐幹《中論》二十篇，尚稱完袟。〔註 20〕另有葛洪《抱朴子》外篇五十卷，他在「自敘」中說：「外篇言人閒得失，世事臧否，屬儒家。」。〔註 21〕今並取二書來與《家訓》

〔註 18〕同前註引書，頁 237。

〔註 19〕趙曦明，《顏氏家訓注》，頁 37：「《隋書經籍志》儒家有徐氏中論六卷、魏太子文學徐幹撰；王氏正論十卷，王肅撰；杜氏體論四卷，魏幽州刺史杜恕撰；顧子新語十二卷，吳太常顧譚撰；譙子法訓八卷，譙周撰；袁子正論十九卷，袁準撰；新論十卷，晉散騎常侍夏侯湛撰。」（藝文印書館，民國 62 年 10 月 3 版）

〔註 20〕紀昀，《四庫全書總目》，卷九一儒家類一「中論二卷」條云：「是書隋唐志皆作六卷，隋志又註云『梁目一卷』，崇文總目亦作六卷，而晁公武《讀書志》、陳振孫《直齋書錄解題》並作二卷，與今本合，則宋人所併矣。書凡二十篇，大都闡發義理，原本經訓，而歸之於聖賢之道，故前史皆列之儒家。曾鞏校書序云：『始見館閣中論二十篇，及觀貞觀政要太宗稱嘗見幹中論復三年喪篇，今書獨闕。』又考之魏志，文帝稱幹著中論二十餘篇，乃知館閣本非全書。而晁公武又稱『李獻民所見別本實有復三年、制役二篇』……別本者，不可復見，於是二篇遂佚不存。」（藝文印書館，民國 68 年 12 月 5 版，頁 1812）茲所據徐幹《中論》爲四部叢刊初編本（商務印書館，民國 64 年 6 月台 3 版），現存二十篇雖非完袟，與原貌相去不遠，所佚篇目亦有限，故據以爲論。

〔註 21〕葛洪，《抱朴子》，外篇，卷五十自敘，頁 203。（收入世界書局，新編諸子集

比較，看它們之間的異同，一則以說明《家訓》撰述的動機，一則以見《家訓》之特質。

在此首先列出二書的篇目，以見其一斑：

《中論》

（一）治學（二）法象（三）脩本（四）虛道（五）貴驗（六）貴信（七）藝紀（八）覈辨（九）智行（十）爵祿（十一）考僞（十二）譴交（十三）曆數（十四）論夭壽（十五）務本（十六）審大臣（十七）慎所從（十八）亡國（十九）賞罰（二十）民數

《抱朴子》外篇

（一）嘉遯（二）逸民（三）勗學（四）崇教（五）君道（六）臣節（七）良規（八）時難（九）官理（十）務正（十一）貴賢（十二）任能（十三）欽士（十四）用刑（十五）審舉（十六）交際（十七）備闕（十八）擢才（十九）任命（二十）名實（二一）清鑒（二二）行品（二三）弭訟（二四）酒誡（二五）疾謬（二六）譏惑（二七）刺驕（二八）百里（二九）接疏（三十）鈞世（三一）省煩（三二）尚博（三三）漢過（三四）吳失（三五）安塉（三六）安貧（三七）仁明（三八）博喻（三九）廣譬（四十）辭義（四一）循本（四二）應嘲（四三）喻蔽（四四）百家（四五）文行（四六）正郭（四七）彈禰（四八）詰鮑（四九）知止（五十）自敘

兩者所討論的課題很近似，茲列一表說明之：

《中論》	《抱朴子》	說　　　　明
治　學	勗　學	二篇並論讀書學習的重要。
法　象	譏　惑	「法象」論人當正容貌、慎威儀。而「譏惑」則譏不能正容貌、慎威儀者。文中辭句略有承襲之處。
脩　本	循　本	二篇並論修身養德爲立身之本。「循本」一篇首尾立論稍異，恐仍有佚文，並非完篇。〔註22〕

成第四冊，民國 72 年 4 月新 4 版）

〔註22〕案：《抱朴子・外篇》「循本」今僅存數行，當有訛脫。嚴可均，《鐵橋漫稿》，卷六「代繼蓮龕爲抱朴子敘」一文云：「今本僅內篇之十五六，外篇之十三四耳」（世界書局，民國 53 年 2 月初版，卷六頁 9A）是也。

虛　道	刺　驕	「虛道」論人當謙懷養慧，而「刺驕」則刺驕慢倨傲。兩者相對爲言。
考　僞	名　實	二篇並重名實相符。唯《中論》多言名不符實之弊，故名「考僞」；而《抱朴子》多言名實之難辨及君子寧可守實而去名。
譴　交	交　際	二篇並論交友之道。皆以爲相交之道當擇賢友，不宜浮雜。
務　本	君　道	二篇並論人君治國之道。
審大臣	審　舉	二篇並論君任用人才宜審愼明察。
賞　罰	用　刑	二篇並論賞罰治國之法。唯「用刑」尤側重刑罰之不可廢。

右所列舉唯就其整篇言之，實則二書所論列治國理民選賢任才之言特多，內容交錯互出，雖文辭有樸實、華麗之別，所言所指頗有相似之處。此蓋之推所謂「理重事複，遞相模斅」者也。

然而之推《家訓》，所以異乎漢魏六朝家誡者，有些地方是從諸子這邊學來的。例如：

第一，篇目的分類擬定。《抱朴子》有「自敘」，《家訓》有「序致」；《抱朴子》有「崇教」，《家訓》有「教子」；《中論》有「法象」「貴言」，《家訓》有「風操」；《中論》有「譴交」，《抱朴子》有「交際」，《家訓》有「慕賢」；《中論》有「治學」，《抱朴子》有「勗學」，《家訓》有「勉學」；《抱朴子》有「辭義」「文行」，《家訓》有「文章」；《中論》有「貴驗」「考僞」，《抱朴子》有「名實」，《家訓》有「名實」；《抱朴子》有「時難」「省煩」，《家訓》有「省事」；《抱朴子》有「知止」，《家訓》有「止足」；《中論》有「論夭壽」，《家訓》有「養生」；《中論》有「藝紀」，《家訓》有「雜藝」；顏之推在內容的詳備上，能遠勝於往日家誡，勢必在篇目的分類上要下功夫。否則像顏延之〈庭誥〉，討論事項很多，但了無順序，有些同屬一事，分在兩處，這對理念的釐清實有其負面影響。所以《家訓》能在篇目上仿照諸子，對敘事的詳明而不雜是頗有幫助的。

第二，內容的廣泛。尋常家誡，一般只言修身處世的原則，能像李充〈起居誡〉（附錄 3-3）、顏延之〈庭誥〉（附錄 4-2-3 及 4-2-35）談到文學理論的主張，已屬博洽，但《家訓》在後面有「書證」與「音辭」羅列他讀書的一些雜記及古今音義的考訂，則爲向來家誡所未及。這有些類似《抱朴子》外篇後面所附的「博喻」與「廣譬」，羅列平日所寫的巧喻美辭。不過，終究

好尚不同，居今言之，顏氏二篇的價值不可與葛洪二篇同日而語。另外《家訓》一書對當時社會的批評很多，與一般家誡多言子弟的缺失，有所不同。而這也很類似《抱朴子》「崇教」「名實」「交際」「酒誡」「疾謬」「譏惑」「刺驕」「漢過」「吳失」等篇對社會的譏刺。例如《抱朴子》「吳失」篇論任事者多無才幹云：

> 或有不開律令之篇卷，而竊大理之位；不識幾案之所置，而處機要之職；不知五經之名目，而饗儒官之祿；不閑尺紙之寒暑，而坐著作之地；筆不狂簡，而受駁議之榮；低眉垂翼，而充奏劾之選；不辨人物之精粗，而委以品藻之政；不知三才之軍勢，而軒昂節蓋之下；屢為奔北之辱將，而不失前鋒之顯號；不別菽麥之同異，而忝叨顧問之近任。〔註23〕

而《家訓》「涉務」篇論當時文士不涉世務云：

> 居承平之世，不知有喪亂之禍；處廟堂之下，不知有戰陳之急；保俸祿之資，不知有耕稼之苦；肆吏民之上，不知有勞役之勤，故難可以應世經務也。〔註24〕

又「勉學」篇敘時人多有不自知之病云：

> 世人但見跨馬被甲，長弰彊弓，便云我能為將……但知承上接下，積財聚穀，便云我能為相……但知私財不入，公事夙辦，便云我能治民……但知抱令守律，早刑晚捨，便云我能平獄。〔註25〕

《顏氏家訓》「文章」篇敘揚雄「葛洪以方仲尼」，事見「尚博」篇；〔註26〕「雜藝」篇云：「葛洪一箭，已解追兵矣」，「（博奕）王肅、葛洪、陶侃之徒，不許目觀手執」兩葛洪事見其「自敘」篇。〔註27〕是之推當熟讀《抱朴子》外篇，故得屢見徵引，而其內容之廣涉，手法之類似，或亦受其書影響。

第三，理論的綿密。諸子向來以理論見長，而不以循循善誘為務；漢魏六朝家誡則往往以情意為重，不擅長理論的講究。顏之推《家訓》能兼而有之，則在理論的架構上必然也廣加吸收諸子的優點。如《抱朴子》外篇「勖

〔註23〕葛洪，《抱朴子》，外篇，卷三四吳失，頁160。
〔註24〕王利器，前引書，頁292。
〔註25〕同前註引書，頁157。
〔註26〕《顏氏家訓》，王利器《集解》，頁242。（前引）《抱朴子》，頁158。（前引）
〔註27〕《顏氏家訓》二文分見王利器《集解》，頁519、頁527。（前引）《抱朴子》，分見頁203、204。（前引）

「學」「崇教」二篇共三千餘言，並陳教育爲學之要，反覆勸說，殷勤懇切。「勸學」篇論學習當及年少，倘少年失學，猶當勤勉，勝於老年日暮途窮云：

> 蓋少則志一而難忘，長則神放而易失，故修學務早。及其精專，習與性成，不異自然也。若乃絕倫之器，盛年有故，雖失之於暘穀，而收之於虞淵，方知良田之晚播，愈於卒歲之荒蕪也。日燭之喻，斯言當矣。〔註28〕

而之推「勉學」篇云：

> 人生小幼，精神專利，長成已後，思慮散逸，固須早教，勿失機也……然人有坎壈，失於盛年，猶當晚學，不可自棄……幼而學者，如日出之光，老而學者，如秉燭夜行，猶賢乎瞑目而無見者也。〔註29〕

之推在理論上吸收葛洪之說，顯而易見。另敘不學之病，《抱朴子》外篇「疾謬」云：

> 胸中無一紙之誦，所識不過酒炙之事…若問以墳典之微言，鬼神之情狀；萬物之變化，殊方之奇怪；朝廷宗廟之大禮，郊祀禘祫之儀品；三正四始之原本，陰陽律歷之道度；軍國社稷之典式，古今因革之異同。則悦悸自失，喑鳴俛仰；濛濛焉，莫莫焉；雖心覺面牆之困，而外護其短乏之病；不肯諡己，強張大談，曰「雜碎故事，蓋是窮巷諸生章句之士，吟詠而向枯簡，匍匐以守黃卷者，所宜識，不足以問吾徒也。」誠知不學之弊，碩儒之貴，所祖習之非，所輕易之謬。然終於迷而不返者，由乎放誕者，無損於進趨故也。〔註30〕

顏之推「勉學」篇亦敘及士大夫不學之薇云：

> 及有吉凶大事，議論得失，蒙然張口，如坐雲霧；公私宴集，談古賦詩，塞默低頭，欠伸而已。有識旁觀，代其入地。何惜數年勤學，長受一生愧辱哉！〔註31〕

敘青年子弟，日逐遊樂，荒廢學業，有異曲同工之妙。這些敘述，對人當勤學的訴求，都是鮮明而頗具說服力的。之推能吸收諸子在理論上的加強，是他頗爲成功的地方。

〔註28〕葛洪，前引書，頁111。
〔註29〕王利器，前引書，頁166。又「教子」篇云：「孔子云：少成若天性，習慣如自然。」（頁25）亦頗與葛洪說相應。
〔註30〕葛洪，前引書，頁150。
〔註31〕王利器，前引書，頁141。

　　然而《顏氏家訓》究爲家訓，其施文對象，原有所不同。故在文中仍能時時透露父欲子善的繾綣感懷，使眞情連繫著每項立論與訓誡，此其不同於諸子者一也。刪除那些治國理民的要道，加強父子、兄弟、夫婦、處世原則等課題，使凡夫眾庶皆可以讀之而識其曲，聞之而辨其音，此其不同於諸子者二也。刪除煩瑣疊牀架屋之論辯，增加切近之事理，耳聞目見之例證，使全文生動活潑，披閱其事，如在目前，如睹其一生之見聞，令人發憤忘倦，此其不同於諸子者三也。

　　顏書兼有家誡情意眞摯的內涵，如篇篇抒情散文，又能一掃內容短淺的遺憾；既備諸子理覈事辯的條件，如篇篇座右箴銘，又能一掃食之無味的毛病。此則《顏氏家訓》所以超越歷來家誡，自成一家之言，廣受後世歡迎的原因。

　　家訓作品由單篇的散文，例在總集，而後派入諸子者，亦可得而說焉。兩漢的家訓，多半屬於「誡子書」的形態，如馬援、劉向、鄭玄者是也；當此之時，家訓還停留在緣事而發的階段，或臨終、或因故、或傳家，所以訓誡對象限於一、二子弟，陳示訓誡亦多針對一、二事言之。至於魏晉紛亂之際，人人退守家園，以保族長家爲首務，故一時「家誡」蜂起雲湧，如王昶、嵇康、王肅、杜恕、李秉者是也；家訓作品於此時不但有專屬之名，而且訓誡對象擴及整個家庭子孫，列述之規範亦眾情備舉，此家訓作品之一變矣。爾後家訓之發展，自東晉渡江，兵分兩路；東晉南朝仍多以「誡子書」「家誡」型態繼續發展，如李充、顏延之、王僧虔者是也；而以家訓之作積累漸多，梁世已有抄諸家雜誡以爲一書之作，如〈隋志〉所載「雜家誡」及梁元帝《金樓子》戒子篇抄諸人家誡以戒子者是也；蓋以南方生活安逸，終其世，未見有自勒一書爲誡之作，故發展至此而爲總集，此家訓作品之南緒。至於北方五胡十六國以後，家訓之作日新月異，前有明岌、黃容並以「家訓」名篇；後有甄琛、刁雍之作，皆二十篇以上之巨構；北方漢人，身事異族，其憂患也深，其慮禍也密，於是由單篇散論轉入成一家言之諸子，此則家訓作品之再變矣。之推生當梁、陳之際，輾轉北齊、北周，老而入於隋，論見識之廣，履冰之危，讀書之博，仕宦之更迭，當此時也，恐亦難有人能眾事並集一身；故能操南人之華彩，體北人之危懼，述此二十篇，以勉來葉，垂範後世。此家訓由兩漢至隋之發展，亦可做爲《顏氏家訓》一書獨標風采之註腳，故申說如此。

第二節　《顏氏家訓》中儒佛之定位

　　《顏氏家訓》，《隋書》經籍志不著錄，首見《日本國見在書目錄》雜家，〔註32〕舊、新《唐志》列入子部儒家類。宋陳振孫《直齋書錄解題》卷十雜家類著於錄云：「古今家訓以此爲祖，而其書崇尙釋氏，故不列於儒家。」清《四庫全書總目提要》入於雜家類一雜學，提要云：「〈唐志〉、〈宋志〉俱列之儒家，然其中『歸心』等篇，深明因果，不出當時好佛之習……今特退之雜家，從其類焉。」〔註33〕歷來中土著錄《家訓》，或儒或雜。以爲儒家者，就全書整體趨勢言之，以爲雜家者，以「歸心」一篇言之。是則《家訓》一書儒、佛並陳，前有定讞。然而儒、佛立說不同，雖或規範同調，而致極兩分，其間不能毫無緣由，既崇儒術，又歸心佛教。因此清人對顏氏「歸心」篇的批評最多，〔註34〕其間矛盾，郝懿行講得言簡意賅，他在《顏氏家訓斠記》「明非堯舜周孔所及也」條下云：

> 案勉學篇顏君既稱老、莊之書爲任縱之徒，且甚譏何晏、王弼附農黃之化，棄周、孔之業，而又歷詆魏晉諸公，下逮梁武父子，持論可謂正矣。至於內典梵經，大體所歸，不出老、莊之緒論，特於福善禍淫鑿鑿言之，將以導眾生而警群迷，爲下等人說法爾。頗怪顏君於老、莊則斥之，於釋家即尊奉之。老、莊空說清靜虛無，則鄙而不信，釋氏一切言福田利益，則信而不疑；是忘青出於藍，而忽冰生於水矣。觀終制一篇大意不出乎此，可謂明目而不自見其睫者也。〔註35〕

郝氏對於顏書在「勉學」篇中貶道崇儒，在「歸心」篇中又抑儒歸佛，感到奇怪，批評他是「明目不自見其睫」。

〔註32〕《日本國見在書目錄》，析中國圖書爲四十家，依經史子集之敘次列，《顏氏家訓》在「雜家三一」作「顏氏家訓七」不著撰人姓名。（收入藝文印書館百部叢書「古逸叢書」，民國54）案：狩野直喜《日本國見在書目錄考》考訂此目錄撰述年代相當於唐昭宗（889～904）年間，較兩《唐書》爲早。（狩野氏所作，據江俠菴譯「先秦經籍考」下冊頁 282～288，新欣出版社，民國 59年9月初版）

〔註33〕「唐志」以下著錄引文，並據周法高，《顏氏家訓彙注》，附錄四，頁 181～184。（台聯國風出版社，民國64年4月再版）

〔註34〕參王利器，前引書，頁 335，引陶貞一說。

〔註35〕郝懿行，《顏氏家訓斠記》，頁9。（收入「戊寅叢編」，藝文印書館「叢書集成三編」，民國 61年 6月）

　　這種思想的雜揉，不是只有面對佛、儒比較，或儒、道比較時才會產生。「歸心」篇對佛教的偏袒，固不待言，「勉學」篇對六經的推崇，也顯而易見，但《家訓》一書對道家思想，也非全盤否定。他立有「止足」一篇，論爲官當知止知足之道。「止足」之名，源於《老子》四四章「知足不辱，知止不殆」，〔註36〕雖然他在文中不引「老子」，不述老、莊學說，但祖述「止足」的思想，終究是偏向道家理念的。只是之推在人生態度上講求經世致用，基本上與道家思想不相切合，因而在書中對道家人物及清談名流的批評，旗幟頗爲鮮明，讀其書對道家的定位，不至於疑惑。

　　然而他對儒家規範固然嚮往與擁護，但在「文章」篇中，批評揚雄《法言》及《太玄經》，說「太玄今竟何用乎？不啻覆醬瓿而已」，〔註37〕直以有用無用來否定他的書。文中對揚雄的批評，辭語之激烈，不下於對老、莊「任縱」的鄙視。而且對孟子、荀子祖述孔子思想的先哲，皆略有貶辭，不像是一個捍衛儒家思想的儒者所應有的態度。

　　因此本文主要針對之推對儒、佛兩家思想的定位略加申述，希望更看清他對儒家思想的認同理據，及佛教信仰在書中呈現的一些問題。

一、儒家取其經世致用

　　漢魏六朝家訓並重經世致用，前章已言之，顏之推看待儒家思想，亦止於此。孔子多言人生規範、治國理想，故顏氏屢稱美之，「風操」稱「孔子聖師」，〔註38〕「文章」稱孔子爲「大聖」，〔註39〕「教子」「治家」「勉學」「文章」皆明引夫子之言，以證成其說。〔註40〕至於荀子、孟子，頗承聖人餘緒，弘揚儒家思想，或重禮法，或體心性，顏氏僅列爲文學之士，以爲「有盛名而免過患者」，比諸枚乘、左思之徒。〔註41〕下至揚雄象《論語》撰《法言》，

〔註36〕陳鼓應，《老子今註今譯》，頁162。（臺灣商務印書館，民國70年11月修訂8版）
〔註37〕王利器，前引書，頁242。
〔註38〕同前註引書，頁86。
〔註39〕同前註引書，頁242。
〔註40〕分別見王利器，前引書，頁25、54、166、242。
〔註41〕《顏氏家訓》「文章」篇，敍古代文人多陷輕薄，但求矜伐而忽於操守，故列屈原以下至謝朓三十六人，皆以文才陷於不譽，甚或致禍敗亡，而云：「自子游、子夏、荀況、孟軻、枚乘、賈誼、蘇武、張衡、左思之儔，有盛名而免過患者，時復聞之，但其損敗居多耳。」（王利器，前引書，頁222）

意在捍衛聖人，發揚儒道，〔註42〕顏氏不贊一詞；象《周易》撰《太玄經》，意在極天、地、人之道，〔註43〕而顏氏斥爲無用，不啻覆瓿。（參「文章」篇，前引）就思想之傳承、祖述，三子皆有功於儒道，司馬光所言，略可明之：

> 韓文公稱荀子，以爲在軻、雄之間。又曰：「孟子醇乎醇者也，荀子與楊大醇而小疵」三子皆大賢，祖六藝而師孔子。孟子好《詩》、《書》，荀子好《禮》，楊子好《易》，古今之人，共所宗仰⋯楊子之生於後，監於二子，而折衷於聖人，潛心以求道之極致，至於白首，然後著書，故其所得爲多，後之立言者莫能加也。〔註44〕

韓愈、司馬光，皆以孟子、荀子、揚雄三者並列，認爲祖述六藝而師孔子，甚至贊美他們是「古今之人，共所宗仰」的對象。但顏氏對三個人，略無褒美之辭，甚至辭嚴色厲，批評揚雄，與後來的儒者稱述荀、孟，褒美揚雄者，態度有所不同。

最主要的原因，在於顏氏對儒家的理念，只取其致用、經世，並沒有以儒家思想的傳承者、捍衛者自居。這一點是他和韓愈、司馬光二人不同的地方。我們看他的「勉學」篇，闡述讀書的效用說：

> （一）士大夫子弟，數歲已上，莫不被教，多者至《禮》、《傳》，少者不失《詩》、《論》⋯⋯有志尚者，尚能磨礪，以就素業；無履立者，自茲墮慢，便爲凡人。〔註45〕

> （二）雖百世小人，知讀《論語》、《孝經》者，尚爲人師；雖千載冠冕，不曉書記者，莫不耕田養馬。〔註46〕

> （三）夫所以讀書學問，本欲開心明目，利於行耳。〔註47〕

〔註42〕班固，《漢書》卷八七下揚雄傳：「雄見諸子各以其知舛馳，大氐詆訾聖人，即爲怪迂，析辯詭辭，以撓世事，雖小辯，終破大道而或衆，使溺於所聞而不自知其非也。及太史公記六國，歷楚漢，〔訖〕麟止，不與聖人同，是非頗謬於涇⋯⋯象論語，號曰法言。」（鼎文書局，民國72年10月5版）

〔註43〕鄭萬耕，《太玄校釋》，張岱年序云：「揚雄作太玄以擬易，雖屬模擬之書，實質上不失爲一個新的創作。易傳贊易云：『易之爲書也，廣大悉備，有天道焉，有人道焉，有地道焉。』揚雄也是企圖構造一個廣大悉備的系統，用來包羅天道、地道和人道。」（北京師範大學出版社，1989年2月，張序頁1）

〔註44〕司馬光，《法言集註序》，引文據汪榮寶，《法言義疏》，陳仲夫點校説明，頁2。（大陸中華書局，1987年3月）

〔註45〕王利器，前引書，頁141。

〔註46〕同前註引書，頁145。

〔註47〕同前註引書，頁160。

（四）夫學者所以求益耳。〔註48〕

（五）夫學者猶種樹也，春玩其華，秋登其實；講論文章，春華也，
　　　脩身利行，秋實也。〔註49〕

（六）夫聖人之書，所以設教，但明練經文，粗通注義，常使言行
　　　有得，亦足爲人；何必「仲尼居」即須兩紙疏義，燕寢講堂，
　　　亦復何在？以此得勝，寧有益乎？光陰可惜，譬諸逝水。當
　　　博覽機要，以濟功業。〔註50〕

他非常強調讀書的效用，而這種效用，不外乎修身以應世，而傳統士大夫的應
世方法，就是學而優則仕，既然如此，那探討儒家規範背後形上的理論哲學，
就不是他所認同的理想行爲了。因爲這些與他的實用觀點並不切合。這就是爲
什麼他要把孟子、荀子列入文章之士來討論，而不讚美他們對聖人理想的執著，
這當然不是一個以追隨儒家思想自命的人會如此做的。因此顏之推對揚雄《法
言》的撰述，非但無褒美之辭，甚至對於「壯夫不爲」的話，大加撻伐。〔註51〕
對《太玄經》，因爲它的實用價值更低，直斥爲覆醬瓿而已。當然有用與無用，
與是否宗於孔、孟，是沒有絕對關係的，他心中自有一分「利於行」的價值觀。
我們再看看他批評老、莊及魏晉名流，所持的理由，「勉學」篇說：

　　　夫老、莊之書，蓋全眞養性，不肯以物累己也。故藏名柱史，終蹈
　　流沙；匿跡漆園，卒辭楚相，此任縱之徒耳。〔註52〕

他批評老子、莊子爲「任縱」之徒，主要的理由是他們不能經世致用。至於清
談者流又等而下之，他列舉何晏、王弼、山濤、夏侯玄、荀粲、王衍、嵇康、
郭象、阮籍、謝鯤，以爲他們「祖述玄宗」，遞相誇尚，〔註53〕言行不符，多有

〔註48〕同前註引書，頁 165。
〔註49〕同前註引書，頁 165。
〔註50〕同前註引書，頁 170。
〔註51〕《顏氏家訓》「文章」篇云：「或問揚雄曰：『吾子少而好賦？』雄曰：『然。
　　　童子雕蟲篆刻，壯夫不爲也。』余竊非之曰：虞舜歌南風之詩，周公作鴟鴞
　　　之詠，吉甫、史克雅、頌之美者，未聞皆在幼年累德也……大明孝道，引詩
　　　證之，揚雄安敢忽之也？……又未知雄自爲壯夫何如也？著劇秦美新，妄投
　　　於閣，周章怖慴，不達天命，童子之爲耳。」（王利器，前引書，頁 241～242）
　　　案：顏氏所引揚雄事，在《法言》吾子卷第二，揚雄撰書，意在弘道，故以
　　　撰賦之能與贊道之功相較，而云如此。顏氏執其一端，妄顧全書弘道，亦可
　　　知顏氏對儒家之認同，尚不如揚雄也。
〔註52〕王利器，前引書，頁 178。
〔註53〕同前註引書，頁 178。

敗德。對這種風氣，他認爲「直取其清談雅論，剖玄析微，賓主往復，娛心悅耳，非濟世成俗之要也。」〔註54〕也是以能不能經世致用來做爲這些活動的價值判斷。所以他雖然抨擊何晏之徒「周、孔之業，棄之度外」，〔註55〕以周、孔之業來糾繩玄學家，也是就儒家經世致用的觀點出發的。用儒家來糾繩道家，才能相應，否則如他在「歸心」所論，佛教尤勝於周、孔，爲什麼他不用佛理來說道家任縱呢？明乎此，可以認清顏之推基本上看待儒家的態度。即便沒有「歸心」篇，全書也罕見把儒者仁義思想當作信仰一樣的捍衛，這本是家訓作品的趨勢，固不需過責於之推。

二、佛教取其心靈信仰

《顏氏家訓》關於佛教與全書矛盾的問題有兩個：（一）全書僅「歸心」「終制」二篇談到佛教信仰，其他十八篇，罕有論及。〔註56〕如果他寫「後娶」一篇，以佛理格之，豈不是省了全篇筆墨？這是令人可疑的。（二）「勉學」篇持周、孔糾繩老、莊，「歸心」篇持佛理糾繩周、孔，這是相互矛盾的。

王利器《顏氏家訓集解》引陶貞一《退菴文集》「讀顏氏家訓說」，論述「歸心」篇以佛繩儒之非，申說精當，〔註57〕可相參佐。而本文前已言及之推持儒術糾繩道、玄之緣由，實與他對佛教的信仰，不相衝突。他也從未把儒家的道統當作信仰看待，否則必然也會像韓愈寫〈諫迎佛骨表〉闢佛崇儒，一樣推崇孟子、荀子、揚雄等人祖述孔夫子的言論。之推在「歸心」一篇，充分顯示他對佛教的信仰，因此才會用比較的方式批評儒家的信奉者。他在文中說：

> （一）原夫四塵五廕，剖析形有：六舟三駕，運載群生：萬行歸空，千門入善，辯才智惠，豈徒《七經》、百氏之博哉？明非堯、舜、周、孔所及也。內外兩教，本爲一體，漸極爲異，深淺不同……歸周、孔而背釋宗，何其迷也！〔註58〕

〔註54〕同前註引書，頁179。
〔註55〕同前註引書，頁178。
〔註56〕除「歸心」「終制」之外，僅「養生」篇提到神仙之事不可全証時說：「考之內教，縱使得仙，終當有死，不能出世，不願汝曹專精於此。」（王利器，前引，頁329）但其重心不在佛教信仰的問題。
〔註57〕見王利器，前引書，頁335～337。
〔註58〕王利器，前引書，頁339。

（二）儒家說天，自有數義：或渾或蓋，乍宣乍安……何故信凡人
　　　之臆說，迷大聖之妙旨，而欲必無恆沙世界、微塵數劫也？」

　　　　〔註59〕

（三）如以行善而偶鍾禍報，爲惡而儻值福徵，便生怨尤，即爲欺詭；
　　　則亦堯、舜之云虛，周、孔之不實也，又欲安所依信而立身乎？

　　　　〔註60〕

（四）又君子處世，貴能克己復禮，濟時益物。治家者欲一家之慶，
　　　治國者欲一國之良，僕妾臣民，與身竟何親也，而爲勤苦修
　　　德乎？亦是堯、舜、周、孔虛失愉樂耳。〔註61〕

前文我已敘說他對儒家的吸收，只限於經世致用，就是他在（四）中所云「濟時益物」，對「濟時益物」的儒家規範他是認同的，但根據這些規範所討論的理據，如荀子見人性惡，故提出「師法之化，禮義之道」，〔註62〕孟子見人性善，故提出「學問之道無他，求其放心而已矣」〔註63〕揚雄寫《太玄經》位天、地、人，敘宇宙之形成。〔註64〕他罕所述。但博學如之推，總不會只知其當然，而從不探究行爲規範背後的理論根源，甚而進一步探求人在天地間的位置，宇宙的形成。他很顯然把這些理念託付給佛教，因此他要說「形體雖死，精神猶存」〔註65〕來支持他報應不爽的理念，〔註66〕進而以報應說支持他行善的理論依據。〔註67〕除了這些論據之外，談到「世界外事」「神化無方」等宇宙形成的事，更依從「恆沙世界，微塵數劫」〔註68〕的佛教學說。故而他在「歸心」篇中，如前列舉，對堯、舜、周、孔的貶斥，都是依照佛教這些

〔註59〕　同前註引書，頁 349。
〔註60〕　同前註引書，頁 355。
〔註61〕　同前註引書，頁 361。
〔註62〕　王先謙，《荀子集解》，卷十七性惡，頁 434。此性惡篇文。（大陸中華書局，
　　　　1988 年 9 月）
〔註63〕　孫奭，《孟子注疏》，卷十一下告子章句上，頁 202。（藝文印書館「十三經注
　　　　疏」，民國 70 年元月 8 版）
〔註64〕　參註43。又鄭萬耕，前引書，「前言」敘太玄的哲學思想，提到太玄經的宇宙
　　　　形成論，（頁 12）可參閱之。
〔註65〕　王利器，前引書，「歸心」篇文，頁 363。
〔註66〕　「歸心」篇中「釋二」條，專述報應之理。見王利器，前引書，頁 354～355。
〔註67〕　「歸心」篇中「釋五」條，以爲行善之根據，即在求得報應。王利器，前引
　　　　書，頁 363～364。
〔註68〕　王利器，前引書，頁 349。

理念加在他所信從的儒家規範上，因爲他不談孟、荀，斥責《太玄》，自然而然他覺得這些佛教精神長存、因果報應、恆沙世界可以做爲他精神上的依靠，行爲舉止的形上準則。

　　這種以佛治心，以儒濟俗的階差，在南朝佛教徒的論述當中，屢見不鮮，湯用彤敘南朝佛教徒的本末之爭時說：

> 范泰及謝靈運，皆稱「《六經》典文，本在濟俗爲政。必求性靈眞奧，豈得不以佛經爲指南耶？」（原註：《僧傳·慧嚴傳》引宋文帝語）明僧紹作〈正二教論〉，謂釋迦所發乃「窮源之眞唱」，周、孔、老、莊乃「帝王之師」。又謂「經世之深，孔、老之極」，「神功之定，佛教之弘。」又言「佛明其宗，老全其生，守生者蔽，明宗者通。」故孔、老之教，可以「資全生靈，而教域中。」佛氏「超宗極覽，尋源討源。」眞能通玄體道，明乎天人之際矣。此明惟佛能窮源盡性，而僅許孔、老爲善權救物也。〔註69〕

之推「歸心」所持的理念，與范泰、謝靈運、明僧紹看待佛、儒的思路如出一轍，可以想見他信教堅篤的一斑，也可以理解他站在信仰者角度貶低堯、舜、周、孔的言論。前所敘第二個問題，我大致做此補充。前一個問題，我希望能夠從當時人的風俗及撰書的時差，說明其原因。

　　首先看「終制」篇，這是他明確交待撰寫年歲的一篇，他說「吾已六十餘，故心坦然，不以殘年爲念。」〔註70〕類似前人臨終遺令、顧命的撰述。〔註71〕在文末提到佛教禮俗的問題，他說：

> 其內典功德，隨力所至，勿剗竭生資，使凍餒也。四時祭祀，周、孔所教，欲人勿死其親，不忘孝道也。求諸內典，則無益焉。殺生爲之，翻增罪累。若報罔極之德，霜露之悲，有時齋供，及七月半盂蘭盆，望於汝也。〔註72〕

從兩漢以來的遺令，一律以儉喪爲訴求，（前章「遺令」條有說），因此之推全篇旨在儉喪，並不意外。自從佛教傳入中土，信仰佛教者在遺令中對喪葬

〔註69〕湯用彤《漢魏兩晉南北朝佛教史》，十三章佛教之南統「本末之爭」條，頁335。（大陸中華書局，1988年3月）

〔註70〕王利器，前引書，頁533。

〔註71〕參周法高，〈家訓文學的源流〉（中），大陸雜誌二二卷2期，頁88～90，民國50年2月15日。

〔註72〕王利器，前引書，頁536～537。

禮俗的看法，引起一些討論，尤其是齊、梁以後，佛教普及王公凡庶，也影響到傳統料理身後的禮節，如齊武帝「遺詔」云：

> 我靈上慎勿以牲爲祭，唯設餅、茶飲、乾飯、酒脯而已。天下貴賤，咸同此制，未山陵前，朔望設菜食……顯陽殿玉像諸佛及供養，具如別牒，可盡心禮拜供養之，應有功德事，可專在中。〔註73〕

又顧憲之在天監八年（509）卒於家，臨終爲制云：

> 朔望祥忌，可權安小牀，暫設几席，唯下素饌，勿用牲牢……自吾以下，祠止用蔬食時果，勿同於上世也。〔註74〕

這些談到祭祀勿用牲牢，止以蔬食時果，及爲佛作功德諸事，都比較明顯受到佛教的影響。至梁天監十七年（518）劉歊撰〈革終論〉，又進一步以生則形神合一，死則形神分離，持佛理評論歷來喪葬禮俗，他說：

> 考之記籍，驗之前志，有無之辯，不可歷言。若稽諸內教，判乎釋部，則諸子之言可尋，三代之禮無越……夫形也者，無知之質也；神也者，有知之性也。有知不獨存，依無知以自立，故形之於神，逆旅之館耳。及其死也，神去此而適彼也。神已去此，館何用存？速朽得理也。神已適彼，祭何所祭？祭則失理。〔註75〕

他以佛教形神可以分離的觀點，談速朽薄葬，祭祀失理，可以想見當時喪葬禮俗及祭祀規範，深受佛教的影響，劉氏只是將它理論化，有一個依據而已。後來陳、隋之際，遺令誡子，依佛法喪葬者，時有所見，如陳世謝貞（謝安九世孫）臨終遺疏告族子凱云：

> 氣絕之後，若直棄之草野，依僧家屍陀林法，是吾所願，正恐過爲獨異耳。〔註76〕

所謂「屍陀林」，據玄應《一切經音義》卷三一謂「屍陀林，正言屍多婆那，此名寒林。其林幽邃而寒，因以名也。在王舍城側。陀者，多也，死人多送其中，今總指棄屍之處，名屍陀林者取彼名。」〔註77〕當時佛徒喪葬，蓋有直棄草野之法，故謝貞言之如此。另隋姚察與之推生存年代略相當，他在大業二年（606），年七十四，終於東都，遺命薄葬云：

〔註73〕蕭子顯，《南齊書》，卷三武帝本紀，頁62。（鼎文書局，民國72年4月4版）
〔註74〕姚思廉，《梁書》，卷五二止足傳，頁760。（鼎文書局，民國72年元月4版）
〔註75〕姚思廉，《梁書》，卷五一處士傳，頁748～749。（前引）
〔註76〕姚思廉，《陳書》，卷三二孝行傳，頁428。（鼎文書局，民國72年元月4版）
〔註77〕玄應，《一切經音義》，卷三一，頁1223。（上海古籍出版社，1988年1月）

吾家世素士，自有常法。吾意斂以法服，並宜用布，土周於身……
吾在梁世，當時年十四，就鍾山明慶寺尚禪師受菩薩戒，自爾深悟
苦空，頗知回向矣。嘗得留連山寺，一去忘歸……且吾習蔬菲五十
餘年，既歷歲時，循而不失。瞑目之後，不須立靈，置一小牀，每
日設清水，六齋日設齋食菓菜，任家有無，不須別經營也。〔註78〕

他這篇遺令比較特別之處，在於他說自己在梁世佛教鼎盛時，曾受菩薩戒，
但並未因此遁入空門，而且歷仕陳、隋，宦途通顯，然吃素持齋五十餘年，
故命子薄葬，多受佛教教義影響。

　　於此可知，齊、梁以來，因爲佛教信仰的普及，遺令交待後事，涉及佛
教規範，並非顏之推一人如此。而且就「終制」全篇觀之，僅祭祀一部分談
到功德、齋供等事，較之謝貞依僧家屍陀林法直棄草野的願望，仍非過激之
論。我們今天對之推是否曾受菩薩戒，不得而知，但「終制」所言僅是信從
佛教教義者提倡儉葬一般的論調，把它獨立分別來看，較可以得其實情。

　　「終制」篇提到自己年紀六十餘，而且內容多交待後事，應是他全書完
成前才寫的作品。〔註79〕涉及佛事，也可以說明他當時的心境。反觀「歸心」
篇所言：「汝曹若觀俗計，樹立門戶，不棄妻子，未能出家；但當兼修戒行，
留心誦讀，以爲來世津梁。」〔註80〕詳觀其意，似乎棄妻子出家，不觀俗計，
乃爲心所至願；倘不能出家，猶當兼修佛法，以爲來世濟渡彼岸之津梁。對
佛教的誠篤至於如此，怎可能同時之間又撰「兄弟」勉其相愛，撰「後娶」
戒其不可行，撰「治家」孜孜於施而不奢，儉而不吝之告誡呢？恐怕「終制」
「歸心」兩篇，是晚年篤信佛教時所撰成，其餘諸篇，原有零星手稿，至晚
年才勒成一書，並撰「序致」統括全篇。日人守屋美都雄撰「顏氏家訓につ

〔註78〕姚思廉，《陳書》，卷二七姚察傳，頁 352～353。（前引）

〔註79〕參守屋美都雄，《顏氏家訓について》，中國學誌，第四本，頁 16，1967 年 12
　　　　月。

〔註80〕王利器，前引書，頁 364。案：此段文字前半頗有異文，且文意大不相同。所
　　　　見七卷、二卷本，並作如此，唯唐釋道宣《廣弘明集》卷三及董正功《續家
　　　　訓》卷六作：「人生居世，須顧俗計，樹立門戶，不得悉棄妻子，一皆出家。」
　　　　（廣弘明集據大正藏五二卷 108，續家訓據周氏《彙注》末附頁 18）周法高
　　　　據此更動數字，文意逆轉。（周氏《彙注》，前引，頁 89）然同是唐人法琳《辯
　　　　正論》卷七引作「汝曹若顧存俗計，樹立門戶，不棄妻子，未能出家者。」（大
　　　　正藏五二卷，頁 540）則與傳世諸本文意略同，似唐代此書已有此兩種不同系
　　　　統。茲從王利器《集解》。

いて」談到顏氏撰書經過，羅列書中提到時間的文字，除了「書證」篇中「開皇二年五月」及「終制」篇中「吾已六十餘」以外，可分兩種形式，一爲敘述四十歲以前的事：

> （一）昔在江南（風操篇）二十歲以前
> （二）吾在益州（勉學篇）？
> （三）吾嘗從齊王幸並州（勉學篇）四十歲左右？
> （四）嘗爲趙州佐（書證篇）
> （五）前在修文令曹（省事篇）齊武平中　三十九歲

一爲敘述四十幾歲以後事：

> （一）吾近爲黃門郎（止足篇）四十數歲。
> （二）吾近至鄴（風操篇）四十五歲以後。
> （三）近在揚都（風操篇）

據此他推測《家訓》的編纂，應是在他四十幾歲擔任黃門侍郎有心引退之後開始。而且書中的主要部分都是從北齊滅亡前後一直到之推晚年，十幾年當中陸續寫成的。〔註81〕或許因爲顏之推先前已有手稿，故而它篇罕見關於佛教信仰方面的敘說，一以儒家致用爲本來訓誡子弟。至撰述「歸心」「終制」，以篤信佛教，故略加勸誘耳，其撰述諸篇，在時序上，當有所不同，故舛異如此。

第三節　《顏氏家訓》中之仁義與利害

顏之推《家訓》除了前節所敘儒、佛並尊，不能專儒，也不能專佛，在思想的歸屬上，兩相乖舛之外，內容仍然有其駁雜不純粹之處。這種不純粹，主要的原因在於一方面要承繼諸子，暢談理想，構造堅實的理論基礎；另一方面又要循循善誘，難免私愛其子，保護生命，追求仕宦的家風。因此當他以儒者的姿態告誡天下人，批評當時浮華、虛僞、沒有才幹的弊病時，就像孔、孟倡言仁、義一樣，義正辭嚴，絲毫沒有商量的餘地；但是當他以父親的姿態告誡小孩時，總離不開以利害做爲評判是非的依據，孜孜以保全生命、仕宦家風爲訴求，忘卻仁義道德爲目的自身之價值。

這種情形，在儒家諸子的典籍中，是比較罕見的，因爲諸子多半直指道德核心，論斷是非。成仁取義的行爲聖哲所言，無庸置辯；道之不行，歸隱

〔註81〕守屋美都雄，前引文，頁 15～16。

躬耕，被褐茹素，手足胼胝，亦甘之如飴。生命與仕宦對儒家諸子而言，是可以因爲仁義的執著而犧牲的，在這方面的體認，儒家諸子多能純粹，不失其原則。至於傳統家訓，則罕言仁義，不述道德之極，而私愛之情溢於言表，甚將「父欲子善，惟不能殺身」傳爲美談，如此也不會產生矛盾；因爲他們針對子弟行爲針砭，本多言禍福，罕及仁義道德的舖衍，社會現象的批評。反觀之推欲成一家之言，又欲以此書勸誘子弟，故持論之時任其理想，勸誘之時顧及私情。就其成書心態而言，這是導致其內容所以駁雜的重要原因。

　　《四庫全書總目提要》卷一一七對此曾有評論云：「今觀其書，大抵於世故人情，深明利害，而能文之以經訓。」〔註 82〕王利器《顏氏家訓集解》敘錄更引而申之，以爲「他掌握了一套庸俗的處世秘訣，說起來好像頭頭是道，面面俱圓，而內心實則無比空虛，極端矛盾。」〔註 83〕王氏對之推的批評，實又加上對他歷仕南朝梁、北齊、北周又入於隋的主觀色彩。然則「仁義」與「利害」在《家訓》一書中交錯互出，確實成爲內容駁雜、標準不一的衝突焦點。本節目的即希望從書中分別把這兩個部分，條列說明，希望藉此來呈現此書內容特質之一端。

一、仁義之訴求

　　「仁義」是儒家的核心思想，也是判斷是非標準的最高原則，歷來倡言仁義者，莫不祖述孔、孟，來推展他們的理念。孔、孟以爲仁義的執著，是可以犧牲生命去換取的，因而孔子說：「志士仁人，無求生以害仁，有殺身以成仁。」〔註84〕孟子說：「生亦我所欲也，義亦我所欲也，二者不可得兼，舍生而取義者也。」〔註 85〕於是「成仁取義」成爲儒家思想中極高明的至上典範。因爲人之所愛，莫過於生命，假使連自己的生命都可以犧牲，去維護仁義，那就很少會有偏差的行爲。

　　顏之推在《家訓》中常以人沒有仁義的修養來批評當時風氣，他在「勉學」篇中說：

〔註82〕紀昀，《四庫全書總目》，頁 2350。（前引）
〔註83〕王利器，前引書，頁 4～5。
〔註84〕邢昺，《論語注疏》，卷十五衞靈公，頁 138。（藝文印書館，「十三經注疏」本，民國 70 年元月 8 版）
〔註85〕孫奭，《孟子注疏》，卷十一下告子上，頁 201。（前引）

世人讀書者，但能言之，不能行之，忠孝無聞，仁義不足。〔註86〕

在「歸心」篇中說：

世有癡人，不識仁義，不知富貴並由天命。〔註87〕

他把「仁義」的有無，做為評量人物的重要標準，這顯然是祖述孔、孟思想而來的。另外他在「省事」篇，提到助人的原則，說：

墨翟之徒，世謂熱腹，楊朱之侶，世謂冷腸，腸不可冷，腹不可熱，

當以仁義為節文爾。〔註88〕

明示「仁義」是幫助人與否的標準。文中列舉伍子胥受救於漁父、季布受救於朱家、孔融藏張儉、孫嵩藏趙岐，以為這些都是前賢所稱許的行逕，而且是自己所奉行的，如果以此得罪，也甘心瞑目。這是他談到行事以「仁義」為原則的部分。至於「成仁取義」的行逕，更是他所讚美，顏氏在「養生」篇中提到生命與仁義的決擇問題時，說：

夫生不可不惜，不可苟惜。涉險畏之途，干禍難之事，貪欲以傷生，

讒慝而致死，此君子之所惜哉；行誠孝而見賊，履仁義而得罪，喪

身以全家，泯軀而濟國，君子不咎也。〔註89〕

他以為維護「仁義」而犧牲生命，君子不咎，此乃仁義思想的最高呈現。因而他在文後敘侯景之亂時，舉吳郡太守張嵊，建義不捷，為賊所害；鄱陽王世子謝夫人，登屋詬怒，見射而死。以二人為例，稱美他們的行為。這是他提到生命能不能犧牲，當以「仁義」為原則的部分。另外對為國盡忠的人，尤多所讚揚，在「慕賢」篇，提到羊侃捍衛建業，楊遵彥、斛律明月為北齊折衝之臣，張延儁鎮撫疆場愛活黎民，〔註90〕舉此四人以為國家安定端賴諸賢之功。欲子弟瞻仰學習。另「勉學」篇，敘及讀書的效用，能以學成忠，舉田鵬鸞為例，譏刺齊之將相，不如此奴。〔註91〕這些都是仁義表現於愛國的具體事實，故之推敘之特詳。

以上所敘，是《家訓》中對「仁義」的嚮往，比較純粹的理念。在漢魏六朝家訓當中，這些措辭是罕見的，可知他仍然對儒家忠孝仁義的思想有一

〔註86〕王利器，前引書，頁161。

〔註87〕同前註引書，頁373。

〔註88〕同前註引書，頁311。

〔註89〕同前註引書，頁333。

〔註90〕同前註引書，頁136～140。

〔註91〕同前註引書，頁192。

分憧憬及仰慕。

二、利害之講究

　　然而，以《家訓》一書近四萬字的內容，言仁義者仍佔少數，言利害者居其大半，可以想見用利與害來告誡子孫，是他擅長而慣用的手法，這不能不說是他對仁義的認識不夠充分，及懷有私愛的情感。茲依篇次條列其以利害勸誘子孫的手法，並述其前後矛盾之處，以見其一斑。

　　「教子」篇云：「父母威嚴而有慈，則子女畏慎而生孝矣。」〔註92〕以「慈」能生「孝」，勸為人父母者當威嚴而有慈，此以利誘之。

　　「治家」篇云：「夫風化者，自上而行於下者也，自先而施於後者也。是以父不慈則子不孝，兄不友則弟不恭，夫不義則婦不順矣。」〔註93〕此處持論與前則同，唯翻轉其說。古人所謂風化，謂身教也。身教罕有以「慈」能生「孝」，「友」能生「恭」，「義」能生「順」，來立論的。如此則教父慈而誘以孝，教兄友而誘以恭，教夫義而誘以順，實非前哲所與。（參顏延之「庭誥」內容分析「教子」條）

　　「勉學」全篇多涉利害，如論讀書者的效用云：「雖百世小人，知讀論語、孝經者，尚為人師；雖千載冠冕，不曉書記者，莫不耕田養馬……若能常保數百卷書，千載終不為小人也。」〔註94〕此利害並陳，良非善方，尤其稱「耕田養馬」者為小人，與「涉務」又相矛盾，「涉務」云：「古人欲知稼穡之艱難，斯蓋貴穀務本之道也。夫食為民天，民非食不生矣，三日不粒，父子不能相存。耕種之，茠鉏之，刈穫之，載積之，打拂之，簸揚之，凡幾涉手，而入倉廩，安可輕農事而貴末業哉？」〔註95〕此段有如「論貴粟疏」，所謂「末業」者仕宦以求俸祿也，己身實教子求之；所謂「農事」者，己身教子譬之為「小人」。讀書固然重要，依其以儒者之身，求仁義之道而已；農事民生之本，豈可喻之為小人？此則利害教育之過矣。又云：「爰及農商工賈，廝役奴隸，釣魚屠肉，飯牛牧羊，皆有先達，可為師表，博學求之，無不利於事也。」〔註96〕亦以利誘之。全篇言及讀書之效用多類此，不勝枚舉。

〔註92〕同前註引書，頁 25。
〔註93〕同前註引書，頁 53。
〔註94〕同前註引書，頁 145。
〔註95〕同前註引書，頁 297。
〔註96〕同前註引書，頁 157。

　　「文章」篇：「不屈二姓，夷、齊之節也；何事非君，伊、箕之義也。自春秋已來，家有奔亡，國有吞滅，君臣固無常分矣。」〔註97〕此論與前所敍仰慕忠君之說，實相違背。倘執君臣無分以事君，則忠貞安施？

　　「省事」篇，論上書陳事云：「賈誠以求位，鬻言以干祿。或無絲毫之益，而有不省之困，幸而感悟人主，爲時所納，初獲不貲之賞，終陷不測之誅，則嚴助、朱買臣、吾丘壽王、主父偃之類甚眾。良史所書，蓋取其狂狷一介，論政得失耳，非士君子守法度者所爲也。」〔註98〕又云：「諫諍之徒，以正人君之失爾，必在得言之地，當盡匡贊之規，不容苟免偷安，垂頭塞耳；至於就養有方，思不出其位，干非其任，斯則罪人。」〔註99〕兩段前後本相矛盾，前言上書陳事共有四塗，都爲了賈誠以求位，鬻言以干祿，所以之推全部否定它的作用，以禍害拒之；倘如此則後段所言「正人君之失」豈非虛言。必待人君信而後諫，豈又人臣所能逆料？且前言「幸而感悟人主，爲時所納」最後還是陷於不測之誅，可見信而後諫，也不是之推所認同的。此段全以利害來衡量上書的問題，與前述仁義之準則又相乖舛。因爲前引曾說明友有難，窮鳥入懷，仁人所憫，以此得罪，甘心瞑目，並敍助人之原則說「當以仁義爲節文耳」，對待朋友甚或不相識的人，可以如此；反觀此段上書陳事，不論動機好壞，並以將陷於不測之誅爲誡。豈不是愛朋友甚於國家嗎？此亦利害爲誡，多陷於矛盾之處。

　　「止足」篇言仕宦之道，謂「仕宦稱泰，不過處在中品，前望五十人，後顧五十人，足以免恥辱，無傾危也……自喪亂已來，見因託風雲，徼倖富貴，且執機權，夜塡坑谷，朔歡卓、鄭，晦泣顏、原者，非十人五人也。愼之哉！愼之哉！」〔註100〕此段有似東方朔〈誡子〉：「明者處世，莫尙於中。優哉遊哉，與道相從。首陽爲拙，柳惠爲工。飽食安步，以仕代農。依隱玩世，詭時不逢。」（附錄 1-2）退不能勞苦己身，進不願承擔重責，直以「免恥辱」「無傾危」爲誡，亦以利害爲事耳，何有「仁義」？前引「慕賢」有楊遵彥，任北齊尙書令，斛律明月，任北齊左丞相，又別封清河郡公，〔註101〕

〔註97〕同前註引書，頁240。
〔註98〕同前註引書，頁304。
〔註99〕同前註引書，頁306。
〔註100〕同前註引書，頁319。
〔註101〕楊愔，字遵彥，弘農華陰人。仕北齊文宣帝高洋，天保九年（558），位至尙書令，十年，封開封王。以洋崩，爲孝昭帝高演所殺，年五十。演任趙

猶誡子仰慕之；此篇言「止足」，蓋又見二人皆死於非命，即所謂「且執機權，夜填坑谷」，全然不問是非，只以免禍、免辱爲誡，前後判若兩人。前以賢者而慕之，此以填坑谷而非之，利害爲誡，能亂是非者若此。東方朔遊戲人間，而出此言，尚引來揚雄「滑稽之雄」〔註102〕的批評，況之推倡言忠孝仁義，以專儒自居者乎？此利害誡子之蔽也。

「誡兵」歷敘顏氏祖先，皆以儒雅爲業，未有用兵取達者，其間好武者，不是顛覆，就是禍敗，他告誡子孫：「頃世亂離，衣冠之士，雖無身手，或聚徒眾，違棄素業，徼倖戰功。吾既羸薄，仰惟前代，故寘心於此，子孫誌之……吾見今世士大夫，纔有氣幹，便倚賴之，不能被甲執兵，以衛社稷，但微行險服，逞弄拳擎，大則陷危亡，小則貽恥辱，遂無免者。」〔註103〕勸子弟讀書仕進，不可從事兵戎，理由無他，易遭危亡禍敗。他更進一步批評當時文士，頗讀兵書，「不識存亡，強相扶戴；此皆陷身滅族之本也。」〔註104〕以當時武將的行爲，否定它的一切價值，不願子孫爲之，此亦利害蒙蔽其心。南朝以來，文士固然就鄙視武將，〔註105〕但世俗尚玄談，之推則以爲非濟世成俗之要，可見風氣並不能影響之推好惡的決定，此戒子從事兵戎，實亦私愛其子而隨俗起伏。

「養生」篇云：「夫養生者先須慮禍，全身保性，有此生然後養之，勿徒養其無生也。單豹養於內而喪外，張毅養於外而喪內，前賢所戒也。嵇康著養生之論，而以傲物受刑；石崇冀服餌之徵，而以貪溺取禍，往世之所迷也。」〔註106〕石崇固以貪溺取禍，嵇康死非其罪，一以慮禍爲誡，則嵇康當如阮籍撰勸進表，〔註107〕以求免禍，乃稱其養生之旨乎？顏氏所稱避禍者，皆以免

彥深代遵彥總機務，陽休之私謂人曰：「將涉千里，殺騏驥而策蹇驢，可悲之甚。」楊愔爲時人所看重如此。生平見《北齊書》卷三四本傳。斛律光，字明月，仕北齊，驍勇善戰，武平二年（571）官至左丞相，又別封清河郡公，後爲祖珽、何洪珍所譖，被殺，年五十八。北周武帝宇文覺平齊曰：「此人若在，朕豈能至鄴。」明月爲敵人所憚若此。生平詳《北齊書》卷十七斛律金傳。

〔註102〕汪榮寶，《法言義疏》，卷十七，頁484。（大陸中華書局，1987年3月）
〔註103〕王利器，前引書，頁321。
〔註104〕同前註引書，頁325。
〔註105〕參蘇紹興，《兩晉南朝的士族》，頁26～28「世俗輕武」條。（聯經出版社，民國76年3月）
〔註106〕王利器，前引書，頁332。
〔註107〕阮籍「爲鄭沖勸晉王牋」，勸司馬昭受封晉公，見李善注《文選》，卷四十，

禍爲第一要務，至於是非，多難究詰。

「雜藝」篇敘書法不需過精，云：「此藝不須過精，夫巧者勞而智者憂，常爲人所役使，更覺爲累；韋仲將遺戒，深有以也。」〔註108〕又敘王羲之、蕭子雲、王褒皆以書法擅名，王、蕭以其名反蔽其才，褒不免辛苦筆硯之役，於是他告誡子弟：「以此觀之，愼勿以書自命。雖然，廝猥之人，以能書拔擢者多矣。故道不同不相爲謀也。」〔註109〕所論皆以善書取辱、掩才爲害。這也顯現他私愛子弟之情。然而他說有「廝猥之人」以能書拔擢者多矣，又以爲仕宦家庭，本有讀書平流進取的仕途，不必學書以求拔擢。這又與「慕賢」篇所述丁覘相矛盾，他稱述云：「梁孝元前在荆州，有丁覘者，洪亭民耳，頗善屬文，殊工草隸；孝元書記，一皆使之。軍府輕賤，多未之重，恥令子弟以爲楷法，時云：『丁君十紙，不敵王褒數字。』吾雅愛其手跡，常所寶持……及西臺陷歿，簡牘溼散，丁亦尋卒於楊州；前所輕者，後思一紙，不可得矣。」〔註110〕「慕賢」所敘，意在令子弟仰慕學習，故其人物多精挑細選，論述亦多允當有據。然而就書論書，固可以欲子弟慕之；一旦論及善書取辱，這些往日所慕，馬上成爲「廝猥之人」。丁覘書法，爲蕭子雲所見賞（前引省略部分），則此人蓋亦以書拔擢之一人，閥閱低賤，故時人恥令子弟習之，之推在「慕賢」則能明其非，在此則不欲子弟專精，並以「道不同不相爲謀」誡之。此亦私愛蒙蔽其前文之獨見也。又論卜筮云：「卜筮者，聖人之業也；但近世無復佳師，多不能中……凡射奇偶，自然半收，何足賴也。世傳云：『解陰陽者，爲鬼所嫉，坎壈貧窮，多不稱泰。』吾觀近古以來，尤精妙者，唯京房、管輅、郭璞耳，皆無官位，多或罹災，此言令人益信。」〔註111〕他在「治家」篇也談到家中斷絕一切「巫覡禱請」「符書章醮」之類的迷信，〔註112〕可說是神智明澈，不爲所惑。但一牽扯到「官位」「罹災」馬上又相信世傳無稽之談。利害能迷人心智，左右判斷是非的標準，於此可知。其餘所述諸藝，除射箭可以濟身之外，皆與仕途無涉，誡子弟時可爲之，不可專精，持論多與書法相似。

頁 1831～1833。（上海古籍出版社，1992 年 7 月）

〔註108〕王利器，前引書，頁 507。

〔註109〕同前註引書，頁 510。

〔註110〕同前註引書，頁 133。

〔註111〕同前註引書，頁 520。

〔註112〕參王利器，前引書，頁 112。

以上論列，或以利誘之，或以害誡之，往往與自己原本仁義的原則相違背，甚或前後文意相互矛盾，這豈不是鄙諺所云「利令智昏」〔註113〕嗎？范曄《後漢書》馬援傳論云：「夫利不在身，以之謀事則智；慮不私己，以之斷義必厲。」〔註114〕其之推之謂歟？前以仁義持論，頗蹈孔、孟餘緒，實有儒者之風；至於事涉利害，私愛子弟，則陷於是非難分之境地。大凡趨利避害，豈又能盡符仁義，此蓋孟子告梁惠王，「何必曰利，亦有仁義而已矣」之用心。〔註115〕歷來家訓立意亦非不善，然猶每每遭人詬病者，以此也，故涉「利害」之訴求，流弊甚多，實堪爲後世欲誡子孫者借鑑。

三、仁義與利害並陳之原因

至於造成此書「仁義」與「利害」相互錯出，內容駁雜矛盾的原因，除了前述成書心態之外，實出於理想與現實環境的衝突，之推有時感慨社會亂象，必待儒家仁義、致用來拯救，因而在面對玄學、清談、不切實務的風氣時，很自然全面倒向儒家思想。但當他面對子孫時，私愛之情油然而生，又怕他們殺身成仁，因而在遇到對生命、仕宦的威脅時，轉而誡之以利害。這種心態的導因，我從三個方面來說明：

第一，家學儒風。家學傳統是構成之推吸收儒家仁、義、忠、孝思想的重要原因。顏氏在《家訓》「誡兵」篇中敘其先祖云：「顏氏之先，本乎鄒、魯，或分入齊，世以儒雅爲業，徧在書記。」〔註116〕世以儒雅爲業，是顏氏家族傳統，〔註117〕茲參傳、記所及，略述家世儒風如下：（一）三國曹魏有顏盛，始自魯居於瑯琊臨沂，代傳恭孝，故號所居爲孝悌里。生欽。（二）顏欽精《韓詩》、《禮》、《易》、《尚書》，多所通說，學者尚之。生默。〔註118〕（三）顏默，學

〔註113〕見司馬遷，《史記》，卷七六，頁 2376。太史公曰引鄙語。（鼎文書局，民國74年3月7版）

〔註114〕范曄，《後漢書》，卷二四，頁852（鼎文書局，民國70年4月4版）

〔註115〕孟子語，見孟奭，《孟子注疏》，卷一上梁惠王上，頁9。（前引）

〔註116〕王利器，前引書，頁320。

〔註117〕守屋美都雄，《顏氏家訓について》，一文中「顏氏の家系と家風」曾考述其先祖及家風，可參閱之。（前引，頁3～7）

〔註118〕以上據顏眞卿「晉侍中右光祿大夫本州大中正西平靖侯顏公大宗碑」（收入《全唐文》卷三三九，頁1542，大化書局「全唐文及其拾遺」，民國76年3月初版，此文後簡稱「大宗碑」），「顏氏家廟碑」（收入王昶《金石萃編》卷一○一，頁1736，台聯國風出版社，民國53年7月）二碑文。

素相承，有聲邦黨。生含。〔註119〕（四）顏含，隨晉元帝過江，東宮初建，含以儒素篤行，補太子中庶子，以功封西平縣侯。含少有操行，以孝友聞，生平事蹟，參《晉書》卷八八孝友傳。生髦。〔註120〕案：此人對東晉以後琅邪顏氏的發展影響至鉅，《家訓》中「治家」「止足」兩篇都引用顏含訓誡成規以教子弟，在之推心裏，顏含是家族的典範。〔註121〕（五）顏髦，少纂家業，惇於學行，儀狀嚴整，風貌端美。生綝。〔註122〕（六）顏綝，官騎都尉，襲西平侯。生靖之。（七）顏靖之，官宣城太守、司徒諮議禦史中丞。生騰之。（八）顏騰之，善草隸書，有風格。生炳之。（九）顏炳之，以能書稱，官奉朝請、輔國、清夏王參軍。生見遠。〔註123〕（十）顏見遠，之推祖父，博學有志行，正色立朝，有當官之稱。仕齊為治書侍御史、中丞。初，齊和帝鎮荊，以見遠為錄事參軍，及即位，兼御史中丞。及梁武帝執政，遂以疾辭官。尋而齊和帝被弒，見遠乃不食，慟哭，發憤數日而卒。梁武帝深恨之，謂朝臣曰：「我自應天從人，何預天下士大夫事？而顏見遠乃至於此也。」〔註124〕案：見遠以深受齊和帝賞識，遂見信用，及和帝被弒，絕食而卒，不事梁武帝，此種行逕，東晉以來所

〔註119〕此據晉人李闡「右光祿大夫西平靖侯顏府君碑」（收入嚴可均《全晉文》卷一三三，頁 2225，中文書局「全上古秦漢三國六朝文」，1981 年 6 月 3 版）

〔註120〕以上據房玄齡，《晉書》，頁 2285～2287。（鼎文書局，民國 72 年 7 月 4 版）

〔註121〕案：顏氏家族得以在南朝綿延不絕，至宋有顏延之，至梁有顏之推，至唐有顏師古、顏真卿、顏杲卿，與顏含之關係最為密切，可說為顏氏打下深厚的家族風範。顏含能在晉元帝司馬睿過江以後，屢居顯職，主要的原因即在睿未過江前，封琅邪王，與琅邪當地的士族關係較好，而含早被任用，過江之後睿對琅邪，尤其是臨沂的士族，特別倚重，《晉書》卷七七諸葛恢傳云：「元帝為安東將軍……于時王氏為將軍，而恢兄弟及顏含並居顯要，劉超以忠謹掌書命，時人以帝善任一國之才。」（鼎文書局，頁 2042）所謂一國即指琅邪國，諸葛恢為琅邪陽都人，劉超、含都是琅邪臨沂人。（參田余慶，東晉門閥政治，頁 5，北京大學出版社，1989 年 1 月）因此含歷仕元、明、成帝三朝，以光祿勳致仕。另外因為地緣關係，他與王導同是琅邪臨沂人，據李闡「顏府君碑」（註 119 引）載，他是王導的親丈人，又加上這層姻親的關係，使顏氏在東晉以後得以平流進取，都與含有直接或間接的關聯，而且顏含的行逕雅重，抑絕浮偽，婚姻不貪勢家，不信卜筮，這些對顏氏的門風都有相當的影響，尤其是顏之推對他再次表揚，顏真卿撰「大宗碑」（前引）也是針對他來寫，可以想見含對顏氏家族的影響力，源遠流長。

〔註122〕此據顏真卿「大宗碑」（前引）。

〔註123〕此據顏真卿「大宗碑」「顏氏家廟碑」。（前引）

〔註124〕以此據姚思廉，《梁書》，卷五十文學下顏協傳；令狐德棻，《周書》，卷四十顏之儀傳；李延壽，《南史》，卷七二文學顏協傳；顏真卿，《顏氏家廟碑》。四者文字略有出入。

罕見，據此亦可知顏氏家族有忠貞之家風。（十一）顏協，之推父，幼孤，養於舅氏。博涉群書，工於草隸。感家門事義，不求顯達，恆辭徵辟，遊於蕃府而已。梁武帝大同五年（539）卒，時年四十二。元帝後甚歎惜之，爲懷舊詩以傷之。〔註125〕案：之推家世自魏顏盛以來，並以儒雅爲業，祖、父剛正作風，尤爲之推所目見耳聞，對他崇尚儒術更有相當影響。《北齊書》卷四五文苑之推傳云：「世善《周官》、《左氏》，之推早傳家業。年十二，值繹自講《莊》、《老》，便預門徒。虛談非其所好，還習《禮》、《傳》，博覽群書，無不該洽。」〔註126〕稱其好禮、傳而不樂玄談，與「勉學」所言，可相參證。又「序致」篇云：「吾家風教，素爲整密，昔在齠齔，便蒙誘誨。」〔註127〕敘幼年的家庭教育，素爲整密。這些或是家族傳統，或是自幼環境的影響，使他對儒家思想產生愛好，進而在《家訓》一書中展現他對仁、義的欣羨，對爲國犧牲效忠者的仰慕，無不與家風，及祖、父的義行，有密切的關係。

第二，時代動盪。時代的動盪不安，導致之推一生飄浮南北，這個因素對《家訓》一書不能純粹於仁義執著，應有著密切的關係。之推生於梁武帝大通三年（531），九歲喪父，家塗離敗，白口索然，賴兄長撫養。十九歲，初仕湘東王蕭繹常侍，值侯景陷台城。二十歲，隨繹世子方諸至郢州，掌管記。二十一歲，侯景陷郢州，執之推，頻欲殺之，賴王則相救獲免，囚送建鄴。是年侯景弒簡文帝，自立。二十二歲，侯景亂平，元帝即位於江陵，以之推爲散騎侍郎。二十四歲，西魏陷江陵，元帝遇害，與兄之儀俱遷長安，長途跋涉，備嘗艱苦。二十六歲，聞北齊放梁人歸國，欲由齊歸江南，於是具船攜妻子奔齊，值河水暴漲，經砥柱之險，時人稱其勇決。任齊爲奉朝請。二十七歲，陳霸先廢梁敬帝，自立，是爲陳武帝；原之推自魏奔齊，意在南歸故梁，至是絕望，遂淹居北齊。所謂不得已而仕於亂世，身事胡主。四十二歲，祖珽爲左僕射，愛重之推，主持文林館，尋遷黃門侍郎。四十三歲，祖珽執政，爲宵小穆提婆、韓鳳所嫉，出爲徐州；侍中崔季舒、張雕虎等六名漢人文士，以胡將韓鳳參奏，當廷被斬。之推因故免。時武人嫉文士，胡人嫉漢人；而祖珽當政，漢人文士大盛於朝，故引來胡人武士大不悅，先出祖珽，後借機殺崔季舒等。之推生死之隔猶薄於紙，能免於禍，實屬大幸。四十七歲，北周犯北齊，陷晉陽，之推

〔註125〕以上據前註引三部正史，卷秩同。
〔註126〕李百藥，《北齊書》，頁167。（鼎文書局，民國72年4月4版）
〔註127〕王利器，前引書，頁22。

出爲平原太守，據河津，以爲齊王奔陳之計。是歲齊亡，入周。此之推所謂一生而三化，備荼苦而蓼辛者也。周武帝平齊後，之推與陽休之、盧思道、薛道衡等十八人同徵，隨駕赴長安。五十歲，仕北周禦史上士。五十一歲，楊堅廢北周靜帝而自立，是爲隋文帝。五十九歲，隋滅陳，統一南北分裂之局面。六十餘歲卒，約在隋文帝開皇十餘年之間。開皇中，大子曾召爲學士，甚見禮重，尋以疾終。〔註128〕之推幼有喪親之痛，長逢亡國之哀；仕於北齊時，胡漢對立，命在旦夕。這些亂世的經歷，也非顏氏所甘願。在上位者把天下當自家財物，予取予求，爭來奪去；使得生民塗炭，百官無所適從。這使得之推對向來尊奉的儒家忠孝仁義思想，感到疑惑與矛盾。他在「終制」篇，曾對自己的行爲做一番陳述，他說：

> 計吾兄弟，不當仕進；但以門衰，骨肉單弱，五服之內，傍無一人，
> 播越他鄉，無復資廕；使汝等沈淪廝役，以爲先世之恥；故靦冒人
> 間，不敢墜失。兼以北方政教嚴切，全無隱退者故也。〔註129〕

職此之故，他不得不修正原本的理念。因而在《家訓》一書之中，有時仰慕爲國犧牲之忠臣烈士，有時透露家國不可常保的感慨。對於先祖的嘉言往行，如「文章」篇所及父親顏協文章之典正，顏含關於止足的告誡，都表達他希望子孫步武的諄諄之情；唯獨祖父顏見遠爲齊和帝殉節，義高於往代，卻略無稱述。這也可以說明他遭逢亂世，對這種行爲默然不敢承受，也不希望子孫隨著在上位者你爭我奪之際，做無謂的犧牲。這種修正，事出有因，並非如王利器所言「他是把自己家庭的利益——『立身揚名』，放在國家、民族利益之上的。」〔註130〕當時所謂國家民族的利益，是帝王一人之利益，或苦難黎民的福祉？站在亂世的觀點看此書，似乎也不能過責於之推。

第三，私愛子弟。所謂矯枉會過正，之推在書中內容呈現的駁雜，有些並非時代所造成，而是出於對子弟私愛的情感。比如過度強調仕宦傳統的維持，鼓勵讀書的好處，因而視耕田、養馬者爲小人，忘卻自己曾談過重農的理念；爲了保護清素之業的自尊，不願意子孫專精雜藝，因而鄙視那些靠才藝（如書法）受重用者爲廝猥之人，忘卻自己曾勸子弟慕丁覘等善書之士；

〔註128〕以上生平，並據繆越，〈顏之推年譜〉，約略其文。（繆譜，收入周法高，《顏氏家訓彙注》，附錄二，頁151～162，前引書）
〔註129〕王利器，前引書，頁534。
〔註130〕同前註引書，頁3。

過度強調生命的保全，不忍子孫勞苦，要求子弟當官前望五十人，後望五十人，可免傾危，可免受辱，忘卻自己仰慕楊遵彥（名愔）、斛律明月（名光）等人因位重而賢能，可以維繫國家免於滅亡。孟子以為，父子不親教，主要的原因在於容易傷害父子之間的情感，〔註131〕我看漢魏六朝以來的家訓教育，罕能超脫由於私愛子弟所造成的教育偏差，就這一點而言，恐怕也是易子而教所要考慮的因素之一。就連顏之推十幾代的儒學素養，都難以純粹，更何況是一般人呢？由此可知，要使家庭道德教育純正，必須先捨去私愛子孫的心態，否則將會造成自相矛盾、前後不一的情況，對教育效果而言，也會有不良的影響。

〔註131〕孫奭，《孟子注疏》，卷七下離婁上：「公孫丑曰：『君子之不教子，何也？』孟子曰：『勢不行也，教者必以正，以正不行，繼之以怒，繼之以怒，則反夷矣。夫子教我以正，夫子未出於正也。則是父子相夷也，父子相夷，則惡矣。古者易子而教之，父子之間不責善，責善則離，離則不祥莫大焉。』」（前引，頁135）

第九章　結　論

　　前人對漢魏六朝家訓之研究，主要集中在顏之推《顏氏家訓》一書，對此書完成前，漢代以來迄於魏晉南北朝之誡子書、家誡、家訓等與顏氏書相類的作品，則罕有論述。僅日人守屋美都雄撰「六朝時代の家訓について」、近人周法高撰「家訓文學的源流」（上、中、下）二文，首開其端，提供給後來的研究者，探索漢魏六朝家訓之指引。因此居今凡敘及隋唐以後家訓之研究者，溯源部分多取資於此。〔註1〕然二人對漢魏六朝家訓之探討，也都環繞在它們對《顏氏家訓》的影響上加以申述，無暇就漢魏六朝家訓為主體，做全面研究。故而某些體材與《顏氏家訓》大異其趣的家訓，夏侯湛〈昆弟誥〉（仿「尚書」體）、顏延之〈庭誥〉（全文駢儷）、魏收〈枕中篇〉（押韻駢文）以及韋玄成、陶淵明等誡子詩，都未能進一步深論其內涵。至於漢魏六朝家訓之發展、整體內容分析、思想趨向、文學表現，更非短文所能備論。因此本文以漢魏六朝成文「家訓」為研究主體，撰成「漢魏六朝家訓研究」，主要有下列幾點成果：第一，輯錄漢魏六朝家訓，據此可以輕易掌握兩漢迄隋撰文訓誡之整體表現；第二，探索漢魏六朝家訓的興起與發展，可以洞悉「家訓」之演變及原由；第三，分析漢魏六朝家訓的內容，可以知曉不同家庭之各別訴求；第四，歸納漢魏六朝家訓的思想，可以明瞭「家訓」之人生價值及思想趨勢；第五，研究漢魏六朝家訓的文學，可以釐清家訓文學發展的脈

〔註1〕　如周鳳五《敦煌寫本太公家教研究》頁 101「由家訓源流考察」一節（明文書
　　　　局，民國 75 年 5 月初版）、尤雅姿《顏之推及其家訓之研究》頁 278「樹家訓
　　　　文學之清範」一節（臺灣師大國研所博士論文，民國 80 年 6 月），兩文追溯
　　　　隋以前家訓，全採周氏之說。

絡及其表現方式；第六，別立專題研究，可以凸顯《顏氏家訓》的地位及特
質。這些除了站在前賢的研究基礎上，供獻綿薄，廓清漢魏六朝家訓的相關
問題，也將有助於我們對中華民國家庭價值觀、人生觀進一步的認識。茲略
依此六點，敘說於後：

一、漢魏六朝家訓之輯錄

漢魏六朝家訓作品，除了《顏氏家訓》之外散佚在古書典籍之中，有些
甚且僅存書、篇名，而隻字不傳。因而要以此做爲研究之主體，首先需輯錄
漢魏六朝家訓作品，釐清「家訓」的範疇，再根據這些作品，縷述其發展脈
絡，分析其內容訴求，歸納其思想趨向、探討其文學現象。如果沒有這個輯
錄工作，將會模糊研究的對象，使論據無從依憑。我所用的方法如下：

第一，訂定搜集「家訓」素材的準則。凡父、叔（伯）、兄對子、姪、弟
（或家長對子孫）之撰文（包含詩、文、書信）訓誡皆屬之。以此準則匯集
漢魏六朝詩、文諸作。

第二，素材以嚴可均《全上古三代秦漢三國六朝文》、逯欽立《先秦漢魏
晉南北朝詩》爲基礎，其間二書所未輯，則再以所見諸類書、典籍補充其不
足；二書體例所不收（如《金樓子》有戒子篇），則視其內容，併入家訓。

第三，還原所有家訓素材，期以最早、最完整的出處，做爲底本，凡文
辭訛誤，妨害文意，適可據他書校訂者，又略據諸書改正，以符作者用心。
並撰「出處」一欄，交待使用的資料及版本。

第四，每人「家訓」作品後，除「出處」外，另列「說明」一欄，陳述
作者簡歷，撰文動機、時間，及施文對象簡介。如該文有眞僞、體裁、存佚
等相關問題，亦在說明中略述原委。

第五，另有些作品，僅存書、篇名目（黃容《家訓》、明岌《明氏家訓》、
刁雍〈教誡〉、甄琛《家誨》等），內容雖隻字不傳，卻頗能看出「家訓」作
品的發展過程，因自諸書目中輯出，做爲論述家訓發展憑籍。

依此程序，輯錄兩漢迄隋的成文家訓，分爲兩漢、三國、晉、宋、齊、
梁、北朝七個部分，共三十八人，四十五篇作品。放在論文後附錄之中。

歷來涉及漢魏六朝家訓的選錄工作，所見如敦煌類書《勵忠節抄》家誡
部，《冊府元龜》卷八一六、八一七訓子，劉清之《誡子通錄》，《古今圖書集
成》家範典卷四○、四一教子部藝文一、二等書，搜輯尚未能周全，而且《元

龜》與《通錄》在體例上文、言並收，《通錄》在編排次序上尤無章法，本輯錄雖不及言辭訓誡，但在補充未備、編排順序、出處根據、殘存情況等方面，都力求明晰周延，可彌補上述諸書的不足。本輯錄有下列功能：

第一，集中展現漢魏六朝撰文「家訓」的具體成果。

第二，提供本文論述漢魏六朝家訓的依據。

第三，可以做爲後人研究漢魏六朝家訓教育或相關論題的基本素材。

二、漢魏六朝家訓之興起與發展

先秦父兄對子弟的訓誡，以現今可靠的資料來看，仍以口語告誡爲其主要方式。至於像《尚書》中所載〈康誥〉、〈酒誥〉、〈梓材〉、〈無逸〉，全篇仍採用口語形態，可以看做是口語告誡進一步發展爲成篇文章的過渡形式。另外《儀禮》士冠禮載「加冠辭」「醴辭」「醮辭」「命字辭」，採用四言韻語的形式，雖不是某人專對某子所施，但它勢必也是經過長時期口語訓誡的歷程，由隨意祝福轉而成爲規格化的韻語型態。這些都可視爲漢魏六朝撰文誡子興起前「家訓」的萌芽成果。

兩漢以後，撰文誡子的風氣，才逐漸發展起來。現存兩漢的家訓作品，多半以「誡子書」的型態存在（如東方朔〈誡子〉、劉向〈誡子歆書〉、馬援〈誡兄子嚴敦書〉、鄭玄〈戒子益恩書〉、王脩〈誡子書〉等是），有點類似後世的家書，不過就撰述動機而言，有的是臨終告誡，有的是出門在外，用家書來叮嚀子弟，有的是告老傳家。除了文學發展的自然趨勢，由口語轉爲文字紀錄以外，兩漢誡子書的得以發展應也受到父子由於某些原因別居、文士撰文習性、仕宦者動輒得咎、漢末社會風氣漸趨惡化等因素的影響。

到了曹魏之時，如王肅、王昶、杜恕、嵇康等人，都同撰有「家誡」，不但訓誡對象以家爲單位，篇幅、內容也增加不少，造就「家訓」作品脫離緣事而發的「誡子書」型態，而呈現出特意撰文的「家誡」，這在「家訓」的發展過程中，有相當重要的涵意。因爲「誡子書」與平常「家書」只能就內容上涉及訓誡的多寡，來加以分別，難以展現文體上的獨立生命。但曹魏四人的作品，名目題作「家誡」，如同一篇文章，與書信判然分別，可與「箴」「銘」「誄」「頌」並列，可說是「家訓」作品的完成階段。其產生的原因，有下列數端：（一）傳統忠義思想遭受時局考驗，故亟於建立一套理想可行的處世規範。（二）時局動盪，人命微淺，故誡子保全性命，免於無謂的犧牲。（三）

文學創作風氣鼎盛，文章本身漸有其獨立的生命。

　　兩晉南朝的家訓作品，基本上延續「誡子書」「家誡」的形態（如李充〈起居誡〉、顏延之〈庭誥〉、王僧虔〈誡子書〉、徐勉〈爲書誡子崧〉等是），只是在篇幅上更長更具規模；因而家訓作品漸多，也有抄歷來訓誡作品爲一書，以供人閱讀，或藉以訓勉子弟的情況（如〈隋志〉四所載《雜家誡》、梁元帝《金樓子》戒子篇等是），然而終南朝之世，未見有自撰一書以訓誡子弟之作。

　　北朝發展的情形與兩晉南朝不同，五胡十六國以後，除了繼承前述的兩種型態之外（如楊椿〈誡子孫書〉、魏收〈枕中篇〉、王褒〈幼訓〉等是），有慕容皝《典誡》十五篇、文明皇后《皇誥》十八篇、刁雍〈教誡〉二十餘篇、甄琛《家誨》二十篇，及由北齊、北周入隋的顏之推《家訓》二十篇，在家訓作品的發展中，是「家誡」單篇作品邁向專著的重要階段。

　　南、北朝家訓往不同方向發展，關係比較密切的因素有三點：（一）南北政治環境不同。南方改朝換代，仕宦家族仍然平流進取，甚至世代公卿；北方則先處於戰亂之中，後又遭受外族統治，胡漢衝突劇烈，生命朝不保夕。這使北朝仕族憂患意識更盛於南朝。（二）南北文化環境不同。兩晉南朝的皇室、士大夫階層，從小讀五經、正史，各安其位，對傳統漢族文化沒有危機意識。北朝漢人知識分子，在外族的統治下，一方面在政治、武力上不得不屈服於外族，但另一方面又以身爲漢族保有優良文化傳統自居，故而撰書以教育子弟承繼漢民族文化，有其迫切的需要。另外，胡人入侵中原，爲吸收漢民族文化，增加其治國能力，方便領導漢人，多有自撰一書，以教授子弟之作，這是北朝當政者家訓作品較多且部袟較大的原故。（三）南北家族情感薄厚不同。南方家族情感淡薄，兄弟、叔姪貧富、貴賤懸殊，不以爲意；北方因在外族的統治下，生死榮辱，牽繫著家族的命運，因此情感濃厚。情感薄，則家訓的訓誡對象比較局限於自己的子孫；情感厚，則對象會擴及整個家族。對象的大小，也間接影響家訓的內容及發展。

三、漢魏六朝家訓之內涵

　　本論文在三、四、五章依朝代先後，分敘兩漢、三國、晉、宋、齊、梁、北朝，計三十八人，四十五篇之家訓作品內容分析，並於各朝代末，略敘僅存書、篇名目之家訓撰述緣起。其論述重心如下：

　　第一，條述各人家訓的具體訴求。因爲漢魏六朝家訓作品，現存除了《顏

氏家訓》二十篇，保留較完整、部袟較大之外，多爲單篇、散論，其作者各
不相同，文學素養、人生經歷、訓誡對象有別，因而各人家訓中的具體訴求，
有很大的差異。如東方朔誡子稱讚柳下惠，貶抑伯夷、叔齊，要子弟「飽食
安步，以仕代農。依隱玩世，詭時不逢」；馬援誡兄子嚴、敦，不可輕議他人
過失；王昶〈家誡〉要子姪「遵儒者之教，履道家之言」，希望他們能「保世
持家，永全福祿」；嵇康〈家誡〉要子姪捨棄小節，成就大德，勉勵他們踐履
「忠臣烈士」之節；王僧虔誡子不可沾染玄學，從事清談；王筠勉諸子承繼
家世撰文的風氣。這些各式各樣的訓誡，只有個別條述分析，才能看清其不
同的主張。

　　第二，追溯訓誡依據，以明瞭漢魏六朝家訓吸收前賢智慧告誡子弟的用
心。這些家訓不管是具體要求，或理論的建構，多少吸收前賢的經驗或思想，
追溯前人相似的主張，有助於對家訓內涵的瞭解。

　　第三，比較漢魏六朝家訓內容上相似、相異、相反的個別主張。例如「勉
學」，幾乎是家訓中最沒有異議的共同看法，但更一進也有相異處。如劉備勉
後主讀《漢書》、《禮記》、《六韜》、《商君書》、《申子》、《韓非子》、《管子》，
多涉法家之言；李暠抄諸葛亮、應璩文，勉子勤習；蕭繹勉子讀「譜牒」。透
過相互比較，可以發現他們獨特的主張，更進一步認識到導致不同主張的背
景因素。

　　第四，比較漢魏六朝其他人家訓與《顏氏家訓》的內容異同。因爲顏之
推《家訓》在漢魏六朝家訓之中成書最晚，但保存部袟最大。從比較之中，
可以看出顏之推如何吸收前人家訓成果；或者同一事，而有不同的主張，更
可從中明晰他們對人生觀，處世態度上的個別看法。

四、漢魏六朝家訓之思想

　　本論文在第六章，歸納漢魏六朝家訓共同的思想趨向。並拿它與傳統儒、
釋、道思想做比較，以便瞭解家訓如何吸收三家思想訓誡子弟。最後評述家
訓思想的優缺點。其論點如下：

　　第一，人生目標：（一）重視冠冕的傳承，而忽略聖賢的追求。故而多半
勸勉子弟勤讀書，以求仕宦傳統的維持；很少鼓勵子弟以聖賢爲追求的目標。
至於「成仁取義」的行逕，如王昶〈家誡〉甚且明言不願子弟爲之。（二）重
視「齊家」的價值，而忽略治國、平天下的理想。故而關於家庭中兄弟相處

之道、婚姻、治家理財，闡述較多；卻很少訓誡子弟關懷天下、國家的安危。

第二，行為取向：（一）以「免禍」為判斷行為當行與否的準則，忽略積極「為善」的勉勵。而舉凡視、聽、言、動等一切行為禮儀，以至於職業、文章、欲望、養生等課題，都以免禍做為重要的依據。相對的，以踐履道德為目的自身，以「仁」做為判斷行為取捨的訴求，卻是罕見的。（二）強調致用，而捨棄個人性好。家訓中凡事講究經世致用，斥責所有不切實務的作風，進而以致用做為判斷是非、行事取捨的依據。他們對於個人的性好，假設難周世用，都不鼓勵子弟從事。

第三，誥誡性質：（一）強調具體的行為訴求，不喜抽象的哲學論證。家訓中往往直截了當指示某言、某行、某事、某物之當行與否，以繩墨子弟，以求其具體成效；罕少涉及這些行為背後的形上基礎。（二）強調小節的踐履，而罕及大德的涵養。家訓中常強調生活習慣中食衣住行、灑掃應對進退等禮節規範，而罕及仁義忠誠等品德的體現。

第四，漢魏六朝家訓與儒家思想。兩漢迄隋，絕大部分的家訓訴求都明顯受儒家思想的支配，因為家訓講究「學而優則仕」，重視家庭價值，重視經世致用，這些都大致符合儒家的規範，不是佛教「出家」、道家「無為」所能企及。但是家訓也非全盤接受儒家崇高的理想，而是有所擇別去取，大致來說有三個特點：（一）吸收儒家之具體規範，捨棄內聖外王的理想。（二）吸收儒家之處世原則，加強不同時代的需求。（三）吸收儒家思想，因材施教。

第五，漢魏六朝家訓與佛道思想。家訓中吸收道家思想，主要以「知足寡欲」「保身全性」為主，很少純粹提倡清靜、無為、自然、樸素的訴求。至於佛教信仰對家訓的影響更小，除了《顏氏家訓》特立「歸心篇」為佛理辯護以外，大部分都是附帶敘及家中信仰時略及之，或意在辯明儒、釋、道三者差異而已，罕有以佛理規範子弟言行，甚或希望子弟出家供佛的訓誡。

第六，漢魏六朝家訓思想之省思。家訓思想在內涵上有三項貢獻，分別是（一）革除清談不切實務的風氣。（二）革除浮華沒有才幹的習性。（三）革除耽樂不知上進的惰性。另有兩項流弊：（一）過度重視免禍，使士大夫氣節淪喪殆盡。（二）過度重視冠冕，漠視一般職業的價值。

五、漢魏六朝家訓之文學

本論文第七章敘漢魏六朝家訓文學表現，章分三節，一論漢魏六朝家訓之

文體，二論漢魏六朝家訓之情意表現，三論漢魏六朝家訓之論理表現，其主要論點歸納如下：

第一，漢魏六朝家訓之稱謂與文體。「家訓」文體，在撰述者與受文者之間，有其特定的關係，故凡家門中父叔兄對子姪弟（或家長對家中子孫）所撰述的訓誡詩、文（含書信），都包含在裏面。其間除了「誡子書」「家誡」「家訓」是常用的稱謂外，歸納起來有下列幾種：（一）「敕」，如劉邦〈手敕太子〉是；（二）「戒」「誡」，如王昶等人〈家誡〉、梁元帝《金樓子》「戒子篇」及諸人「誡子書」是；（三）「誥」，如夏侯湛〈昆弟誥〉、顏延之〈庭誥〉是；（四）「令」「命」，如陶淵明〈命子〉、慕容廆〈家令〉是；（五）「律」，如張融〈門律〉是；（六）「訓」，如黃容、明岌、顏之推《家訓》、王褒〈幼訓〉是；（七）「篇」「誨」，如魏收〈枕中篇〉、甄琛〈家誨〉是。以上除「篇」為文書通名之外，取名皆緣於上對下訓勉、告誡、命令、規範之意，《文心雕龍》把這類文體歸入「詔策」篇中，別立為「戒」，也是有見於兩漢以後家訓作品漸多，內容上已超出「詔策」的範疇，有趨於獨立之現象。本文透過稱謂與涵意的條述，目的即在把「家訓」的文體獨立出來，使它與「詔策」「書記」「銘箴」有一個明確的區隔，賦予漢魏六朝「家訓」獨立的生命。

第二，漢魏六朝家訓之體裁。漢魏六朝家訓的撰述，或文或詩，或駢或散，隨個人的學養，展現不同的形態，可以藉此看出這時期家訓在體裁上的多樣性。不過整體說來，文多於詩，散多於駢，這與家訓重視實際效用，不在藉此展現文才、涵養心性，有密切關係。茲歸納漢魏六朝家訓作品之體裁，述於次：（一）散文，漢魏六朝家訓以散文撰述者佔最多數，如劉向〈誡子歆書〉、張奐〈誡兄子書〉、鄭玄〈戒子益恩書〉、王昶、嵇康〈家誡〉、陶淵明〈與子儼等疏〉、楊椿〈誡子孫〉、王褒〈幼訓〉等是，下至顏之推《顏氏家訓》，全書仍以散體為主。《顏氏家訓》成書二十篇，已被視為南北朝時期散文名著；又如馬援、鄭玄、陶淵明所作，固已傳誦後世；至於王脩、殷褒、羊祜諸人〈誡子書〉，並樸實無華、諄諄善誘；而王昶〈家誡〉情理兼備，嵇康〈家誡〉近似口語；都可以概見家訓散文情真辭質的風采。（二）駢文，如顏延之〈庭誥〉是。除了《顏氏家訓》成書之外，現存漢魏六朝家訓作品中，〈庭誥〉篇幅最長（約四千字），也是辭采最講究的一篇。全篇對仗工巧，文辭典雅，論理精密，與一般散文家訓動之以情的特質，頗有另一番風味。（三）「尚書」體，如夏侯湛〈昆弟誥〉是。全文仿《尚書》「堯典」、「皋陶謨」之

措辭，在歷來家訓中，實爲罕見，然因受體裁限制，內容上較爲貧乏。（四）詩，如韋玄成〈誠子孫詩〉、陶淵明〈命子〉、謝混〈誠族子詩〉等是。韋玄成詩，尚不離《儀禮》士冠禮所載冠辭之風格；陶淵明詩雖仍爲四言，但多能自鑄偉辭，眞情流露也時而可見；謝混詩爲五言，目的在評述族子詩作，在形式、內涵上，與二人作品差異較大。（五）其他，如東方朔〈誠子〉、魏收〈枕中篇〉是。這兩篇都是韻文，風格不類詩作，有些近似崔瑗〈座右銘〉，但句式又長短不齊，與押韻的箴銘相類。押韻、對仗、工整、華美，是兩文共同的特色，它的優點是朗朗上口，易於背誦，可以世世代代流傳久遠。

第三，漢魏六朝家訓之情意表現。家訓作品，因爲施文者與受文者同在一家之中，故而不論是在家行文勸勉，或在外致書告誡，多半能眞實而誠懇。他們不會虛情假意，歌功頌德；不會高談闊論，連篇累牘；更不會助紂爲虐，誨淫勸盜。所以在作品裡面呈現出來的是（一）情感眞摯（二）內容充實（三）立意美善。

第四，漢魏六朝家訓之論理表現。撰述家訓以教育子弟，目的在讓他們能信服而接受，並不是徒弄筆墨，展露文才。因此方法及理論的依據，往往特別講究，歸納之下，有幾種方法：（一）命名子爲誡；以取名字做爲訓誡子姪的方法，希望子姪能顧名思義，終身奉行。（二）敍自身經驗以爲誡；敍自身經歷過的事情，好的經驗，用以勉勵子弟遵行，不好的經驗，用以告誡子弟不要重蹈覆轍。（三）引聖賢言論、諺語以爲誡；目的在借重前賢的金玉良言或社會上流行的鄙俚俗諺，做爲要求子弟言行的理論依據。（四）評論古今人事以爲誡；透過評論古今人物行事之良窳，希望子弟學習理想的典範，摒棄似是而非的行逕。（五）敍家風以爲誡；追敍祖先功德，列述家族風範，希望子弟仰觀堂構，步武前人。（六）抄書以爲誡；直接抄寫前賢名言佳句或訓誡之文，來訓勉子弟。（七）自構理論以爲誡；即直抒胸臆，自鑄瑋辭，以自己領會所得訓勉子弟。（八）敍生平事蹟，以清白遺子孫；即敍說一生之行事、志向，雖或不足以庇蔭子孫，但也無愧於天地之間，用意在以清白遺子孫，庶不遺羞後世爲訓。

六、顏氏家訓問題研討

前在《顏氏家訓》的內容、思想、文學各方面之研究已有可觀的成績，爲了避免疊牀架屋，因此在本論文中漢魏六朝家訓內容分析、思想、文學各

章，只取《顏氏家訓》相關內容，以資比較論證。但顏氏書中，仍有些課題有待討論，難以納入前敘諸章，故獨立爲第八章，主要的論點有三：

第一，《顏氏家訓》成書之特質。《顏氏家訓》二十篇，倘單篇個別獨行，都很像漢魏六朝以來家誡、遺令一類的文字；集合成書，則類似傳統儒家諸子。本文從家誡、諸子兩個角度，來說明《顏氏家訓》成書之特質。（一）從家誡角度看《顏氏家訓》。《顏氏家訓》與兩漢以來家訓，有相似之處：（1）「家訓」的書名，原有承襲；（2）內容訴求的相似；（3）情意的眞摯，頗有異曲同工之妙。而《顏氏家訓》爲家誡所不及者有：（1）內容完整，篇次井然有序；（2）理論的講究；（3）例證的詳備而允當；（4）敘事舉證，趣味橫生。《家訓》能吸收前人家誡中可以用訓家的良好成果，更能開創一番新的格局，尤其在內容、理論、例證、敘事諸方面，力求突破創新，就現存漢魏以來家訓言之，確實有其獨特與眾不同的地方。（二）從諸子角度看《顏氏家訓》。本文取徐幹《中論》、葛洪《抱朴子》外篇與之比較，得知《顏氏家訓》之所以異於漢魏六朝其他家訓作品，有些地方是吸取自儒家諸子，例如：（1）篇目的分類擬定；（2）內容的廣泛；（3）理論的綿密。然而《顏氏家訓》究爲訓誡子孫的作品，故在文中仍時時透露父欲子善的情懷；內容上刪除那些治國理民的要道，加強父子、兄弟、夫婦、處世原則等課題；立論上避免煩瑣疊牀架屋的論辯，增加切近之事理、耳聞目見之例證。這些都是魏晉之際儒家典籍所不及之處。顏氏書能兼有家誡情意眞摯的內涵，又備有諸子理覈事辯的條件，是此書所以超越歷來家訓作品，自成一家之言，廣受後世歡迎的原因。

第二，《顏氏家訓》中儒、佛之定位。顏之推在「勉學」篇中，批評老、莊、玄學家，而推崇儒家思想；在「歸心」篇中，推崇佛教理念，而貶抑周、孔之道。在思想理路上，頗爲雜揉而不純粹。本文分析顏氏一書的內容，得到兩個結論：（一）顏之推看待儒家思想，只取其經世致用的規範，對於這些規範背後的形上基礎，並不感興趣。（二）顏之推看待佛教思想，純粹站在心靈信仰上，舉凡一切形上理論，都歸諸於佛教。因此他把孟子、荀子歸入文章之士，與左思等人同列（文章篇），不認同他們「良知」「禮法」的主張；卻深信應報之說，支持他行善的依據。（歸心篇）

第三，《顏氏家訓》中之仁義與利害。顏氏書中一方面仰慕仁義忠誠的修爲，一方面以利害做爲行事取捨的準則，使得理論依據上，駁雜而不純粹。

本文就該書嚮往仁義的訴求，以及利害的判斷，分別條述，並探究其成因，有三：（一）顏氏家學儒風，家學傳統是構成顏之推吸收儒家仁、義、忠、孝思想的重要來源。（二）時代動盪不安，導致顏之推一生飄浮南北，三為亡國之人，這使他不能純粹於忠義的執著。（三）撰家訓以誡子，多少帶有私愛子孫的色彩，和強調仕宦傳統的維持，強調免禍保全性命，難免有私愛的情懷。

附錄：漢魏六朝家訓輯錄

說　明

一、本附錄收集漢魏六朝撰文家訓，除《顏氏家訓》爲現存書外，上起漢高祖劉邦〈手敕太子〉，下迄北周王褒〈幼訓〉，共收三十八人，四十五篇家訓作品。

二、選材時限上起漢高祖建國（西元前 206 年）至隋滅亡（西元 618 年）之間，選材對象以父、叔（伯）、兄對子、姪、弟（或家長對家門子孫）之撰文（包含詩、文、書信）訓誡爲主。選材之原則說參緒論。

三、輯錄家訓之排列，略依嚴可均《全上古三代秦漢三國六朝文》歸屬，爲便於尋檢，前有阿拉伯數字，第一碼「1」代表兩漢，「2」代表三國，「3」代表兩晉，「4」代表劉宋，「5」代表蕭齊，「6」代表蕭梁，「7」代表北魏、北齊、北周。第二碼爲序號。以人爲單位，一人兩文，不另編碼。其中僅顏延之〈庭誥〉及梁元帝《金樓子》戒子篇，原文較長，依原典分段（僅〈庭誥〉在《宋書》中所分四、五兩段並爲一段），下有第三碼，以別其順序。

四、本論文中凡引諸人家訓，並據輯錄，例出編碼，不再出註。

五、輯錄文字處理，以原典照錄爲原則，如其文字有訛誤，妨害文意，可參他書校訂者，例出校記；如兩引僅有文字歧異，不害原典文意者，不出校記。

六、出處，列所據原典，及諸書徵引，末載嚴可均《全上古三代秦漢三國六朝文》、逯欽立《先秦漢魏晉南北朝詩》輯存情況。

七、說明，陳述作者簡歷，撰文動機、時間，及施文對象簡介。如該文有
　　眞僞、體裁、存佚等其他相關問題，亦在說明中略述原委。（作者生卒
　　年可考者，除特別說明，例據姜亮夫《歷代人物年里碑傳綜表》。）

八、本輯錄除文中之外，例無案語，僅《金樓子》戒子篇各條或抄前人家
　　訓，或抄前賢言論，或抄名言警語，或敘史傳人事，例在該條下案語
　　說明所據。

九、篇名擬定，除非另作說明，例依嚴、逯（前引）二人輯本名篇。

十、輯錄過程中，遇有眞僞難明者，如漢孔臧《與子琳書》（收入《孔叢
　　子》卷下）；有言辭訓誡篇幅較長者，如司馬談臨終勉司馬遷續成史
　　記（見《史記》卷一三〇太史公自序）；有殘存隻言片語，不能詳知爲
　　文爲言者，如蔡邕誡子語（新美寬《本邦殘存典籍にする輯佚資料集
　　成續》輯唐李恕《誡子拾遺》引「蔡伯喈誡子曰」案其語略同姚信〈誡
　　子〉）曹丕誡子語（《太平禦覽》卷四五九鑒戒下引「魏文帝誡子曰」。）
　　本輯錄皆未收入，僅作論文中參證之用。

十一、漢魏六朝家訓輯錄簡目如次：

漢	劉邦（1-1）東方朔（1-2）韋玄成（1-3）劉向（1-4）馬援（1-5）張奐（1-6）酈炎（1-7）鄭玄（1-8）司馬徽（1-9）王脩（1-10）
三國	曹袞（2-1）王肅（2-2）王昶（2-3）杜恕（2-4）殷褒（2-5）嵇康（2-6）劉備（2-7）諸葛亮（2-8）姚信（2-9）
晉	羊祜（3-1）李秉（3-2）李充（3-3）夏侯湛（3-4）謝混（3-5）陶淵明（3-6）李暠（3-7）
南北朝	劉義隆（4-1）顏延之（4-2）蕭頤（5-1）張融（5-2）蕭綱（6-1）蕭繹（6-2）徐勉（6-3）王筠（6-4）楊椿（7-1）魏收（7-2）王襃（7-3）

1-1　劉邦〈手敕太子〉

（一）

　　　　吾遭亂世，當秦禁學，自喜，謂讀書無益。洎踐祚以來，
　　時方省書。乃使人知作者之意，追思昔所行，多不是。

（二）

　　　　堯舜不以天下與子而與他人，此非爲不惜天下，但子不中
　　立耳。人有好牛馬尚惜，況天下耶？吾以爾是元子，早有立意，

群臣咸稱汝友四皓，吾所不能致，而爲汝來，爲可任大事也。
今定汝爲嗣。

（三）

吾生不學書，但讀書問字而遂知耳。以此故不大工，然亦
足自辭解。今視汝書，猶不如吾。汝可勤學習，每上疏宜自書，
勿使人也。

（四）

汝見蕭、曹、張、陳諸公侯，吾同時人，倍年於汝者，皆
拜。並語於汝諸弟。

（五）

吾得疾遂困，以如意母子相累。其餘諸兒皆自足立，哀此
兒猶小也。

【出處】

《古文苑》卷十，清嚴可均（以下簡稱「嚴氏」）《全漢文》卷一據以輯
入。此依四部叢刊本《古文苑》錄出。

【說明】

漢高祖劉邦（？～西元前 195 年），字季，沛豐邑中陽里人。生平略見《史
記》卷八高祖本紀、《漢書》卷一高帝紀。

《古文苑》章樵注云：「漢書藝文志，高祖傳十三篇，固自注：高祖與大
臣述古語及詔策也。此編或居詔策之一。」(1)。然此敕頗有可疑者三：司馬遷、
班固撰高祖本紀，敘惠帝事，俱未徵引；《史記》三家注、《漢書》顏師古注，
皆博採眾說，亦未見引用，此其可疑者一也。第二則依文意乃立劉盈爲太子
事，故稱「吾以爾是元子，早有立意」，然又稱「群臣咸稱汝友四皓」，與《史
記》、《漢書》所載相悖。《史》、《漢》並隷立太子事於漢王二年（西元前 205
年）六月 (2)；而友四皓事，《史記》留侯世家、《漢書》張良傳並云「上欲廢
太子，立戚夫人子趙王如意」，張良乃出策禮四皓，以事太子，在漢高祖十一
年（西元前 196 年）黥布反之前 (3)，倘依馬、班所言，則此二事不得同在一
敕。此其可疑者二也。另司馬光《資治通鑑》「考異」力駁劉致四皓以安太子
之事云：「此特辯士欲誇大四叟之事，故云然：亦猶蘇秦約六國從，秦兵不敢
闚函谷關十五年；魯仲連折新桓衍，秦將聞之卻軍五十里耳。凡此之類，皆

非事實。司馬遷好奇，多愛而采之，今皆不取。」(4) 倘此文眞出劉邦之手，君實何得云然，此其可疑者三也。

　　雖然如此，劉勰《文心雕龍》詔策已稱引其名，云「顧命之作」(5)，亦合於第五則「得疾遂困」託如意母子之事，則其來蓋亦久遠。清人梁玉繩《史記志疑》，博引眾說，以證成君實之論 (6)，則略此文不言；研究《文心雕龍》諸賢，如黃叔琳、范文瀾等，則直引《古文苑》，信之不疑 (7)。故略說之如此。

（1）《古文苑》（臺北市，商務印書館「四部叢刊正編」，民國 68 年 11 月臺 1
　　　版）卷十，頁 74。

　　　案：據該書前附韓元吉記、章樵序得知此書乃北宋孫洙（字巨源，西
　　　元 1032～1080）於佛寺經龕中得唐人所藏古文章一編，未知何人所錄。
　　　韓元吉於淳熙六年（1179）編爲九卷，名爲「古文苑」，章樵又於紹定
　　　五年（1232）重加釐定，爲之訓注，編爲二十卷。四部叢刊所收者爲章
　　　氏訓注之本。《四庫全書總目》卷一八六以爲「唐以前散佚之文，開賴
　　　是書以傳」（臺北，藝文印書館，民國 68 年 12 月 5 版，頁 3879），蓋是
　　　也。

（2）見《史記》（鼎文書局，點校本，下簡稱「點校本」）卷八，頁 372；《漢
　　　書》（點校本）卷一上，頁 38。

（3）見《史記》（點校本）卷五，頁 2044；《漢書》（點校本）卷四〇，頁 2033。

（4）《資治通鑑》（臺北市，洪氏出版社，民國 69 年 10 月修定再版）卷十
　　　二，高帝十一年，頁 400。

（5）王更生《文心雕龍讀本》（臺北市，文史哲出版社，民國 73 年 3 月初
　　　版）上冊，頁 358。

（6）梁玉繩《史志記疑》（臺北市，鼎文書局「四史辨疑」，民國 66 年 12 月
　　　初版）卷二六，頁 285。

（7）黃注收入《文心雕龍校注》（臺北市，世界書局，民國 63 年 7 月 3 版），
　　　引文見卷四，頁 143；范文瀾《文心雕龍注》（臺北市，開明書局，民國
　　　58 年 8 月臺 7 版）卷四，頁 59B。

1-2　東方朔〈誡子〉

　　　明者處世，莫尚於中。優哉遊哉，與道相從。首陽爲拙，
　　柳惠爲工。飽食安步，以仕代農。依隱玩世，詭時不逢。是故

才盡者身危，好名者得華。有群者累生，孤貴者失和。遺餘者
不匱，自盡者無多。聖人之道，一龍一蛇。形見神藏，與物變
化。隨時之宜，無有常家。

【出處】

此文見《漢書》卷六五東方朔傳贊曰、《藝文類聚》卷二三鑒誡、《太平
御覽》卷四五九鑒戒下、宋劉清之《戒子通錄》卷三引。《漢書》、《御覽》、《戒
子通錄》並有刪節，文字亦略異，嚴氏《全漢文》卷二五據《類聚》輯入。
本則依汪紹楹校本《類聚》錄出。

【說明】

東方朔，字曼倩，西漢平原厭次人，生卒年不詳，仕於漢武帝朝，生平
略見《史記》卷一二六滑稽列傳褚少孫補傳及《漢書》卷六五東方朔傳。

此文張溥《漢魏六朝一百三家集》「東方太中集」中，刊去「是故」二字，
及「才盡」以下諸「者」字，成為一首四言詩，恐有未當。張輯雖不明示出
處，然所輯「東方太中集」實未能超出嚴氏《全漢文》範疇，知亦自古書中
漁獵輯出，非別有所本。(1) 此或以《漢書》所引僅及「詭時不逢」句，故而
後世刪削《類聚》以整齊之。丁福保、逯欽立輯東方朔詩，在所不取者是也。
(2)

朔此文撰於何時，已難考定，劉勰以為此誡與漢高祖〈手敕太子〉，皆類
於「顧命之作」(3)，或有所據。《御覽》引「東方朔集」云：「朔將仙，戒其子」
(4) 雖涉及神仙之說，亦以為臨終之言。其子史籍未載，多不可考。

(1) 張輯見《漢魏六朝一百三家集》（臺北市，新興書局，民國 57 年 3 月
　　新 1 版），頁 114。
　　案：姚振宗《隋書經籍志考證》卷三十九之一「漢太中大夫東方朔集二
　　卷」條錄有明呂兆禧輯本一卷，亦作「戒子詩」（北京，中華書局「二
　　十五史補編」，1989 年 7 月 5 版，頁 5671）；范文瀾注《文心雕龍》亦
　　據張輯作詩（臺北市，開明書店，民國 58 年 8 月臺 7 版，卷四，頁 59）。
　　皆有未當，張輯〈戒子詩〉實未能出《類聚》之外而別有所據。

(2) 參丁福保《全漢三國晉南北朝詩》（臺北市，藝文印書館，民國 64 年 9
　　月 3 版）卷二，頁 20；逯欽立《先秦漢魏晉南北朝詩》（臺北市，學海出
　　版社，民國 73 年 5 月初版），漢詩卷一，頁 100。丁氏緒言「濫選之宜刪
　　者」條云：「東方朔有〈誡子〉一篇，載《藝文類聚》卷二十三誡字下，

此誡也，非詩也。如曹大家〈女誡〉、王肅〈家誡〉類也。《詩紀》、《詩
刪》、《詩歸》、《古詩源》等，於誡子下添一詩字，變爲〈誡子詩〉，以選
入詩中，紕繆甚矣。」（頁 10）其說是也。

（3）同前則說明註 5。

（4）李昉《太平御覽》（臺北市，平平出版社影四部叢刊三編本，民國 64
年 6 月初版），卷四五九鑒戒下，頁 2442。

1-3　韋玄成〈誡子孫詩〉

於肅君子，既令厥德，儀服此恭，棣棣其則。咨余小子。
既德靡逮，曾是車服，荒嫚以隊。

明明天子，俊德烈烈，不遂我遺，恤我九列。我既茲恤，
惟夙惟夜，畏忌是申，供事靡憛。天子我監，登我三事，顧我
傷隊，爵復我舊。

我既此登，望我舊階，先后茲度，連連孔懷。司直御事，
我熙我盛；群公百僚，我嘉我慶。于異卿士，非同我心，三事
惟艱，莫我肯矜。赫赫三事，力雖此畢，非我所度，退其罔日。
昔我之隊，畏不此居，今我度茲，戚戚其懼。

嗟我後人，命其靡常，靖享爾位，瞻仰靡荒。慎爾會同，
戒爾車服，無媮爾儀，以保爾域。爾無我視，不慎不整；我之
此復，惟祿之幸。於戲後人，惟肅惟栗。無忝顯祖，以蕃漢室。

【出處】

《漢書》卷七三韋賢傳附玄成傳，逯欽立《先秦漢魏晉南北朝詩》漢詩
卷二據以輯入。此依點校本《漢書》錄出。

【說明】

韋玄成（西元？～前 36 年）字少翁，漢元帝永光中爲丞相，生平略見《史
記》卷九六張丞相列傳、《漢書》卷七三本傳。玄成於漢元帝永光元年（西元
前 43 年）代于定國爲丞相 (1)，因撰此詩以勉子孫。

（1）《漢書》卷七一于定國傳載定國於永光元年去相職（點校本，頁 3044
　　～3045），卷七三玄成本傳載「永光中，代于定國爲丞相」（頁 3113）
　　又云「玄成爲相七年……建昭三年（西元前 36 年）薨」（頁 3115），卷

八一匡衡傳載「建昭三年，代韋玄成爲丞相」（頁 3341），知玄成於永光元年代于定國爲相，至建昭三年卒，乃由匡衡代之，前後適爲七年。知玄成本傳所云「永光中」爲元年也。

1-4 劉向〈誡子歆書〉

告歆無忽：若未有異德，蒙恩甚厚，將何以報。董生有云：「弔者在門，賀者在閭。」言有憂則恐懼敬事，敬事則必有善功而福至也。又曰：「賀者在門，弔者在閭。」言受福則驕奢，驕奢則禍至，故弔隨而來。齊頃公之始，藉霸者之餘，輕侮諸侯，戲跛蹇之客 (1)，故被鞍之禍，遁服而亡。所謂賀者在門，弔者在閭也。兵敗師破，人皆弔之，恐懼自新，百姓愛之，諸侯皆歸其所奪邑。所謂弔者在門，賀者在閭。今若年少，得黃門侍郎，要顯處也。新拜，皆謝貴人，叩頭，謹戰戰慄慄，乃可必免。

（1）「戲跛蹇之客」原作「虧跛蹇之容」，三字並形近之誤。

案：齊頃公母戲晉國使者郤克事，見《左傳》宣公十七年春，楊伯峻注引《公羊傳》、《說苑》敬慎、《穀梁傳》、《史記》晉世家並載此事，（楊伯峻《春秋左傳注》，臺北，源流出版社，民國 71 年 3 月初版，頁 772）茲據《戒子通錄》卷三引改正。

【出處】

此文散見《藝文類聚》卷二三鑒誡、《初學記》卷一二黃門侍郎、《太平御覽》卷二二一黃門侍郎、卷四五九鑒戒下、卷五四三賀，嚴氏《全漢文》卷三六據諸書補綴輯入，現存恐非完篇，本則依嚴氏輯本錄出。另敦煌類書《勵忠節鈔》「家誡部」（王師三慶《敦煌類書》頁 211～213，高雄麗文文化事業有限公司，1993 年 6 月）、《戒子通錄》卷三，並引之，文字稍與此異，可相參佐。

【說明】

劉向（西元前 79～前 8 年）(1)，字子政，生平略見《漢書》卷三六楚元王傳，錢穆撰有《漢劉向、歆父子年譜》(2)，可參詳之。

據文意，向撰書誡子歆，在歆初得黃門侍郎之時，考《漢書》楚元王傳：

「歆字子駿，少以通詩書能屬文召見成帝，得詔宦者署，爲黃門侍郎。河平中，受詔與父向領校秘書。」(3) 則此文當撰於漢成帝建始元年至河平三年（西元前32～前26年）之間，劉向大約五十歲，歆約二十出頭 (4)，故文中云「今若年少，得黃門侍郎」也。

（1）此據錢穆《漢劉向、歆父子年譜》（臺北，商務印書館，民國76年6月2），頁1及46。

（2）參前引書。

（3）《漢書》（點校本）卷三六，頁1967。

（4）參錢穆前引書，頁26～29。

1-5　馬援〈誡兄子嚴敦書〉

　　　　吾欲汝曹聞人過失，如聞父母之名。耳可得聞，口不可得言也。好論議人長短，妄是非正法，此吾所大惡也，寧死不願聞子孫有此行也。汝曹知吾惡之甚矣，所以復言者，施衿結褵，申父母之戒，欲使汝曹不忘之耳。龍伯高敦厚周愼，口無擇言，謙約節儉，廉公有威，吾愛之重之，願汝曹效之。杜季良豪俠好義，憂人之憂，樂人之樂，清濁無所失，父喪致客，數郡畢至，吾愛之重之，不願汝曹效也。效伯高不得，猶爲謹勑之士，所謂刻鵠不成尚類鶩者也。效季良不得，陷爲天下輕薄子，所謂畫虎不成反類狗者也。訖今季良尚未可知，郡將下車輒切齒，州郡以爲言，吾常爲寒心，是以不願子孫效也。

【出處】

　　此書見袁宏《後漢紀》卷八、范曄《後漢書》卷二四馬援傳、《藝文類聚》卷二三鑒誡、敦煌類書《勵忠節鈔》「家誡部」，嚴氏《全後漢文》卷十七據范書輯入。袁《紀》等並有刪節，本則依點校本《後漢書》錄出。另《冊府元龜》卷八一六訓子、《戒子通錄》卷三引，並承襲《後漢書》。

【說明】

　　馬援（西元前14～西元49年），字文淵，後漢光武帝時，屢有戰功，拜伏波將軍，生平略見《後漢書》卷二四本傳。

　　本傳云：「初，兄子嚴、敦並喜譏議，而通輕俠客。援前在交阯，還書誡

之」(1) 是援此書乃拜伏波將軍，征討交阯時所撰。《資治通鑑》載援以光武帝建武十七年（41）拜伏波將軍，討徵側，二十年九月（44），自交阯還。(2) 以本傳推之，時援在五十五至五十八歲間，而嚴當二十五至二十八歲也。(3)

　　馬嚴、馬敦兄弟，是援兄馬余遺孤，李賢注引《東觀記》云：「余卒時，嚴七歲……至四年（建武四年，西元 28 年，時馬嚴十二歲），叔父援從車駕東征，過梧安，乃將嚴兄弟西。」(4) 往後又多與援相過從，以至於「援常與計議，委以家事」故馬援雖常領兵在外，猶屢屢不忘兄子之言行，蓋恐其早孤，有失訓誡。因而文中云「施衿結褵，申父母之戒」頗有代兄嫂施教之意。

（1）《後漢書》（點校本），卷二四，頁 844。
（2）參《資治通鑑》（前引）卷四三，頁 1390、1399。
（3）《後漢書》馬援傳載光武帝建武二十四年（48），援年六十二。（點校本，
　　　頁 842）而馬嚴以和帝永元十年（98）卒，年八十二。（點校本，頁 862）
　　　據此可推。
（4）《後漢書》馬援傳（點校本，頁 859），李賢注文。
（5）同前引書，頁 858。

1-6　張奐〈誡兄子書〉

　　汝曹薄祜，早失賢父，財單藝盡，今適喘息。聞仲祉輕傲耆老，侮狎同年，極口恣意。當崇長幼，以禮自持。聞燉煌有人來，同聲相道，皆稱叔時寬仁，聞之喜而且悲。喜叔時得美稱，悲汝得惡論。經言「孔子 (1) 於鄉黨，恂恂如也。」恂恂者，恭謙之貌也。經 (2) 難知，且自以汝資父爲師，汝父寧輕鄉里邪？年少多失，改之爲貴。蘧伯玉年五十，見四十九年非，但能改之。不可不思吾言，不自克責。反云「張甲謗我，李乙悉我，我無是過。」爾亦已矣。

【出處】

　　《藝文類聚》卷二三鑒誡引，嚴氏《全後漢文》卷六四據此輯入，本則依汪紹楹校本《類聚》錄出。又敦煌類書《勵忠節鈔》「家誡部」、《戒子通錄》卷三並引此，可資參證。其中《節鈔》所引文意與此頗有不同。依此文則仲祉、叔時似皆張奐兄子，而此書旨在告誡仲祉；《節鈔》則以此書告誡諸兄子，

不言名字，而以寬仁者謂張奐之兄。又「但能改之」下有「故不晚也」句，文末有「若不改悔，宜早歸泉，吾當啓告汝父」三句，皆《類聚》所無，可互參詳之。

【說明】

張奐（104～181），字然明，後漢敦煌淵泉人。父惇，爲漢中太守。三子：張芝，字伯英，韋仲將謂之「草聖」；張昶，字文舒，亦善草書；張猛，字叔威，建安中爲武威太守 (3)。生平略見《後漢書》卷六五本傳。其兄及兄子，皆未見史傳載錄，據文中云「汝曹薄祜，早失賢父」，則其兄蓋早亡，故撰書誡子，頗有馬援誡兄子嚴、敦之意。

（1）「子」字原無，於義未允，此據《戒子通錄》引補。

（2）「經」字《戒子通錄》作「聖賢」二字。

（3）張猛事詳《三國志》（點校本）卷十八龐淯傳注引《典略》，頁 547。

1-7　酈炎〈遺令書〉

（一）

維熹平六年冬十二月，乃裂裳書。白嚴考之神坐：炎荷天之罪，以致於死，名殘身葬。神而有知，炎之歸觀，在旦夕之間耳；若其無知，將何面目少見靈魂哉。其自即安，其自愛，臣去矣亂矣，永滅亡矣。

（二）

白老母：無懷憂，懷憂何爲？無增悲，增悲何施？寒必厚衣，無炎，誰爲母厚衣；暑必輕服，無炎，誰爲母輕服？棄炎無念，此常厚衣；不尤不怨，此常輕服矣。聖人達於死生，賢者力而慕之，炎之中心，私有所慕。每讀《漢書》楊王孫裸葬。班固以爲賢於秦始皇，意常壯之。然裸以見先人，若炎不爲也。其布巾取覆頭，布衣用蔽形，具棺取容身，鑿地取容棺。若獲罪於眾耶？石槨速朽，蠲其罪哉，堅固不加，喪葬無瀆先君之兆域，必於瘠确之處而已。呼甘陵夫人共居也。

（三）

白興讓：考喪早葬，玄讓之等元昆勉之。以老母相累，不

可使老母無曹也。加供養。謝嫂，以老母相託。若死者復知，必使其言不愧。

（四）

嗟哉，邈之遺孤，其名曰「止戈」，汝長自爲之，寧咨爾止戈。汝未有所識，吾謂汝有所識。其先見汝耳，汝未有所聞，吾猶謂汝耳有所聞，而告汝。人之喪也，非父則母，非昆則弟，非姊則妹。人之孤也，齔齒其少矣；汝之孤也，曾未滿兩旬。汝無自以爲微弱，物有微弱於汝者，乃其長而繁焉。后稷棄之寒冰隘巷矣，汝比之猶逸焉。於菟之在虎乳極矣，汝比之猶易焉。乃終不在，乃始在；在懼惟生，無懼管蔡之逸，厥終乃不逸。之易厥終不易言。咨嗟止戈！汝能言，則讚之顧言；汝能行，則履我之所訓。剛焉柔焉，弱焉強焉，學焉愚焉，仕焉隱焉。懼汝身之柔，可不屬汝以剛乎？懼汝之剛，可不屬以柔乎？懼汝之弱，可不訓汝以強。懼汝之隱，可不敕汝以仕乎？消息汝躬，調和汝體，思乃考言，念迺考訓。必博學以著書，以續受父母久（之）業。我十七而作《鄽篇》，二十四而州書矣，二十七而七平矣。其賦誦誄，自少爲之。苟吾戒，汝剋從，祭爲甘；苟示試（誡），汝克違，梁（粱）奠爲苦。汝無逸於丘，無湎於酒，無安於忍。事君莫如忠，事親莫如孝，朋友莫如信，脩身莫如禮。汝哉其勉之！下邳衛府君，我之諸曹掾；督郵濟北寧府君。我由之成就；陳留韓府君，察我孝廉；陳留楊使，辟我右北平從事祭酒。今我溺於地下，思恩則孤而靡報，汝有可以倒戟背戈，無孤之矣。陳留蔡伯喈，與我初不相見，吾仰之猶父，不敢以爲兄，彼必愛以爲弟。九江盧府君，吾父事之，張公哀、張子傳幼業、王延壽、王子衍，我之朋友也；鮮於中優，吾先姑之所出也；若不足焉。汝苟足，往而朝覿之。汝不敏，往從之學焉。汝苟往取任焉。咨爾止戈，吾蔑復有言焉，其永覽於此。

【出處】

《古文苑》卷十書，嚴氏《全後漢文》卷八二據此輯入。本則依四部叢刊本章樵注《古文苑》錄出。

【說明】

酈炎（150～178）(1) 字文勝，後漢范陽人。有文才，解音律，靈帝時州郡辟命皆不就。生平略見《後漢書》卷八十下文苑傳下。

史載炎「熹平六年，遂死獄中，時年二十八」(2) 而此文云：「維熹平六年冬十二月，乃裂裳書」則此書乃漢靈帝熹平六年冬十二月（178），酈炎在獄中所撰。蓋亦絕命之辭。

（1）本傳載炎熹平六年死獄中，時年二十八，然此文撰於是年冬十二月，則西曆入於一七八年。

（2）《後漢書》（點校本）卷八十下，頁 2649。

1-8　鄭玄〈戒子益恩書〉

吾家舊貧，不 (1) 為父母群弟所容，去廝役之吏，遊學周、秦之都，往來幽、并、兗、豫之域，獲覲乎在位通人，處逸大儒，得意者咸從捧手，有所受焉。遂博稽六藝，粗覽傳記，時觀祕書緯術之奧。年過四十，乃歸供養，假田播殖，以娛朝夕。遇閹尹擅埶，坐黨禁錮，十有四年，而蒙赦令，舉賢良方正有道，辟大將軍三司府。公車再召，比牒併名，早為宰相。惟彼數公，懿德大雅，克堪王臣故宜式序。吾自忖度，無任於此，但念述先聖之元意，思整百家之不齊，亦庶幾以竭吾才，故聞命周從。而黃巾為害，萍浮南北，復歸邦鄉。入此歲來，已七十矣。宿素衰落，仍有失誤，案之禮典，便合傳家。今我告爾以老，歸爾以事，將閒居以安性，覃思以終業。自非拜國君之命，問族親之憂，展敬墳墓，觀省野物，胡嘗扶杖出門乎！家事大小，汝一承之。咨爾煢煢一夫，曾無同生相依。其勗求君子之道，研鑽勿替，敬慎威儀，以近有德。顯譽成於僚友，德行立於己志，若致聲稱，亦有榮於所生，可不深念邪！可不深念邪！吾雖無紱冕之緒，頗有讓爵之高，自樂以論贊之功，庶不遺後人之羞。末所憤憤者，徒以亡親墳壟未成，所好群書率皆腐敝，不得於禮堂寫定，傳與其人。日西方暮，其可圖乎！家今差多於昔，勤力務時，無恤飢寒。菲飲食、薄衣服，節夫二者，尚令吾寡恨。若忽忘不識，亦已焉哉！

（1）鼎文書局點校本原校云：《集解》引周壽昌說，謂：「不爲父母群弟所容」
　　一語，不應出之康成。錢氏《曝書雜記》云陳仲魚元刻《後漢書》康成
　　傳無不字，與唐史承節所撰〈鄭康成祠碑〉云「吾家舊貧，爲父母群弟
　　所容」之語相合。今本作「不爲父母群弟所容」，乃刻之誤。《校補》則
　　謂：玄意本謂家貧而父母群弟力薄，不能並容，爲吏又非所樂，乃發憤
　　遊學耳。去「不」字，於文義轉覺其窒。今從《校補》說，據汲本、殿
　　本補一「不」字。

【出處】

　　《後漢書》卷三五玄本傳，嚴氏《全後漢文》卷八四據以輯入。另《藝
文類聚》卷二三鑒誠，《太平御覽》卷四五九鑒戒、卷六五一禁錮引《鄭玄別
傳》、《冊府元龜》卷八一六、《戒子通錄》卷三並引及之。《類聚》、《御覽》
文字略有異同，而頗刪節，《元龜》、《通錄》則全襲范書，茲依點校本《後漢
書》錄出。

【說明】

　　鄭玄（127～200）字康成，後漢北海高密人。終生不仕，爲後漢偉大的
經學家，生平略見《後漢書》卷三五本傳。據玄此書云「入此歲來，已七十
矣……案之禮典，便合傳家」李賢注引〈曲禮〉曰：「七十老而傳」，而本傳
載玄漢獻帝建安五年六月卒，年七十四。則玄此書在建安元年（196）時所
撰。其子益恩約在 23 至 27 歲之間。（1）

（1）《後漢書》卷三五玄本傳云：「玄唯有一子益恩，孔融在北海，舉爲孝
　　廉；及融爲黃巾所圍，益恩赴難隕身。」（點校本，頁 1212）又《御覽》
　　卷三六二名引〈鄭玄別傳〉云：「玄一子名益，字益恩，年二十三相國
　　孔府君舉孝廉，府君以多寇屯都昌，爲賊管亥所圍，乃令從家將兵奔救，
　　遇賊見害，時年二十七也。」（影四部叢刊三編本，頁 1955）別傳所載
　　與玄本傳合。

1-9　司馬徽〈誡子書〉

　　　　聞汝充役，室如懸磬，何以自辨（1）。論德則吾薄，說居則
　　吾貧。勿以薄而志不壯，貧而行不高也。

（1）「辨」字，《戒子通錄》卷三引作「辦」，意較勝。

【出處】

　　《藝文類聚》卷二三鑒誡，嚴氏《全後漢文》卷八六據此輯入，此依汪紹楹點校本錄出，參校《戒子通錄》卷三引。敦煌類書《勵忠節鈔》「家誡部」引，較此為詳，然恐猶非完篇，茲錄於下，以供參佐：

　　聞汝躬勒（勤）壟畝，無辭勞倦，前古帝王，尚親執耒耜。令（今）室如懸磬，何以自資？論吾德則薄於先人，據吾室則貧於往代；勿以吾薄而志不勵，勿以吾貧而行不高。常守直道，契同金石，天道祐善，汝當勉之。

【說明】

　　司馬徽，字德操，後漢潁川陽翟人。有人倫鑒識，隱居不仕，生平略見《世說新語》言語篇第九則劉孝標注引〈司馬徽別傳〉。蜀漢向朗、尹默皆嘗師事徽 (1)，蓋亦博學之士。《世說》注引〈徽別傳〉云：「荊州破，為曹操所得，操欲大用，會其病死。」(2) 考操破荊州在建安十三年九月（208）(3)，則徽當卒於此後不久。其子史傳未詳。

（1）參《三國志》（點校本）卷四一向朗傳注引襄陽記，頁 1010，又卷四二尹默傳，頁 1026。

（2）余嘉錫《世說新語箋疏》（臺北市，王記書坊，民國 73 年 10 月），頁 67。

　　　案：敦煌類書《勵忠節鈔》引此作「後漢少傅司馬徽誡子書」，云徽曾任少傅之職，史傳未見其說。

（3）參《三國志》（點校本）卷一武帝紀，頁 30。

1-10　王脩〈誡子書〉

　　自汝行之後，恨恨不樂。何者？我實老矣，所恃汝等也，皆不在目前，意遑遑也。人之居世，忽去便過，日月可愛也。故禹不愛尺璧而愛寸陰，時過不可遇，若年大不可少也。欲汝早之未必讀書，並學作人。汝今踰郡縣，越山河，離兄弟，去目下者 (1)，欲令見舉動之宜，以 (2) 觀高人遠節。聞一得三 (3)，志在善人，左右不可不慎，善否之要，在此際也。行止與人，務在饒 (4) 之。言思乃出，行詳乃動。皆用情實道理，違斯敗矣。父欲令子善，唯不能殺 (5) 身，其餘無惜也。

（1）「汝今」至「下者」十五字原略，據《御覽》卷四五九鑒戒下引補。「目下」二字嚴輯本作「妻子」。

（2）「以」字原無，據《御覽》引補。

（3）「聞一得三」四字原略，據《御覽》引補。

（4）「饒」字《戒子通錄》作「謹」，意較勝。

（5）「殺」原作「煞」，俗字，據前二引書改正。

【出處】

《藝文類聚》卷二三鑒誡、《太平御覽》卷四五九鑒戒、《戒子通錄》卷三，嚴氏《全後漢文》卷九四據前二書輯入。本則以汪紹楹校本《類聚》為底本，校以二本。

【說明】

王脩，字叔治，北海營陵人，漢獻帝初平中（190～193），為孔融主簿，後袁譚辟為別駕。建安十八年（213）為大司農郎中令，建安二十一年後徙奉常，卒於官。其卒年當在建安末。(1) 子忠，官至東萊太守、散騎常侍；又一子名儀，為司馬昭所殺。詳《三國志》卷十一本傳及裴注。脩誡子書云「我實老矣，所恃汝等也，皆不在目前」則此書蓋其晚年所撰，致離家遠行之子弟。

（1）以上參《三國志》（點校本）卷十一王脩傳，頁 345～347。又盧弼《三國志集解》（北京，中華書局，1982 年 12 月 1 版），頁 332～334。

2-1　曹袞〈令世子〉

汝幼少，未聞義方，早為人君，但知樂，不知苦；不知苦，必將以驕奢為失也。接大臣，務以禮。雖非大臣，老者猶宜答拜。事兄以敬，恤弟以慈。兄弟有不良之行，當造膝諫之；諫之不從，流涕喻之；喻之不改，乃白其母。若猶不改，當以奏聞，並辭國土。與其守寵罹禍，不若貧賤全身也。此亦謂大罪惡耳，其微過細故，當掩覆之。嗟爾小子，慎修乃身，奉聖朝以忠貞，事太妃以孝敬。閨闈之內，奉令於太妃；閫閾之外，受教於沛王。無怠乃心，以慰予靈。

【出處】

《三國志》卷二武文世王公傳，嚴氏《全三國文》卷二○據以輯入。本則

依點校本《三國志》錄出。另《戒子通錄》卷一引此，頗有刪節。

【說明】

中山恭王曹袞（西元？～235 年），曹操杜夫人子，沛穆王曹林同母弟，生平略見《三國志》卷二〇本傳。

據本傳載，袞於魏明帝青龍三年（235）秋疾病，明帝遣太妃（杜夫人）、沛王曹林並就省疾，其年薨。袞〈令世子〉即撰於疾病之時，亦臨終顧命之作。世子名孚，袞卒後嗣其位，生平不詳。

2-2　王肅〈家誡〉

夫酒所以行禮、養性命、歡樂也(1)。過則爲患，不可不慎。是故賓主百拜，終日飲酒，而不得醉，先王所以備酒禍也。凡爲主人飲客，使有酒色而已，無使至醉。若爲人所強，必退席長跪，稱父誡以辭，敬仲辭君，而況於人乎？爲客又不得唱造酒史也，若爲人所屬，下坐行酒，隨其多少，犯令行罰，示有酒而已，無使多也。禍變之興，常於此作，所宜深慎。

(1)「歡」字上，《戒子通錄》卷一引王肅〈家戒〉有「爲」字，義較勝。

【出處】

《藝文類聚》卷二三鑒誡，嚴氏《全三國文》卷二三據以輯入。本則以汪紹楹校本《藝文類聚》錄出。另虞世南《北堂書鈔》卷八五賀，三引「王肅家訓云」，其一：「四尊長皆當先朝而後賀拜，不得因朝飲當賀也」。其二：「賀正，言『正首之祚，璿機改度，伏稱萬壽』；賀臘，言『大臘之祚，慶福維新』」。其三：「賀冬至，言『日陽南至短，冬至而始長』，宜懽喜也。」（宏業書局景孔廣陶校本，頁 377）三者皆言與人相處道賀之規範及不同節慶之不同道賀用語。嚴可均《全三國文》未輯。其中第二則前半，徐堅《初學記》卷四元日引作「王肅賀正儀曰」，唯「元首之祚」作「元正首祚」。然題作「賀正儀」，與虞氏題作「家訓」不同。姑存此以備考。

【說明】

王肅（195～256）字子雍，三國東海郯人，襲父爵爲蘭陵侯，生平略見《三國志》卷十三王朗傳。本傳注引《晉諸公贊》載，肅有子八人，此文題作〈家誡〉，當謂誡其諸子。子弟生平略見《三國志》肅本傳及注、《晉書》

卷九三王恂傳。

2-3　王昶〈家誡〉

（一）

　　夫爲人子之道，莫大於寶身全行，以顯父母。此三者人知其善，而或危身破家，陷於滅亡之禍者，何也？由所祖習非其道也。夫孝敬仁義，百行之首，行之而立，身之本也(1)。孝敬則宗族安之，仁義則鄉黨重之，此行成於內，名著於外者矣。人若不篤於至行，而背本逐末，以陷浮華焉，以成朋黨焉；浮華則有虛僞之累，朋黨則有彼此之患。此二者之戒，昭然著明，而循覆車滋眾，逐末彌甚，皆由惑當時之譽，昧目前之利故也。夫富貴聲名，人情所樂，而君子或得而不處，何也？惡不由其道耳。患人知進而不知退，知欲而不知足，故有困辱之累，悔吝之咎。語曰：「如不知足，則失所欲。」故知足之足常足矣。覽往事之成敗，察將來之吉凶，未有干名要利，欲而不厭，而能保世持家，永全福祿者也。欲使汝曹立身行己，遵儒者之教，履道家之言，故以玄、默、沖、虛爲名，欲使汝曹顧名思義，不敢違越也。古者盤杅有銘，几杖有誡，俯仰察焉，用無過行；況在己名，可不戒哉！夫物速成則疾亡，晚就則善終。朝華之草，夕而零落；松柏之茂，隆寒不衰。是以大雅君子惡速成，戒闕黨也。若范丏對秦客，而武子擊之，折其委笄，惡其掩人也。夫人有善，鮮不自伐；有能者，寡不自矜。伐則掩人，矜則陵人。掩人者人亦掩之，陵人者人亦陵之。故三郤爲戮于晉，王叔負於周，不惟矜善自伐好爭之咎乎？故君子不自稱，非以讓人，惡其蓋人也。夫能屈以爲伸，讓以爲得，弱以爲彊，鮮不遂矣。夫毀譽，愛惡之原而禍福之機也，是以聖人慎之。孔子曰：「吾之於人，誰毀誰譽；如有所譽，必有所試。」又曰：「子貢方人。賜也賢乎哉，我則不暇。」以聖人之德，猶尚如此，況庸庸之徒而輕毀譽哉？

　　昔伏波將軍馬援戒其兄子，言：「聞人之惡，當如聞父母

之言；耳可得而聞，口不可得而言也。」斯戒至矣。人或毀己，
當退而求之於身。若己有可毀之行，則彼言當矣；若己無可毀
之行，則彼言妄矣。當則無怨於彼，妄則無害於身，又何反報
焉？且聞人毀己而忿者，惡醜聲之加人也，人報者滋甚，不如
默而自脩己也。諺曰：「救寒莫如重裘，止謗莫如自脩。」斯
言信矣。若與是非之士，凶險之人，近猶不可，況與對校乎？
其害深矣。夫虛僞之人，言不根道，行不顧言，其爲浮淺，較
可識別；而世人惑焉，猶不檢之以言行也。近濟陰魏諷、山陽
曹偉皆以傾邪敗沒，熒惑當世，挾持姦慝，驅動後生。雖刑於
鈇鉞，大爲炯戒，然所污染，固以眾矣。可不慎與！

　　若夫山林之士，夷、叔之倫，甘長飢於首陽，安赴火於緜
山，雖可以激貪勵俗，然聖人不可爲，吾亦不願也。今汝先人
世有冠冕，惟仁義爲名，守慎爲稱，孝悌於閨門，務學於師友。
吾與時人從事，雖出處不同，然各有所取。潁川郭伯益，好尚
通達，敏而有知。其爲人弘曠不足，輕貴有餘；得其人重之如
山，不得其人忽之如草。吾以所知親之昵之，不願兒子爲之。
北海徐偉長，不治名高，不求苟得，澹然自守，惟道是務。其
有所是非，則託古人以見其意，當時無所褒貶。吾敬之重之，
願兒子師之。東平劉公幹，博學有高才，誠節有大意，然性行
不均，少所拘忌，得失足以相補。吾愛之重之，不願兒子慕之。
樂安任昭先，淳粹履道，內敏外恕，惟遜恭讓，處不避洿，怯
而義勇，在朝忘身。吾友之善之，願兒子遵之。若引而伸之，
觸類而長之，汝其庶幾舉一隅耳。及其用財先九族，其施捨務
周急，其出入存故老，其論議貴無貶，其進仕尚忠節，其取人
務實道，其處世戒驕淫，其貧賤慎無戚，其進退念合宜，其行
事加九思，如此而已。吾復何憂哉？

（1）上三句梁元帝《金樓子》戒子篇引「王文舒曰」首字下無「行之」二
　　字（臺北，商務印書館「四庫全書」本，民75年3月初版，頁848之
　　817），於義爲允。許德平《金樓子校注》以爲魏志衍文者（臺北，嘉
　　新水泥公司文化基金會，民國58年8月初版，頁89），或是。又宋本
　　《冊府元龜》、《戒子通錄》引「而」字作「乃」，意並較此爲勝。

【出處】

《三國志》卷二七王昶傳、《冊府元龜》卷八一六訓子、《戒子通錄》卷三引。本則依點校本《三國志》錄出。

（二）

> 夫立功者，有二難：功就而身不退，一難也；退而不靜，務伐其功，二難也。且懷祿之士，耽寵之臣，苟患失之，何所不至。若樂毅帥弱燕之眾，東破強齊，收七十餘城，其功盛矣。知難而退，保身全名。張良杖劍建策，光濟大漢，辭三萬戶封，學養性之道，棄人間之事，卒無咎悔。何二賢綽綽有餘裕哉！治家亦有患焉，積而不能散，則有鄙吝之累；積而好奢，則有驕上之罪。大者破家，小者辱身。此二患也。

【出處】

《藝文類聚》卷二三鑒誡，本則以汪紹楹點校本錄出。上二則嚴氏《全三國文》卷三六並據以輯入〈家誡〉文中。

（三）

> 《禮記》有投壺之宴，《論語》稱博弈之賢，茲三戲者，君子末事，不足為也。樗蒲彈棋，既不益人，又國有禁，皆不得為也。吾見坐圍棋而死，近事非遠。昔晉侯以投壺喪，宋公好博弈亡，豈不哀哉！諸戲中唯有射者，男子之事，在於六藝，若欲戲，唯得射而已，其餘不得為也。

【出處】

《太平御覽》卷七四六射下引「王昶戲論」，嚴氏輯文題作「三戲論」，姚振宗云：「案三戲論，謂投壺博奕也，似亦家誡中之一則。」（《隋書經籍志考證》，北京，中華書局「二十五史補編」本，1989 年 7 月 5 版，卷三九之三「魏司空王昶集五卷」條，頁 5714）文中云「不足為也」「皆不得為也」「其餘不得為也」皆敕令子弟之辭，今從其說併入〈家誡〉之中。

【說明】

王昶（西元？～259 年）字文舒，三國太原晉陽人，以功封京陵侯，官至司空，生平略見《三國志》卷二七本傳。

昶本傳錄此文次於青龍中奏《治理》、《兵書》之後，青龍四年（236）之

前，則其〈家誡〉蓋即撰於魏明帝青龍年間。

2-4　杜恕〈家戒〉

　　張子臺，視之似鄙樸人，然其心中不知天地間何者爲美，何者爲惡 (1)，敦然似如與陰陽合德者。作人如此，自可不富貴，然而患禍當何從而來？世有高亮如子臺者，皆多力慕，體之不如也。

（1）「惡」字原作「好」，於義未當，茲據《金樓子》、《御覽》引改。

【出處】

　　《三國志》卷十一邴原傳注、《金樓子》戒子、《太平御覽》卷五九二誡、《戒子通錄》卷一。嚴氏《全三國文》卷四一據邴原傳、《御覽》輯入，依《御覽》題作「家事戒」，今不取，茲從《三國志》裴注、《金樓子》題名。四書徵引，文辭略異，而以《三國志》所引較詳，今以爲底本。

【說明】

　　杜恕（198～252），字務伯，三國京兆杜陵人。父畿，魏文帝時尚書僕射，封豐樂亭侯；子預，字元凱，尚司馬懿女高陸公主，大顯於晉室，位至征南大將軍，開府，封當陽侯。（預事參《三國志》卷十六裴松之注及《晉書》卷三四本傳）生平略見《三國志》卷十六杜畿傳。所撰〈家戒〉今僅存評張閣一段，蓋亡佚大半。

2-5　殷褒〈誡子書〉

　　天道也者，易尋而難窮，易知而難行也。故京房之徒，考步吉凶之變，而不能自見其禍，更爲姚平所誡，此道之難知也。省爾之才，不及於房，而吾之言，過於平矣。昔弗父何三命滋恭，晏平仲久而敬之。曾、顏之徒，有若無，實若虛也。況爾析薪之智，欲彈射世俗，身爲謗先，怨禍並集。使吾懷朝夕之憂，爲范武子所歎，亦非汝之美也。若朝益暮習，先人後己，恂恂如也。則吾聞音而識其曲，食旨而知其甘，永終吾餘年，復何恨哉！古人有言，思不出其位，爾其念之，爾其念之。

【出處】

　　此書見《藝文類聚》卷二三鑒誡、《戒子通錄》卷三，嚴氏據《類聚》輯入《全三國文》卷四三。《類聚》原題作「晉殷哀書」，此篇名從嚴氏所擬。此書《類聚》引間有訛誤，茲依《通錄》錄出。

【說明】

　　殷褒，嚴可均《全三國文》卷四三謂褒字「元祚」生平不詳。〈隋志〉集部有「魏章武太守殷褒集一卷，梁二卷」次「王昶集」前。(1) 姚振宗《考證》引宋郭茂倩《樂府詩集》云：「殷氏世傳曰：殷褒爲滎陽令，廣築學館，會集朋徒，民知禮讓，乃歌之曰：滎陽令，有異政，脩立學校，人易性，令我子弟恥訟爭。」(2)《類聚》卷五三引「魏殷褒薦朱倫表」，則殷氏嘗仕於魏殆無可疑。唯《類聚》、《通錄》引此書並作晉人，蓋由魏入晉，今從嚴氏隸於三國。

（1）《隋書》（點校本）卷三五經籍志四別集，頁 1059。「殷褒」《類聚》二三引作「殷哀」，《通錄》作「商哀」，嚴輯作「殷褒」。

　　案：褒、哀、褒三字古通用，《通錄》作「商哀」，避宋諱改。茲從〈隋志〉所載。

（2）《隋書經籍志考證》（前引），卷三九之三，頁 5714。所引見郭茂倩《樂府詩集》卷八五雜歌謠辭三「滎陽令」條。

2-6　嵇康〈家誡〉

　　人無志，非人也。但君子用心，所欲準行，自當量其善者，必擬議而後動。若志之所之，則口與心誓，守死無二，恥恥躬不逮，期於必濟。若心疲體解，或牽於外物，或累於內欲，或累於內欲，不堪近患，不忍小情，則議於去就。議於去就，則二心交爭，二心交爭，則向所見役之情勝矣。或有中道而廢，或有不成一簣而敗之，以之守則不固，以之攻則怯弱；與之誓則多違，與之謀善泄，臨樂則肆情，處逸則極意，故雖繁華熠燿，無結秀之勳；終年之勤，無一旦之功。斯君子所以歎息也。若夫申胥之長吟，夷齊之全潔，展季之執信，蘇武之守節，可謂固矣。故以無心守之，安而體之，若自然也，乃是守志之盛者耳 (1)。

　　所居長吏，但宜敬之而已矣，不當極親密，不宜數往，往當有時，其眾人又不當宿留；所以然者，長吏喜問外事，或時舉發，則怨者謂人所說 (2)，無以自免也。若行寡言，慎備自守，則怨責之路解矣。其立身當清遠，若有煩辱，欲人之盡命，託人之請求，當謙言 (3) 辭謝，某 (4) 素不預此輩事，當相亮耳。若有怨急，心所不忍，可外違拒，密爲濟之；所以然者，上遠宜適之幾，中絕常人淫輩之求，下全束脩無玷之稱，此又秉志之一隅也。凡行事先自審其可，不差於宜，宜行此事，而人欲易之，當說宜易之理。若使彼語殊佳者，勿羞折遂非也；若其理不足，而更以情求來守人，雖復云云，當堅執所守。此又秉志之一隅也。

　　不須行小小束脩之意氣，若見窮乏而有可以賑濟者，便見義而作。若人從我，欲有所求，先自思者，若有所損廢多，於今日所濟之義少，則當權其輕重而拒之，雖復守辱不已，猶當絕之。然大率人之告求，皆彼無我有，故來求我，此爲與之多也；自不如此，而爲輕竭，不忍面言，強制小情，未爲有志也。

　　夫言語，君子之機。機動物應，則是非之形著矣，故不可不慎。若於意不善了，而本意欲言，則當懼有不了之失，且權忍之，後視向不言此事，無他不可，則向言或有不可，然則能不言，全得其可矣。且俗人傳吉遲，傳凶疾，又好議人之過闕，此常人之議也。坐中 (5) 所言，自非高議，但是動靜消息，小小異同，但當高視，不足和答也。非義不言，詳靜敬道，豈非寡悔之謂？人有相與變爭，未知得失所在，慎勿豫也。且默以觀之，其非行自可見。或有小是不足是，小非不足非。至竟可不言以待之，就有人問者，猶當辭以不解，近論議亦然。若會酒坐，見人爭語，其形勢似欲轉盛，便當亟舍去之，此將鬭之兆也。坐視必見曲直，黨不能不有言，有言必是在一人，其不是者方自謂爲直，則謂曲我者有私於彼，便怨惡之情生矣。或便獲悖辱之言，正坐視之，大見是非，而爭不了，則仁而無武，於義無可，當遠之也。然大都 (6) 爭訟者小人耳，正復有是非，共濟汗漫，雖勝，可足稱哉？就不得遠，取醉爲佳，若意中偶

有所諱，而彼必欲知者，若守大（人）不已，或劫以鄙情，不可憚此小輩，而爲所挽引，以盡其言，今正堅語，不知不識，方爲有志耳。自非知舊鄰比，庶幾已下，欲請呼者，當辭以他故勿往也。

外榮華則少欲，自非至急，終無求欲，上美也。不須作小小卑恭，當大謙裕；不須作小小廉恥，當全大讓。若臨朝讓官，臨義讓生，若孔文舉求代兄死，此忠臣烈士之節。凡人自有公私，慎勿強知人知。彼知我知之，則有忌於我，今知而不言，則便是不知矣。若見竊語私議，便舍起，勿使忌人也。或時逼迫，強與我共說，若其言邪儉，則當正色以道義正之。何者？君子不容偏薄之言故也。一旦事敗，便言某甲昔知吾事，是 (7) 以宜備之深也。凡人私語，無所不有，宜預以爲意，見之而走者，何哉？或偶知其私事，與同則可，不同則彼恐事泄，思害人以滅跡也。

非意所欽者，而來戲調蚩笑人之闕者，但莫應從。小共轉至於不共，而勿大冰矜，趍以不言答之，勢不得久，行自止也。自非所監臨，相與無他宜適，有壺榼之意，束脩之好，此人道所通，不須逆也。過此以往，自非通穆，匹帛之饋，車服之贈，當深絕之。何者？常人皆薄義而重利，今以自竭者，必有爲而作，鬻貨徼歡，施而求報，其俗人之所甘願，而君子之所大惡也。

□□□□□□□又憒，不須離摟，強勸人酒，不飲自己。若人來勸，己輒當爲持之，勿誚勿逆也。見醉薰薰便止，慎不當至困醉，不能自裁也。

（1）「耳」字上原有「可」字，從戴明揚校注引吳鈔本刪。

（2）「怨」字下原有「或」字，從戴校引吳鈔本刪。

（3）「言」字原無，從戴校引《戒子通錄》補。

（4）「某」字原作「其」，從戴校引《戒子通錄》改。

（5）「中」字原作「言」，從戴校引吳鈔本補。

（6）「大都」原倒，從戴校引吳鈔本乙正。

（7）「是」字原無，從戴校引吳鈔本補。

【出處】

　　《嵇中散集》卷十，收入嚴氏《全三國文》卷五一。諸書徵引，已見戴明揚《嵇康集校注》，戴氏以明黃省曾嘉靖四年（四部叢刊正編據此影印）為底本，參校各本及古注、類書徵引，並詳加注釋，為今所見《嵇康集》之通行善本，今據以錄出。而戴校不改底本，為便於省讀，凡訛誤有礙文意者，則從其校文改正。原書不分段，茲略依文意分段，以便省讀。

【說明】

　　嵇康（223～262），字叔夜，三國譙郡銍縣人。生平略見《三國志》卷二一王粲傳裴注引諸書、《晉書》卷四九本傳。子紹，《晉書》卷八九忠義有傳。嵇康受刑東市，他的獨子紹年僅十歲（1），則康撰〈家誡〉時，紹猶幼小。今觀其文，論品德、施捨、言語、飲酒等，可謂眾情備舉，並未針對子弟缺失予以指責，與王昶〈家誡〉相類，其訓誡對象似亦包含兄喜諸子（2）。

（1）《晉書》卷八九紹本傳：「十歲而孤」（點校本，頁 2298）。

（2）嵇喜諸子，名多不詳。有子蕃，曾仕太子舍人，見《晉書》卷八九嵇含傳。

2-7　劉備〈遺詔敕後主〉

　　朕初疾但下痢耳，後轉雜他病，殆不自濟。人五十不稱夭，年已六十有餘，何所復恨，不復自傷，但以卿兄弟為念。射君到，說丞相歎卿智量，甚大增脩，過於所望，審能如此，吾復何憂！勉之，勉之！勿以惡小而為之，勿以善小而不為，惟賢惟德，能服於人。汝父德薄，勿效之。可讀《漢書》、《禮記》，閒暇歷觀諸子及《六韜》、《商君書》，益人意智。聞丞相為寫《申》、《韓》、《管子》、《六韜》一通已畢，未送，道亡，可自更求聞達。

【出處】

　　本文見《三國志》卷三二蜀書先主傳裴注引《諸葛亮集》，又《太平御覽》卷四五九鑒戒下、《戒子通錄》卷一引。嚴可均《全三國文》卷五七據《三國志》輯入。本則依鼎文書局點校本《三國志》錄出。

【說明】

　　據《三國志》先後二主傳，劉備卒於章正三年四月二十四日（魏黃初四年，西元 223 年），享年六十三，時後主劉禪年十七。文中云「朕初疾，但下痢耳，後轉雜他病，殆不自濟」則此爲備病篤時遺言戒子。

2-8　諸葛亮

（一）〈誡外生〉

　　　　夫志當存高遠，慕先賢，絕情欲，棄凝滯。使庶幾之志，
　　揭然有所存，惻然有所感。忍屈伸，去細碎，廣咨問，除嫌吝，
　　雖有淹留，何損於美趣？何患於不濟？若志不強毅，意不慷慨，
　　徒碌碌滯於俗，默默束於情，永竄伏於凡庸，不免於下流矣。

【出處】

　　本文見《太平御覽》卷四九五鑒戒下引、《戒子通錄》卷三。嚴可均《全三國文》卷五九據《御覽》輯入。本則據四部叢刊三編本《御覽》抄錄。

【說明】

　　嚴氏云：「一本題如此，一本題作誡子書。」今四部叢刊本《御覽》引作「誡外生」，《通錄》雖未明引，然在篇題「諸葛亮家誡」下註云：「戒子書、與子疏凡三章」不作「誡外生」。案：諸葛亮大姊爲漢末房陵太守蒯祺妻 (1)，小姊爲龐德公子龐山民之妻，蒯、龐二族皆襄陽人，蒯氏子無可考，龐山民有子名渙，字世文，晉太康中爲牂牁太守，有令名 (2)。此題既作「誡外生」，當即誡蒯祺、龐山民諸子。

（1）習鑿齒《襄陽耆舊記》：「（蒯）欽從祖祺婦，即諸葛孔明之大姊也。」（黃惠賢《校補襄陽耆舊記》頁 52，河南，中州古籍出版社，1987 年 3 月 1 版）蒯祺事，參《三國志》卷四十劉封傳。

（2）參《三國志》卷三七龐統傳裴注引《襄陽記》，又前引黃氏《校補襄陽耆舊記》「龐德公」條，頁 6～8。

（二）〈誡子〉

　　　　夫君子之行，靜以修身，儉以養德，非澹薄 (1) 無以明志，
　　非寧靜無以致遠。夫學欲 (2) 靜也，才須學也，非學無以廣才，
　　非志無以成學，慆慢則不能勵精 (3)，險躁則不能治 (4) 性。年

與時馳，意與日 (5) 去，遂成枯落，多不接世，悲守窮廬 (6)，
將復何及。

(1)「薄」字《類聚》、《戒子通錄》作「泊」，此二句典出《淮南子、主術訓》：
「非澹薄無以明德，非寧靜無以致遠。」（劉文典《淮南鴻烈集解》卷
九，北京，中華書局，1989 年 1 版，頁 291）。

(2)「欲」字《類聚》、《戒子通錄》作「須」。

(3)「慆」字原作「滔」，據《類聚》、《戒子通錄》改。「勵」字《類聚》同，
《戒子通錄》作「研」。

(4)「治」字《類聚》同，《戒子通錄》作「理」。

(5)「日」字《類聚》、《戒子通錄》作「歲」。

(6)「守」字《類聚》、《戒子通錄》作「歎」，「盧」字《類聚》作「慮」。

【出處】

本文見《藝文類聚》卷二三鑒誡、《太平御覽》卷四五九鑒戒下、《戒子
通錄》卷三，文字略異，茲以《御覽》為底本，校以另二本。嚴可均《全三
國文》卷五九據前二書錄入。

【說明】

本則《御覽》引承其前文「誡外生」題「又曰」，此從《類聚》。據《三
國志》卷三五亮本傳，亮有二子，一名喬，字伯松，原為亮兄瑾第二子，以
初時亮無子，過繼為亮長子。年二十五卒。另亮有親生子名瞻，字思遠，年
三十七死於戰陣。

（三）〈誡子〉

　　　夫酒之設，合禮致情，適體歸性，禮終而退，此和之至也。
　　主意未殫，賓有餘倦，可以至醉，無致迷亂。

【出處】

本文見《太平御覽》卷四九七酣醉引「諸葛亮集曰亮戒子」，嚴可均《全
三國文》卷五九據此輯入。本則據四部叢刊三編本《御覽》抄錄。

【說明】

諸葛亮原集已亡，傳世亮集皆自古注類書抄出，其〈誡子〉原或為一篇，
如王昶、嵇康之〈家誡〉，今已不可復見。

（四）〈與子疏〉

　　　　每得來疏，尚麤拙，豈修之不勤，而量之有限耶？

【出處】

　　《戒子通錄》卷三，嚴氏未輯。

【說明】

　　此段似書信中語，今依《通錄》擬此題。

2-9　姚信〈誡子〉

　　　　古人行善者，非名之務，非人之爲，心自甘之，以爲己度。
巇易不虧，終始如一，進合神契，退同人道。故神明祐之，眾
人尊之，而聲名自顯，榮祿自至，其勢然也。又有内析外同，
吐實懷詐；見賢則暫自新，獨居則縱所欲；聞譽則驚自師，見
尤則棄善端。凡失名位，恆多怨人而害善，怨一人則眾人疾之，
害一善則眾人怨之，雖欲陷人而進己，不可得也。祇所以自毀
耳。顧眞僞不可掩，褒貶不可妄，舍僞從實，遺己察人，可以
通矣。舍己就人，去否適泰，可以弘矣。貴賤無常，唯人所速。
苟善，則疋夫之子可至王公；苟不善，則王公之子反爲凡庶。
可不勉哉！

【出處】

　　本文見《藝文類聚》卷二三鑒誡、《戒子通錄》卷三，嚴可均《全三國文》
卷七一據《類聚》輯入。此據汪紹楹點校《藝文類聚》錄出。

【說明】

　　姚信字元直(1)，三國吳吳興人。吳大帝赤烏七年，信以親附太子，枉見
流徙(2)，歸命侯孫皓寶鼎（266～269）間曾任太常(3)，精通天文，著有〈昕
天論〉，又著《周易注》、《士緯》等書，有集二卷，今多亡佚。其子弟不可考，
隋、唐著名的史學家姚察、姚思廉爲其後代子孫(4)

（1）盧弼《三國志集解》卷五七陸績傳引阮孝緒《七錄》作如此，引陸德明
　　　《經典釋文》敘錄作字「德祐」，二說不同。

（2）《三國志》卷五八陸遜傳：「遜外生顧譚、顧承、姚信，並以親附太子，
　　　枉見流徙。」（點校本，頁1354）

（3）參《三國志》卷五九吳主五子傳。

（4）《陳書》卷二七姚察傳：「姚察字伯審，吳興武康人也。九世祖信，吳太常卿，有名江左。」（臺北，鼎文書局，民國 72 年元月 4 版，頁 348）。

3-1　羊祜〈誡子書〉

　　吾少受先君之教，能言之年，便召以典文。年九歲，便誨以《詩》、《書》。然尚猶無鄉人之稱，無清異之名。今之職位，謬恩之加耳，非吾力所能致也。吾不如先君遠矣，汝等復不如吾，諮度弘偉，恐汝兄弟未之能也，奇異獨達，察汝等將無分也。恭爲德首，慎爲行基，願汝等言則忠信，行則篤敬。無口許人以財，無傳不經之談，無聽毀譽之語。聞人之過，耳可得受，口不得宣。思而後動。若言行無信，身受大謗，自入刑論，豈復惜汝，恥及祖考。思乃父言，纂乃父教，各諷誦之。

【出處】

　　本文見《藝文類聚》卷二三鑒誡、《戒子通錄》卷三，嚴可均《全晉文》卷四一據《類聚》輯入。本則據汪紹楹校本《類聚》錄出。另敦煌類書《勵忠節鈔》家誡部引此，文字與二書稍有不同，可相參佐。

【說明】

　　羊祜字叔子，泰山南城人，生平詳《晉書》卷三四本傳。羊氏是魏晉間的名門大族，本稱稱「世吏二千石，至祜九世，並以清德聞。」他的父親羊衜娶孔融的女兒生羊發，再娶蔡邕的女兒，生徽瑜（景帝司馬師妻，史稱景獻羊皇后）、及祜，羊祜於武帝咸寧（275～280）初，官至征南大將軍、開府儀同三司，並專辟召，稱得上位極人臣。史稱「位至公而無子」，以其兄子爲嗣，然本傳嘗載羊祜辭封南城侯事，祜女婿勸祜當「有所營置，令有歸戴者，可不美乎？」祜默然不應，退告諸子曰：「此可謂知其一不知其二」則祜初似有子。且羊氏〈誡子書〉中言及「汝等復不如吾」「恐汝兄弟未之能也」則其子又尚不止一人。至於史言位至公而無子，蓋以其子早卒，故未言及。

3-2　李秉〈家誡〉

　　昔侍坐於先帝，時有三長吏俱見。臨辭出，上曰：「爲官長當清，當慎，當勤，修此三者，何患不治乎？」並受詔。既

出，上顧謂吾等曰：「相誡敕正當爾不？」侍坐眾賢，莫不贊善。上又問曰：「必不得已，於斯三者何先？」或對曰：「清固爲本。」次復問吾，對曰：「清慎之道，相須而成，必不得已，慎乃爲大。夫清者不必慎，慎者必自清，亦由仁者必有勇，勇者不必有仁，是以《易》稱括囊無咎，藉用白茅，皆慎之至也。」上曰：「卿言得之耳。可舉近世能慎者誰乎？」諸人各未知所對，吾乃舉故太尉荀景倩、尚書董仲連、僕射王公仲並可謂爲慎。上曰：「此諸人者，溫恭朝夕，執事有恪，亦各其慎也。然天下之至慎，其惟阮嗣宗乎！每與之言，言及玄遠，而未嘗評論時事，臧否人物，眞可謂至慎矣。」吾每思此言，亦足以爲明誡。凡人行事，年少立身，不可不慎，勿輕論人，勿輕説事，如此則悔吝何由而生，患禍無從而至矣。

【出處】

本文見《三國志》卷十八李通傳裴注引王隱《晉書》、《世說新語》卷上德行劉孝標注引「李康家誡」。嚴可均《全晉文》卷五三據《三國志》輯入。嚴氏云：「《世說、德行篇》注及《御覽》四百三十引王隱《晉書》並作「李康」，因秉字俗寫作隶，與康形近而誤也。」其說是，從之。本則依點校本《三國志》錄出。

【說明】

李秉字玄冑，後漢汝南太守李通之孫，魏平虜中郎將李緒子，生平多不可考，《三國志》卷十八李通傳注引王隱《晉書》稱之「有儁才，爲時所貴，官至秦州刺史」，有四子，一名重，字茂會，《晉書》卷四六有傳，歷位吏部郎、平陽太守，頗有治稱。另三子，尙字茂仲；矩字茂約，官至江州刺史；嶷早亡。《三國志》卷十八裴注：「秉嘗答司馬文王問，因以爲家誡」云云（前引書），而〈家誡〉稱「昔侍坐於先帝」，謂司馬昭爲先帝，其入晉以後所撰可知，又《晉書》卷四六李重傳，謂重早孤，重卒於永初康，年四十八，則武帝泰始年間，李重已二十歲左右，則此〈家誡〉之撰述，似在晉武鼎革之後不久。爲告誡諸子而作，今僅存此則，恐亡佚泰半。

3-3 李充〈起居誡〉

（一）

溫良恭儉，仲尼以爲貴，小心翼翼，文王所以稱美。聖德周達無名，斯亦聖中之目也。中人而有斯行，則亦聖人之一隅矣。而末俗謂守愼爲拘咨，退愼爲怯弱，不遜以爲勇，無禮以爲達，異乎吾所聞也。

【出處】

《藝文類聚》卷二三鑒誡，此據汪紹楹校本。

（二）

牀頭書疏，亦不足視，或他私密事，不欲令人見，見之縱不能 (1) 宣，誰與明之。若有洩露，則傷之者至矣。

(1)「不能」二字嚴輯本作「能不」，於義爲允。

【出處】

《太平御覽》卷五九五書記，此據四部叢刊三編本。

（三）

軍書羽檄，非儒者之事，且 (1) 家奉道法，言不及殺，語不虛誕。而檄不切屬，則敵心陵，言不誇壯，則軍容弱。請姑舍之，以待能者。

(1)「且」字原誤作「日一」，蓋刊刻時析爲二字，茲依文意改正。嚴輯作「但」於意不妥，今不取。

【出處】

《太平御覽》卷五九七檄，此據四部叢刊三編本。

（四）

古之爲碑者，蓋以述德紀功，歸於實錄也。中世蔡伯喈長於爲碑。

【出處】

《北堂書鈔》卷一○二碑，末句見卷一○○論文，此據孔廣陶校本。

案：前三則並見嚴氏《全晉文》卷五三。第四則嚴氏未收入。

【說明】

李充字弘度，江夏人，生平詳《晉書》卷九二文苑傳。李充的父親矩，曾任江州刺史，祖父李秉撰有〈家誡〉見前（3～2），祖孫皆撰家誡以訓子，

可以想見當時撰述文章以訓誡子弟之盛行。充善楷書，任大著作郎時，留心墳典，曾以四部類貫群書，史稱「甚有條貫，秘閣以爲永制」這對我中國圖書分類，有一定的影響。又所撰《翰林論》三卷 (1)，爲中國早期文學理論專著，可惜亡佚迨盡，嚴氏《全晉文》輯有八則。子顗字長林，本郡太守 (2)，史稱「亦有文義，多所著述，郡舉孝廉。」李充、李顗父子並有文集 (3)，可謂以書香傳家，充〈起居誡〉中尚存「檄」「碑」文的寫作特色，並告誡子弟不可爲檄，則李充或亦以文章之創作理論告誡子弟，惜今多未見。今僅由類書中輯此四則，由其內容涉及的層面較爲繁細（如他人床頭書疏不足觀、軍書羽檄非儒者之事）來看，其全文內容當頗爲豐富，今所見者蓋其冰山一角而已。

（1）《隋書》卷三五經籍四總集，注云「梁五十四卷。」
（2）吳士鑑《晉書斠注》卷九二引《經典釋文》敘錄曰：「李顗，字長林，
　　　江夏人，東晉本郡太守。」
（3）《隋書》卷三五經籍四別集載「晉李充集二十二卷，梁十五卷錄一卷。」
　　　又「晉李顗集十卷，錄一卷」。

3-4　夏侯湛〈昆弟誥〉

　　惟正月才生魄，湛若曰：「咨爾弟淳、琬、瑤、謨、總、瞻：古人有言，『孝乎惟孝，友于兄弟。』『死喪之戚，兄弟孔懷。』又曰：『周之有至德也，莫如兄弟。』於戲！古之載於訓籍，傳於《詩》、《書》者，厥乃不思，不可不行。爾其專乃心，一乃聽，砥礪乃性，以聽我之格言。」淳等拜手稽首。

　　湛若曰：「嗚呼！惟我皇乃祖滕公，肇釐厥德厥功，以左右漢祖，弘濟于嗣君，用垂祚于後。世世增敷前軌，濟其好行美德。明允相繼，冠冕胥及。以逮于皇曾祖愍侯，寅亮魏祖，用康乂厥世，遂啓土宇，以大綜厥勳于家。我皇祖穆侯，崇厥基以允釐顯志，用恢闡我令業。維我后府君侯，祇服哲命，欽明文思，以熙柔我家道，丕隆我先緒。欽若稽古訓，用敷訓典籍，乃綜其微言。嗚呼！自《三墳》、《五典》、《八索》、《九丘》，圖緯六藝，及百家眾流，罔不探賾索隱，鉤深致遠。《洪範》

九疇，彝倫攸敘。乃命世立言，越用繼尼父之大業，斯文在茲。
且九齡而我王母薛妃登遐，我后孝思罔極，惟以奉于穆侯之繼
室蔡姬，以致其子道。蔡姬登遐，臨于穆侯之命，厥禮乃不得
成，用不祔于祖姑。惟乃用聘其永慕，厥乃以疾辭位，用遜于
厥家，布衣席藁，以終于三載。厥乃古訓無文，我後丕孝其心，
用假于厥制，以穆于世父使君侯。惟伯后聰明叡智，奕世載德，
用慈友于我后。我惟烝烝是虔，罔不克承厥誨，用增茂我敦篤，
以播休美于一世，厥乃可不遵。惟我用夙夜匪懈，日鑽其道，
而仰之彌高，鑽之彌堅，我用欲罷不敢，豈唯予躬是懼，實令
跡是奉。厥乃晝分而食，夜分而寢。豈唯令跡是畏，實爾猶是
儀。嗚呼，予其敬哉！俞！予聞之，周之有至德，有婦人焉。
我母氏羊姬，宣慈愷悌，明粹篤誠，以撫訓群子。厥乃我齔齒，
則受厥教于書學，不遑惟寧。敦《詩》、《書》禮樂，孳孳弗倦。
我有識惟與汝服厥誨，惟仁義惟孝友是尚，憂深思遠，祗以防
于微。翳義形于色，厚愛平恕，以濟其寬裕。用緝和我七子，
訓諧我五妹。惟我兄弟姊妹束脩慎行，用不辱于冠帶，實母氏
是憑。予其為政蕞爾，惟母氏仁之不行是戚，予其望色思寬。
獄之不情，教之不泰是訓，予其納戒思詳。嗚呼！惟母氏信著
于不言，行感于神明。若夫恭事于蔡姬，敦穆于九族，乃高于
古之人。古之人厥乃千里承師，矧我惟父惟母世德之餘烈，服
膺之弗可及，景仰之弗可階。汝其念哉！俾群弟天祚于我家，
俾爾咸休明是履。淳英哉文明柔順，琬乃沈毅篤固，惟瑤厥清
粹平理，謨茂哉儁哲寅亮，總其弘肅簡雅，瞻乃純鑠惠和。惟
我蒙蔽，極否于義訓。嗟爾六弟，汝其滋義洗心。以補予之尤。
予乃亦不敢忘汝之闕。嗚呼！小子瞻，汝其見予之長于仁，未
見予之長于義也。」

瞻曰：「俞！以如何？」湛若曰：「我之肇于總角，以弱冠，
暨于今之二毛，受學于先載，納誨于嚴父慈母。予其敬忌于厥
身，而匡予之纖介，翼予之小疵，使予有過未曾不知，予知之
遄改，惟沖子是賴。予親于心，愛于中，敬于貌。厥乃口無擇
言，柔惠且直，廉而不劌，肅而不屬，厥其成予哉。用集我父

母之訓，庶明厲翼，邇可遠在茲。」瞻拜手稽首曰：「俞！」
湛曰：「都！在修身，在愛人。」瞻曰：「吁！惟聖其難之。」
湛曰：「都！厥不行惟難，厥行惟易。」

　　淳曰：「俞！明而昧，崇而卑，沖而恆，顯而賢，同而疑，
屬而柔，和而矜。」湛曰：「俞！乃言厥有道。」淳曰：「俞！
祗服訓。」湛曰：「來！琬，汝亦昌言。」琬曰：「俞！身不及
于人，不敢墮于勤，厥故維新。」湛曰：「俞！瑤亦昌言。」
瑤曰：「俞！滋敬于己，不滋敬于己，惟敬乃恃，無忘有恥。」
湛曰：「俞！謨亦昌言。」謨曰：「俞！無忘于不可不虞，形貌
以心，訪心于虞。」湛曰：「俞！總亦昌言。」總曰：「俞！若
憂厥憂以休。」湛曰：「俞！瞻亦昌言。」瞻曰：「俞！復外惟
內，取諸內，不忘諸外。」湛曰：「俞！休哉！」淳等拜手稽
首，湛亦拜手稽首。乃歌曰：「明德復哉，家道休哉，世祚悠
哉，百祿周哉！」又作歌曰：「訊德恭哉，訓翼從哉，內外康
哉！」皆拜曰：「欽哉！」

【出處】

　　本文見《晉書》卷五五夏侯湛傳、《冊府元龜》卷八一六訓子，嚴可均《全
晉文》卷八六據《晉書》輯入，本文據鼎文點校本《晉書》錄出。

【說明】

　　夏侯湛，字孝若，譙國譙人。生平詳《晉書》卷五五本傳。史載他擔任
野王縣令時，因政務清閑，優遊多暇，因撰〈昆弟誥〉，是一篇誥誡群弟的作
品。文章的形式全仿《尚書》堯典、皋陶謨的體裁，在家訓的作品中獨樹一
格，然以受限於文辭，顯得做作而不真實，錢大昕《二十二史考異》卷二一
云：「夏侯孝若〈昆弟誥〉模擬《尚書》，乃王莽、宇文泰大誥之流，詞最淺
劣，不知史家何以錄之。」(1) 其說是也。譙國夏侯氏從夏侯湛的曾祖父夏侯
淵開始，以追隨曹操，屢建戰功，娶操妹為妻，長子衡又娶操弟海陽哀侯女，
故而特見榮寵，淵五子皆得封侯。(2) 及司馬氏取代曹氏，夏侯湛的母親羊氏
又為司馬師妻景獻羊皇后姐。其家族累代為皇室外戚，故湛本傳稱「湛族為
盛門，性頗豪侈，侯服玉食，窮滋極珍。」(3) 所謂「儉、德之共也；侈，惡
之大也」生活豪侈，其他可以推想得知，以至於他勸勉群弟諸德，未能確切
真誠，蓋亦未能真實體驗諸種德行之價值有以致之。

（1）錢大昕《二十二史考異》，收入錢大昕讀書筆記廿九種，臺北，鼎文書局，民國 68 年 9 月初版，頁 423。

（2）參《三國志》卷九夏侯淵傳。

（3）《晉書》卷五五夏侯湛傳，臺北，鼎文書局，民國 72 年 7 月 4 版，頁 1499。

（4）《左傳》莊公二十四年，禦孫之言，楊伯峻《春秋左傳注》，臺北，源流出版社，民國 71 年 3 月初版，頁 229。

3-5　謝混〈誡族子詩〉

　　康樂誕通度，實有名家韻，若加繩染功，剖瑩乃瓊瑾。宣明體遠識，穎達且沈雋，若能去方執，穆穆三才順。阿多標獨解，弱冠纂華胤，質勝誡無文，其尚又能峻。通遠懷清悟，采采標蘭訊，直轡鮮不躓，抑用解偏吝。微子基微尚，無倦由慕藺，勿輕一簣少，進往必千仞。數子勉之哉，風流由爾振，如不犯所知，此外無所慎。

【出處】

　　《宋書》卷五八謝弘微傳、《南史》卷二○謝弘微傳、《冊府元龜》卷八一六訓子。本則據逯欽立《先秦漢魏晉南北朝詩》晉詩卷十四輯本。

【說明】

　　謝混字淑源，陳郡陽夏人，生平詳《晉書》卷七九本傳。《宋書》云：「混風格高峻，少所交納，唯與族子靈運、瞻、曜、弘微並以文義賞會。嘗共宴處，居在烏衣巷，故謂之烏衣之遊……嘗因酣宴之餘，為韻語以獎勸靈運等」(1) 文中評述諸人，康樂指謝靈運，宣明指謝晦，阿多指謝曜，通遠指謝瞻，微子指謝弘微，皆謝混族子。靈運見《宋書》卷六七本傳；瞻、晦為兄弟，見《宋書》卷五六、四四本傳；曜、弘微為兄弟，見《宋書》卷五八弘微本傳。謝氏家族在東晉南朝，人才輩出，除執掌朝政之外，撰文之風亦鼎盛一時，故而謝混除公務外，尤好與諸子姪以詩文相會，這與《世說》中所載謝安（謝混祖父）雨雪日內集子弟，講論文義之舉相似 (2)。於此可以想見家族的延續、興盛，除了依靠門第尊貴之外，維繫這個門弟於南朝迭替的環境中能不墮者，還有賴父兄對子弟的時時督促。

（1）《宋書》卷五八謝弘微傳，臺北，鼎文書局，民國 73 年元月 4 版，頁 1591。

（2）余嘉錫《世說新語箋疏》言語第二，臺北，王記書坊，民國 73 年 10 月，頁 131。

3-6　陶淵明

（一）〈命子〉

悠悠我祖，爰自陶唐。邈爲虞賓，歷世重光。禦龍勤夏，豕韋翼商。穆穆司徒，厥族以昌。

紛紛戰國，漠漠衰周，鳳隱於林，幽人在丘。逸虯遶雲，奔鯨駭流。天集有漢，眷予愍侯。

於赫愍侯，運當攀龍；撫劍風邁，顯茲武功。書誓山河，啓土開封。亹亹丞相，允迪前蹤。

渾渾長源，鬱鬱洪柯，群川載導，眾條載羅。時有語默，運因隆窊；在我中晉，業融長沙。

桓桓長沙，伊勳伊德，天子疇我，專征南國。功遂辭歸，臨寵不忒。孰謂斯心，而近可得。

肅矣我祖，慎終如始；直方二臺，惠和千里。於穆仁考，淡焉虛止，寄跡風雲，冥茲慍喜。

嗟余寡陋，瞻望弗及。顧慚華鬢，負影隻立。三千之罪，無後爲急。我誠念哉，呱聞爾泣。

卜云嘉日，占亦良時，名汝曰儼，字汝求思。溫恭朝夕，念茲在茲。尚想孔伋，庶其企而！

厲夜生子，遽而求火。凡百有心，奚特於我。既見其生，實欲其可。人亦有言，斯情無假。

日居月諸，漸免於孩。福不虛至，禍亦易來，夙興夜寐，願爾斯才，爾之不才，亦已焉哉！

【出處】

《陶淵明集》卷一，此據逯欽立校注本。

【說明】

逯欽立《陶淵明事跡詩文繫年》據詩中「日居月諸，漸免於孩」訂此詩

當撰於晉安帝義熙二年（406），陶淵明四十二歲，其長子儼七歲。(1)

（1）收入逯氏校注《陶淵明集》附錄，臺北，里仁書局，民國 71 年 9 月，頁 216、223。

（二）〈責子〉

　　　　白髮被兩鬢，肌膚不復實。雖有五男兒，總不好紙筆。阿舒已二八，懶惰故無匹；阿宣行志學，而不愛文術；雍端年十三，不識六與七；通子垂九齡，但覓梨與栗。天運苟如此，且進杯中物。

【出處】

《陶淵明集》卷三，此據逯欽立校注本。

【說明】

　逯氏繫此詩於晉安帝義熙十一年（415），陶淵明五十一歲。(1)

（1）逯氏前引書，頁 222。

（三）〈與子儼等疏〉

　　　　告儼、俟、份、佚、佟：天地賦命，生必有死。自古賢聖，誰獨能免。子夏有言：「死生有命，富貴在天。」四友之人，親受音旨，發斯談者，將非窮達不可妄求，壽夭永無外請故耶？吾年過五十，少而窮苦，每以家弊，東西遊走。性剛才拙，與物多忤。自量為己，必貽俗患。僶俛辭世，使汝等幼而飢寒。余嘗感孺仲賢妻之言，敗絮自擁，何慚兒子。此既一事矣。但恨鄰靡二仲，室無萊婦，抱茲苦心，良獨內愧。少學琴書，偶愛閑靜，開卷有得，便欣然忘食。見樹木交蔭，時鳥變聲，亦復歡然有喜。常言：五六月中，北窗下臥，遇涼風暫至，自謂是羲皇上人。意淺識罕，謂斯言可保；日月遂往，機巧好疏。緬求在昔，眇然如何。疾患以來，漸就衰損。親舊不遺，每以藥石見救，自恐大分將有限也。汝輩稚小家貧，每役柴水之勞，何時可免？念之在心，若何可言。然汝等雖不同生，當思四海皆兄弟之義。鮑叔、管仲，分財無猜；歸生、伍舉，班荊道舊。遂能以敗為成，因喪立功。他人尚爾，況同父之人哉。潁川韓元長，漢末名士。身處卿佐，八十而終。兄弟同居，至於沒齒。

濟北氾稚春，晉時操行人也。七世同財，家人無怨色。詩曰：
「高山仰止，景行行止。」雖不能爾，至心尚之。汝其慎哉！
吾復何言。

【出處】

《陶淵明集》卷七，此據逯欽立校注本。

【說明】

逯氏繫此詩與〈責子詩〉同年，參前條說明。

3-7 李 暠

（一）〈手令誡諸子〉

　　吾自立身，不營世利；經涉累朝，通否任時；初不役智，
有所要求，今日之舉，非本願也。然事會相驅，遂荷州土，憂
責不輕，門戶事重。雖詳人事，未知天心，登車理轡，百慮填
胸。後事付汝等，粗舉旦夕近事數條，遭意便言，不能次比。
至於杜漸防萌，深識情變，此當任汝所見深淺，非吾救誡所益
也。汝等雖年未至大，若能克己纂修，比之古人，亦可以當事
業矣。苟其不然，雖至白首，亦復何成！汝等其戒之慎之！

　　節酒慎言，喜怒必思。愛而知惡，憎而知善，動念寬恕，
審而後舉。眾之所惡，勿輕承信，詳審人，核真偽，遠佞諛，
近忠正。躬刑獄，忍煩擾，存高年，恤喪病，勤省案，聽訟訴。
刑法所應，和顏任理，慎勿以情輕加聲色。賞勿漏疏，罰勿容
親。耳目人間，知外患苦；禁禦左右，無作威福。勿伐善施勞，
逆詐億必，以示己明。廣加諮詢，無自專用，從善如順流，去
惡如探湯。富貴而不驕者至難也，念此貫心，勿忘須臾。僚佐
邑宿，盡禮承敬，讌饗饌食，事事留懷。古今成敗，不可不知，
退朝之暇，念觀典籍，面牆而立，不成人也。

　　此郡世篤忠厚，人物敦雅，天下全盛時，海內猶稱之，況
復今日，實是名邦。正為五百年鄉黨婚親相連，至於公理，時
有小小頗迴，為當隨宜斟酌。吾臨涖五年，兵難騷動，未得休
眾息役，惠康士庶。至於掩瑕藏疾，滌除疵垢，朝為寇讎，夕

委心膂，雖未足希準古人，粗亦無負於新舊。事任公平，坦然無類，初不容懷，有所損益，計近便爲少，經遠如有餘，亦無愧於前志也。

【出處】

本文見《晉書》卷八七涼武昭王李玄盛傳、湯球《十六國春秋輯補》卷三九、《戒子通錄》卷三，嚴氏《全晉文》卷一五五據《晉書》輯入。本則依鼎文書局點校本《晉書》錄出。

【說明】

李暠（351～417）字玄盛，隴西成紀人，生平詳《晉書》卷八七本傳。玄盛身處五胡亂華之際，自立於酒泉、敦煌，史稱西涼。本傳載：「義熙元年，玄盛改元爲建功，遣舍人黃始、梁興間行奉表詣闕……與其子敦煌太守讓鎮敦煌，遂遷居於酒泉。手令誡其諸子曰……」則此當即撰於建初元年（西元405，晉安帝義熙元年）玄盛始遷居酒泉之時(1)，時玄盛年五十五。玄盛子弟甚夥，據本傳所述有譚、讓、歆（士業）、翻、預、密、眺、亮、恂等，皆年幼仕宦西涼。

（1）〈手令誡諸子〉文中有「吾臨菳五年，兵難騷動」之語，案《晉書》本傳，玄盛於東晉安帝隆安四年（400）爲涼公，建年爲庚子，至義熙元年，改元建初，遷酒泉，適歷五年，與《晉書》所載亦合。《十六國春秋輯補》隸此文於建初二年下，湯球注云：「宜附建初元年」者，是也。

（二）〈寫諸葛亮訓誡以勖諸子〉

吾負荷艱難，寧濟之勳未建，雖外總良能，憑股肱之力，而戎務孔殷，坐而待旦。以維城之固，宜兼親賢，故使汝等未及師保之訓，皆弱年受任。常懼弗克，以貽咎悔。古今之事，不可以不知，苟近而可師，何必遠也。覽諸葛亮訓勵，應璩奏諫，尋其終始，周孔之教盡在中矣。爲國足以致安，立身足以成名，質略易通，寓目則了，雖言發往人，道師於此。且經史道德如採菽中原，勤之者則功多，汝等可不勉哉！

【出處】

《晉書》卷八七暠本傳、湯球《十六國春秋輯補》卷九三，嚴輯《全晉文》卷一五五據《晉書》輯入，本則依鼎文書局點校本《晉書》錄出。

【說明】

　　《十六國春秋輯補》隸此文於建初九年（西元 414，晉安帝義熙九年），從之。時玄盛年六十三。案：此篇題從嚴可均據《晉書》暠本傳所擬，篇題所云「訓誡」當即文中所云「訓勵」。考陳壽《三國志》卷三五亮本傳載陳壽所輯「諸葛氏集目錄」，中有「訓厲第六」一篇，裴注引《魏氏春秋》云：「亮作八務、七戒、六恐、五懼，皆有條章，以訓厲臣子」[1] 李暠所寫者即此。今〈隋志〉三子部儒家類有「諸葛武侯集誡二卷」，四集部總集類有「諸葛武侯誡一卷、女誡一卷」，爲抄自亮集中之單行本，雖未知始於何時何人所抄，其用意當與李暠相似。姚振宗《隋書經籍志考證》懷疑李暠此篇爲抄寫亮文之序，其說近是。[2]

（1）《三國志》卷三五，臺北，鼎文書局，民國 73 年 6 月 5 版，頁 928。
（2）《隋書經籍志考證》卷二四，北京，中華書局，二十五史補編，1989 年 7 月 5 版，頁 5460。

4-1　劉義隆

（一）〈誡江夏王義恭書〉之一

　　汝以弱冠，便親方任。天下艱難，家國事重，雖曰守成，實亦未易。隆替安危，在吾曹耳，豈可不感尋王業，大懼負荷。今既分張，言集無日，無由復得動相規誨。宜深自砥礪，恩而後行。開布誠心，厝懷平當，親禮國士，友接佳流，識別賢愚，鑒察邪正，然後能盡君子之心，收小人之力。

　　汝神意爽悟，有日新之美，而進德修業，未有可稱，吾所以恨之而不能已已者也。汝性褊急，袁太妃亦說如此。性之所滯，其欲必行，意所不在，從物回改，此最弊事。宜慨然立志，念自裁抑。何至丈夫方欲贊世成名而無斷者哉。今粗疏十數事，汝別時可省也。遠大者豈可具言，細碎復非筆可盡。

　　禮賢下士，聖人垂訓；驕侈矜尚，先哲所去。豁達大度，漢祖之德；猜忌褊急，魏武之累。《漢書》稱衛青云：「大將軍遇士大夫以禮，與小人有恩。」西門、安于，矯性齊美；關羽、張飛，任偏同弊。行己舉事，深宜鑒此。若事異今日，嗣子幼

蒙，司徒便當周公之事，汝不可不盡祗順之理。苟有所懷，密自書陳。若形迹之間，深宜慎護。至於爾時安危，天下決汝二人耳，勿忘吾言。

今既進袁太妃供給，計足充諸用，此外一不須復有求取，近亦具白此意。唯脫應大餉致，而當時遇有所乏，汝自可少多供奉耳。汝一月日自用不可過三十萬，若能省此，益美。

西楚殷曠，常宜早起，接對賓侶，勿使留滯。判急務訖，然後可入問訊，既覩顏色，審起居，便應即出，不須久停，以廢庶事也。下日及夜，自有餘閒。

府居住止，園池堂觀，各所諳究，計當無須改作。司徒亦云爾。若脫於左右之宜，須小小回易，當以始至一治爲限，不煩紛紜，日求新異。

凡訊獄多決，當時難可逆慮，此實爲難，汝復不習，殊當未有次第。訊前一二日，取訊簿密與劉湛輩共詳，大不同也。至訊日，虛懷博盡，慎無以喜怒加人。能擇善者而從之，美自歸己。不可專意自決，以矜獨斷之明也。萬一如此，必有大咎，非唯訊獄，君子用心，自不應爾。刑獄不可擁滯，一月可再訊。

凡事皆應慎密，亦宜豫敕左右，人有至誠，所陳不可漏泄，以負忠信之款也。古人言「君不密則失臣，臣不密則失身」。或相讒構，勿輕信受，每有此事，當善察之。

名器深宜慎惜，不可妄以假人。昵近爵賜，尤應裁量。吾於左右雖爲少恩，如聞外論，不以爲非也。

以貴陵物，物不服；以威加人，人不厭；此易達事耳。

聲樂嬉遊，不宜令過，蒱酒漁獵，一切勿爲。供用奉身，皆有節度，奇服異器，不宜興長。汝嬪侍左右，已有數人，既始至西，未可忽忽復有所納。

（二）〈誡江夏王義恭書〉之二

宜數引見佐史，非唯臣主自應相見，不數則彼我不親，不親則無因得盡人，人不盡，復何由知其眾事。廣引視聽，既益

開博，於言事者，又差有地也。

【出處】

《宋書》卷六一武三王傳，嚴可均《全宋文》卷四據此輯入。此據鼎文書局點校本《宋書》錄出。

【說明】

宋文帝劉義隆（407～453）為武帝劉裕第三子，生平詳《宋書》卷五文帝紀。文帝元嘉六年（429）任其弟義恭都督荊、湘、雍、益、梁、寧、南北秦八州諸軍事，並為荊州刺史，出鎮荊州後，撰此書誡之。時文帝年二十三，弟義恭年十七。義恭以年少就任大職，且幼失庭訓（劉裕辛於永初三年，西元 422，時諸子皆幼小，義隆年十六，義恭年十歲），頗染膏粱惡習，故文帝撰文誡之，有兄代父訓之意。

（三）〈報衡陽王義季詔〉之一

誰能無過，改之為貴耳。此非唯傷事業，亦自損性命，世中比比，皆汝所諳。近長沙兄弟，皆緣此致。故將軍蘇徽，耽酒成疾，旦夕待盡，吾試禁斷，並給藥膳，至今能立。此自是可節之物，但嗜者不能立志裁割耳。晉元帝人主，尚能感王導之諫，終身不復飲酒。汝既有美尚，加以吾意殷勤，何至不能慨然深自勉屬，乃復須嚴相割裁，坐諸紜紜，然後少止者。幸可不至此。一門無此酺酒，汝於何得之？臨書歎塞。

（四）〈報衡陽王義季詔〉之二

汝飲積食少，而素羸多風，常慮至此，今果委頓。縱不能以家國為懷，近不復顧性命之重，可歎可恨，豈復一條。本望能以理自屬，未欲相苦耳。今遣孫道胤就楊佛等令晨夕視汝，並進止湯食，可開懷慮受，慎勿隱避。吾飽嘗見人斷酒，無它懍吸，蓋是當時甘嗜罔已之意耳。今者憂怛，改在性命，未暇及美業，復何為吾煎毒至此邪。

【出處】

《宋書》卷六一武三王傳，嚴可均《全宋文》卷三據此輯入。本則依鼎文書局點校本《宋書》錄出。題目依嚴氏所擬。

【說明】

劉義季（415～417）為劉裕第七子，本傳云：「義季素嗜酒，自彭城王義

康廢後，遂爲長夜之飲，略少醒日。太祖累加詰責，義季引愆陳謝。上詔報
之」云云。上兩則詔書，即宋文帝劉義隆勸么弟義季斷酒之文。《宋書》側兩
文於元嘉二十、二十一年之間，而義康於元嘉二十二年免爲庶人（參《宋書》
卷六八武二王傳），二十四年義季卒，則二詔當撰於此數年之間。

4-2　顏延之〈庭誥〉

4-2-1

庭誥者，施於閨庭之內，謂不遠也。吾年居秋方，慮先草
木。故遽以未聞，誥爾在庭。若立履之方，規鑒之明，已列通
人之規，不復續論。今所載咸其素蓄，本乎性靈，而致之心用。
夫選言務一，不尚煩密，而至於備議者，蓋以網諸情非。古語
曰：得鳥者，羅之一目，而一目之羅，無時得鳥矣。此其積意
之方。

4-2-2

道者識之公，情者德之私。公通，可以使神明加嚮；私塞，
不能令妻子移心。是以昔之善爲士者，必損情反道，合公屏私。

4-2-3

尋尺之身，而以天地爲心；數紀之壽，常以金石爲量。觀
夫古先垂戒，長老餘論：雖器(1)用細制，每以不朽見銘；繕
築末跡，咸以可久承志。況樹德立義，收族長家，而不思經遠
乎？

4-2-4

〔雖〕曰：身行不足遺之後人。〔然〕欲求子孝必先慈，
將責弟悌務爲友。雖孝不待慈，而慈固植孝；悌非期友，而友
亦立悌。夫和之不備，或應以不和；猶信不足焉，必有不信。
儻知恩意相生，情理相出，可使家有參、柴，人皆由、損。

4-2-5

夫內居德本，外夷民譽；言高一世，處之逾默；器重一時，
體之滋沖；不以所能干眾，不以所長議物；淵泰入道，與天爲
人者；士之上也。若不能遺聲，欲人出己；知柄在虛求，不可

校得；敬慕謙通，畏避矜踞；思廣監擇，從其遠猷；文理精出，而言稱未達；論文宣茂，而不以居身；此其亞也。若乃聞實之為貴，以辯畫所克；見聲之取榮，謂爭奪可獲；言不出於戶牖，自以為道義久立；才未信於僕妾，而曰我有以過人；於是感苟銳之志，馳傾觖之望；豈悟已掛有識之裁，入修家之誡乎？記所云：「千人所指，無病自死」者也。行近於此者，吾不願聞之。

4-2-6

凡有知能，預有文論。若不練之素士，校之群言；通才所歸，前流所與；焉得成名乎？若呻吟於牆室之內，喧囂於黨輩之間，竊議以迷寡聞，妲語以敝要說；是短算所出，而非見長所上。適值尊朋臨座，稠覽博論；而言不入於高聽，人見棄於眾視；則慌若迷途失偶，懅如深夜撤燭；銜聲茹氣，腆默而歸；豈識向之誇慢，祇足以成今之沮喪邪？此固少壯之廢，爾其戒之。

4-2-7

夫以怨誹為心者，未有達無心救得喪，多見誚耳。此蓋臧獲之為，豈識量之為事哉！是以德聲令氣，愈上每高；忿言懟議，每下愈發。有尚於君子者，寧可不務勉邪？雖曰恆人，情不能素盡；故當以遠理勝之，多 (2) 算除之；豈可不務自異，而取陷庸品乎？

4-2-8

富厚貧薄，事之懸也。以富厚之身，親貧薄之人，非可一時同處。然昔有守之無怨，安之不悶者。蓋有理存焉。夫既有富厚，必有貧薄，豈其證然，時（實）乃天道。若人皆厚富，是理無貧薄，然乎？必不然也。若謂富厚在我，則宜貧薄在人，可乎？又不可矣。道在不然，義在不可，而橫意去就，謬生希幸，以為未達至分。

4-2-9

蠶溫農飽，民生之本；躬稼難就，止以僕役為資；當施其情願，厄其衣食，定其當治，遞其優劇；出（先）之休饗，後之捶責；雖有勸恤之勤，而無露曝之苦。

4-2-10

務前公稅，以遠吏讓；無急傍費，以息流議；量時發斂，視歲穰儉；省贍以奉己，損散以及人；此用天之善，御生之得也。

4-2-11

率下多方，見情為上；立長多術，晦明為懿。雖及僕妾，情見則事通；雖在畎畝，明晦則功博。若奪其常然，役其煩務；使威烈雷霆，猶不禁其欲 (3)；雖棄其大用，窮其細瑕，或明灼日月，將不勝其邪。故曰：「屏焉則差，的焉則闇。」是以禮道尚優，法意從刻。優則人自為厚，刻則物相為薄。耕收誠鄙，此用不忒，無 (4) 謂野陋而不以居心也。

4-2-12

含生之氓，同祖一氣；等級相傾，遂成差品；遂使業習移其天識，世服沒其性靈。至夫願欲情嗜，宜無間殊，或役人而養給，然是非大（天）意，不可侮也。隅奧有竈，齊侯蒗寒；犬馬有秩，管、燕輕饑。若能服溫厚而知穿弊之苦，明周之德；厭滋旨而識寡噉之急，仁恕之功。豈與夫比肌膚於草石，方手足於飛走者，同其意用哉？罰慎其濫，惠戒其偏。罰濫則無以為罰，惠偏則不如無惠。雖爾眇末，猶扁庸保之上；事思反己，動類念物，則其情得，而人心塞矣。

4-2-13

扴博蒲塞，會眾之事，諧調哂謔，適坐之方，然失敬致悔，皆此之由。方其剋瞻，彌喪端儼，況遭非鄙，慮將醜折。豈若正 (5) 其容而簡其事，靜其氣而遠其意，使言必諍應 (6)，賓友清耳，笑不傾撫，左右悅耳。非鄙無因而生，侵侮何從而入，此亦持德之管籥，爾其謹哉。

4-2-14

嫌惑疑心，誠亦難分，豈唯厚貌蔽智之明，深情怯剛之斷而已哉。必使猜怨愚賢，則嚬笑入戾；期變犬馬，則步顧成妖。況動容竊斧，束裝盜 (7) 金，又何足論。是以前王作典，明慎

議獄，而僭濫易意；朱公論璧，光澤相如，而倍薄異價。此言
雖大，可以戒小。

4-2-15

遊道雖廣，交義為長；得在可久，失在輕絕。久由相敬，
絕由相狎。愛之勿勞，當扶其正性，忠而勿誨，必藏其枉情。
輔以藝業，會以文辭，使親不可褻，疏不可間，每存大德，無
挾小怨。率此往也，足以相終。

4-2-16

酒酌之設，可樂而不可嗜，嗜而非病者希，病而遂眚者幾，
既眚既病，將蔑其正。若存其正性，紓其妄發，其唯善戒乎？
聲樂之會，可簡而不可違，違而不背者鮮矣，背而非弊者反矣。
既弊既背，將受其毀。必能通其礙而節其流，意可為和中矣。

4-2-17

善施者豈唯發自人心，乃出天則。與不待積，取無謀實，
並散千金，誠不可能。贍人之急，雖乏必先，使施如王丹，受
如杜林，亦可與言交矣。

4-2-18

浮華怪飾，減質之具；奇服麗食，棄素之方。動人勸慕，
傾人顧盼；可以遠識奪，難用近欲從。若覿其淫怪，知生之無
心，為見奇麗，能致諸非務；則不抑自貴（責），不禁自止。

4-2-19

夫數相者，必有之徵。既聞之術人，又驗之吾身，理可得
而論也。人者兆氣二德，稟體五常。二德有奇偶，五常有勝殺，
乃其為人，寧無叶沴。亦猶生有好醜，死有夭壽，人皆知其懸
天；至於丁年乖遇，中身迂合者，豈可易地哉。是以君子邁 (8)
命愈難，識道愈堅。

4-2-20

古人恥以身為溪壑者，屏欲之謂也。欲者，性之煩濁，氣
之蒿蒸；故其為害，則燻心智，耗真情，傷人和，犯天性。雖
生必有之，而生之德，猶火含煙而煙妨火，桂懷蠹而蠹殘桂，

然則火勝則煙滅，蠹壯則桂折。故性明者欲簡，嗜繁者氣惛，去明即惛，難以生矣。是以中外群聖，建言所黜，儒道眾智，發論是除。然有之者不患誤深，故藥之者恆苦術淺，所以毀道多而於義寡。頓盡誠難，每指可易，能易每指，亦明之末。

4-2-21

廉嗜之性不同，故畏慕之情或異，從事於人者，無一人我之心。不以己之所善謀人，為有明矣。不以人之所務失我，能有守矣。己所謂然，而彼定不然，奕棊之蔽；悅彼之可，而忘我不可，學嚬之蔽。將求去蔽者，念通性分 (9) 而已。

4-2-22

流言謗議，有道所不免，況在闕薄，難用算防。接應之方，言必出己。或信不素積，嫌間所襲，或性不和物，尤怨所聚，有一于此，何處逃毀。苟能反悔在我，而無責於人，必有達鑒，昭其情遠，識迹其事。日省吾躬，月料吾志，寬默以居，潔靜以期，神道必在，何恤人言。

4-2-23

諺曰：「富則盛，貧則病」矣。貧之病也，不唯形色粗厲，或亦神心沮廢；豈但交友疎棄，必有家人誚讓。非廉深識遠者，何能不移其植 (10)。故欲躅憂患，莫若懷古。懷古之志，當自同古人，見通則憂淺，意遠則怨浮；昔有琴歌於編蓬之中者，用此道也。

4-2-24

夫信不逆彰，義必幽隱，交賴相盡，明有相照。一面見旨，則情固丘岳，一言中志，則意入淵泉。以此事上，水火可蹈；以此託友，金石可弊；豈待充其榮實，乃將識報；厚之篚筐，然後圖終。如或與立，茂思無忽。

4-2-25

祿利者受之易，易則人之所榮；蠶稼者就之艱，艱則物之所鄙。艱易既有勤倦之情，榮鄙又開 (11) 向背之意。此二塗所為反也。以勞定國，以功施人，則役徒屬而擅豐麗；自理於民，

自事其生，則督妻子而趨耕織。必使陵侮不作，懸企不萌；所謂賢鄙處宜，華野同泰。

4-2-26

　　人以有惜爲質，非假嚴刑；有恆爲德，不慕厚貴。有惜者，以理葬；有恆者，與物終。世有位去則情盡，斯無惜矣；又有務謝則心移，斯不恆矣。又非徒若此而已，或見人休事，則勤靳結納，及聞否論，則處彰離貳；附會以從風，隱竊以成釁，朝吐面譽，暮行背毀；昔同稽款，今猶叛戾，斯爲甚矣。又非唯若此而已，或憑人惠訓，藉人成立，與人餘論，依人揚聲，曲存稟仰，甘赴塵軌。衰沒畏遠，忌聞影跡，又蒙蔽其善，毀之無度，心短彼能，私樹己拙，自崇恆輩，罔顧高識。有人至此，實蠹大倫，每思防避，無通閭伍。

4-2-27

　　覿驚異之事，或涉流傳；遭卒迫之變，反思安順。若異從己發，將尸謗人；迫而又迁，愈使失度。能夷異如裴楷，處逼如裴遐，可稱深士乎！

4-2-28

　　喜怒者有性所不能無，常起於褊量，而止於弘識。然喜過則不重，怒過則不威；能以恬漠爲體，寬愉爲器，則爲美矣。大喜蕩心，微抑則定；甚怒煩性，小忍即歇。故動無惉容，舉無失度，則物將自懸，人將自止。

4-2-29

　　習之所變亦大矣，豈唯蒸性染身，乃將移智易慮。故曰：「與善人居，如入芷蘭之室，久而不知其芬。」與之化矣。「與不善人居，如入鮑魚之肆，久而不知其臭。」與之變矣。是以古人慎所與處。唯夫金眞玉粹者，乃能盡而不汙爾。故曰：「丹可滅而不能使無赤，石可毀而不可使無堅。」苟無丹石之性，必慎浸染之由。能以懷道爲念，必存從理之心。道可懷而理可從，則不議貧，議所樂爾。或云：「貧何由樂？」此未求道意。道者，瞻富貴同貧賤，理固得而齊。自我喪之，未爲通議，苟

議不喪，夫何不樂。

4-2-30

　　或曰，溫飽之貴，所以榮生，饑寒在躬，空曰從道，取諸其身，將非篤論，此又不通理用者也 (12)。凡養生之具，豈聞 (13) 定實，或以膏腴天性，有以菽藿登年。中散云：「所足在內，不由於外。」是以稱體而凄，貧歲愈喋；量腹而炊，豐家餘飧。非粒實息耗，意有盈虛爾。況心得優劣，身獲仁富，明日入素，氣志如神，雖十旬九飯，不能令饑，業席三屬，不能為寒。豈不信然。

4-2-31

　　且以己為度者，無以自通彼量。渾四遊而斡五緯，天道弘也。振河海而載山川，地道厚也。一情紀而合流貫，人靈茂也。昔之通乎此數者，不為剖判之行；必廣其風度，無挾私殊；博其交通，靡懷曲異。故望塵請友，則義士輕身，一遇拜親，則仁人投分。此倫序通允，禮俗平一，上獲其用，下得其和。

4-2-32

　　世務雖移，前休未遠，人之適主，吾將反本。夫人之生，暫有心識，幼壯驟過，衰耗鶩及。其間天鬱，既難勝言，假獲存遂，又云無幾。柔麗之身，亟委土木；剛清之才，遽為丘壤；回遑顧慕，唯 (14) 數紀之中爾。以此持榮，曾不可留；以此服道，亦何能久 (15)。進退我生，遊觀所達，得貴為人，將在含理。含理之貴，惟神與交，幸有心靈，義無自惡；偶信天德，逝不上漸。欲使人沈來化，志符往哲，勿謂是睒，日鑿斯密。若 (16) 通此意，吾將忘老，如曰不然，其誰與歸。偶懷所撰，略布眾條；若備舉情見，顧未書一。贍身之經，別在田家節政，奉終之紀，自著燕居畢義。

(1)「器」字《宋書》本傳原脫。
　　案：〈尚書、旅獒〉：「無有遠邇，畢獻方物，惟服食器用。」（孔穎達《尚書正義》卷十三，藝文印書館《十三經注疏》本，頁183）《文選》張華〈鷦鷯賦〉：「毛弗施於器用，肉弗登於俎味」（李善注《文選》卷十三，

藝文印書館影胡克家刊本，頁 206）皆「器用」二字並用，又王昶〈家誡〉云：「古者盤杆有銘，几杖有誡，俯仰察焉，用無過行。」（附錄 2-3）文中「盤杆幾杖」即謂器用。二字連用於義爲允，茲據《戒子通錄》卷四引補。

（2）「多」字原作「么」，明本《冊府元龜》作「麼」，「么算」「麼算」於義未洽。嵇康〈答向子期難養生論〉：「縱令滋味常染於口，聲色已開於心，則可以至理遣之，多算勝之。」（嵇康《嵇中散集》卷十，臺北，商務印書館「四部叢刊」正編，頁 19）又葛洪《抱朴子》外篇〈酒誡〉：「是以智者嚴櫽括於性理，不肆神以逐物，檢之以恬愉，增之以長算。」（臺北，世界書局《新編諸子集成》四，頁 143）「多算」「長算」謂良好的對策，茲據嵇文改正。

（3）「欲」字宋本《冊府元龜》引作「非」。

（4）「無」字原訛作「所」，今據《戒子通錄》引改正。

（5）「正」字原作「拒」，此據《戒子通錄》、宋、明本《冊府元龜》改正。

（6）「慭」字諸本同（《宋書》百衲本、明監本、汲古閣本、清殿本及本校 5 諸引書），唯點校本改作「厭」，今從各本。「慭」通「厭」，謂滿足信從也。《世說新語、言語》：「張玄之、顧敷，是顧和中外孫，皆少而聰慧。和並知之，而常謂顧勝，親重偏至，張頗不慭。」（余嘉錫《世說新語箋疏》頁 110，臺北，王記書坊，民國 73 年 10 月）「慭」字意與此同。

（7）「盜」字原作「濫」。

案：《列子》卷八〈說符〉云：「昔齊人有欲金者，清旦衣冠而之市，適鬻金者之所，因攫其金而去。吏捕得之，問曰：『人皆在焉，子攫人之金何？』對曰：『取金之時，不見人，徒見金。』」（臺北，世界書局《新編諸子集成》四，頁 101）爲延之所本，茲據明南監本《宋書》（藏臺北中央圖書館善本室，明萬曆二十二年南京國子監刊本）、明本《冊府元龜》引改。

（8）「遘」字原作「道」，此「遘」字作遭逢解，意較勝，據校 5 諸引書改。

（9）「性分」原作「作介」，形近之訛，據《戒子通錄》、宋本《冊府元龜》引改正。

（10）「植」字《戒子通錄》、宋明本《冊府元龜》引作「操」。

（11）「開」字原作「間」，形近之訛，據校 9 引書改正。

（12）此句原作「此又通理所用」，於意未允，今從校 10 諸引書改。

（13）「聞」字原作「間」，此據校 10 諸引書改。

（14）「唯」字原作「雖」，據《戒子通錄》、明本《冊府元龜》改。宋本《元龜》作「惟」。

（15）「久」字原作「平」，據校 10 諸引書改。

（16）「若」字原作「著」，據校 10 諸引書改。

【出處】

　　本文見存《宋書》卷七三顏延之傳，嚴氏《全宋文》卷三六據此輯入。本則以鼎文書局點校本《宋書》為底本，參校宋本、明本《冊府元龜》卷八一六訓子、宋劉清之《戒子通錄》卷四引。間參考百衲本、汲古閣、明南監本、清武英殿本《宋書》。以原文較長，茲依文意分為三十二段，以方便檢索。

　　4-2-33

　　　　清者人之正路

【出處】

　　《太平御覽》卷四二六清廉下引「顏延之廷語」。

　　4-2-34

　　　　觀書貴要，觀要貴博，博而知要，萬流可一。詠歌之書，取其連類含（1）章，比物集句；採風謠以達民志，《詩》為之祖（2）。褒貶之書，取其正言晦義，輔（3）制衰王，微辭豐旨，貽意盛聖，《春秋》為上。《易》首體備，能事之淵；馬、陸得其象數，而失其成理；荀、王舉其正宗，而略其數象；四家之見雖各有所志；總而論之，情理出於微明，氣數生於形分；然則荀、王得之於心，馬、陸取之於物；其無惡迄可知矣。夫數象窮則太極著，人心極則神功彰；若荀、王之言《易》，可謂極人心之數者也。

（1）「含」字原作「合」，據《初學記》卷二一引改正。

（2）《初學記》卷二一引作「詩之為祖也」。

（3）「輔」字原作「轉」，據《初學記》卷二一引改正。

【出處】

　　本則以《太平御覽》卷六○八敘經典引「顏延之庭誥」為底本，參校《初學記》卷二一經典引兩則、《御覽》卷六○九詩引。案：前人引此文，多據嚴

輯《全宋文》卷三六所錄，嚴氏引用諸類書未詳何本，今以四部叢刊三編本
《太平御覽》覈校，多可改嚴輯本之失。如「微辭豐旨」嚴輯本「豐」作「豈」，
又註云「一本作氣責」，意不可解。今查〈文心雕龍・宗經〉謂「辭約而旨豐」
（王更生《文心雕龍讀本》上篇，臺北，文史哲出版社，民73年3月初版，
頁35）即其意，知嚴輯所據《御覽》頗有訛誤。

  4-2-35

    荀爽云：「詩者古之歌章」然則《雅》、《誦》之樂篇全矣。
是以後之詩者，率以歌爲名。及秦勒望嶽，漢祀郊宮，辭著前
史者，文變之高制也。雖雅聲未至，弘麗難追矣。逮李陵眾作，
總雜不類，〔原〕是假託，非盡陵制。至其善篇，有足悲者。
摯虞〈文論〉，足稱優洽。柏梁以來，繼作非一，纂所至七言
而已。九言不見者，將由聲度闡緩⑴，不協金石。至於五言
流靡，則劉楨、張華；四言側密，則張衡、王粲；若夫陳思王
可謂兼之矣。

（1）「緩」字原作「誕」，據孔穎達《毛詩正義》卷一關睢疏引改（臺北，
  藝文印書館，《十三經注疏》本，民國70年元月8版，頁23）。

【出處】

  《太平御覽》卷五八六詩引「顏延之庭誥」，嚴氏《全宋文》卷三六據此
輯入。本則依四部叢刊三編本《御覽》錄出。另馬國翰《玉函山房輯佚書》
經部小學類輯此文，「不協金石」句下，據孔穎達《毛詩正義》引補「仲治之
言未可據」七字，今不從。案：此乃孔氏案語，孔氏原不主張有九言之詩，
故引延之說，以證摯虞之誤。

  4-2-36

    達見同善，通辯異科。一曰言道，二曰論心，三曰校理。
言道者，本之於天；論心者，議之於人；校理者，取之於物。
從而別之，由塗參陳；要而會之，終致可一。若夫玄神之經，
窮明之說；義兼三端，至無二極；但語出戎方，故見猜世學；
事起殊倫，故獲非恆情。天之賦道，非差胡華；人之稟靈，豈
限內外；一以此思，可無臆裁。

  4-2-37

    爲道者，蓋流出於仙法，故以練形爲上。崇佛者，本在於

神教，故以治心爲先。練形之家，必就深曠友 (1) 飛靈，猴丹石粒芝精；所以還年卻老，延華駐彩；欲使體合纁霞，軌遍天海；此其所長。及僞者爲之，則忌災祟，課租願，混士女，亂妖正；此其巨蠹也。治心之術，必辭親偶、閑 (2) 身性、師淨覺、信緣命；所以反一無生，克 (3) 成聖業，智邈大明，志狹恆劫，此其所貴。及詭者爲之，則藉髡落，狎菁華，傍榮聲，謀利論，此其甚誣也。物有不然，事無終弊；衡石日陳，猶患差忒；況神道不形，固眾端之所假。未能體神而不疑神無者，以爲靈性密微，可以積理知；洪變歘怳，可以大順待。昭若鏡天，蕭若窺淵；能以理順爲人者，可與言有神矣。若乃罔其眞而責其弊，是未加心照耳。

（1）「友」字原作「支」，據唐釋法琳《辯正論》卷三引「顏光祿云」改（收入《大正藏》第五二卷，頁 502）。「友飛靈」意謂與神仙爲友。

（2）「閑」字原作「閉」，據《辯正論》卷三引改正。

（3）「克」字原作「剋」，俗字，據《辯正論》卷三引改正。

【出處】

兩則並見梁僧祐《弘明集》卷十三引「庭誥二章」，嚴氏《全宋文》卷三六據此輯入，本則依《大正藏》第五二卷錄出。

4-2-38

　　琴瑟之德，形乎聲者，上招以和生，幽居以輔性。

【出處】

　　虞世南《北堂書鈔》卷一○九琴引「顏延年誥曰」，嚴可均未輯。此似亦〈庭誥〉中文，茲據孔廣陶校本錄出。

4-2-39

　　枚叔有言：「欲人不聞，莫若不言，欲人不知，莫若弗爲。」「禦冬莫如重裘，止謗莫 (1) 若自修。」《論語》云：「內省不疚，夫何憂何懼。」

（1）「莫」字原涉下文訛作「若」，據《御覽》卷五九三誡引改。

【出處】

梁元帝《金樓子》戒子篇第五引「顏延年曰」《太平御覽》卷五九三誡引

「顏延年廷誥」，嚴可均《全宋文》卷三六據《御覽》輯入。案：兩書引顏延之〈庭誥〉皆有節略，除「枚叔有言」以下一段文字外，並見《宋書》延之本傳，嚴氏以爲佚文，予以輯入。然兩書略引〈庭誥〉，內容大致相同，可知《御覽》倘非抄《金樓子》，其來源亦必相同，而《金樓子》引書體例駁雜不純，或引人名，或連篇名共引，或直抄其文不標出處；而引文之後有再引他說以證成者，有自抒懷抱以勉子者。知此「枚叔有言」一段雖上接顏延之〈庭誥〉之文，未必即爲〈庭誥〉本文。而今存〈庭誥〉約四千言，多駢句儷辭，罕明引前人文辭，而此連引枚叔、《論語》之言，與其體例不類。余疑此非〈庭誥〉本文，以嚴氏輯入，故論說如此，附於最末。

【說明】

顏延之（384～456），字延年，生平詳《宋書》卷七三。所撰〈庭誥〉，是今存顏氏論作中篇幅最長的文章，也是《顏氏家訓》以前頗具代表性的「家訓」作品。此文沈約《宋書》本傳錄於元嘉十七年（440）劉湛伏誅之前，沈書云：「閑居無事，爲〈庭誥〉之文」延之於元嘉十一年忤劉湛，免官，屏居里巷，不豫人間者七載，至十七年劉湛伏誅，起爲始興王後軍諮議參軍，御史中丞。(1) 則顏氏撰此文或在此數年之間。繆鉞《顏延之年譜》繫此文於元嘉十六年，延之五十六歲條下 (2)，蓋亦據此。延之四子：竣、測、㷭、躍。《宋書》卷七五竣傳載：「太祖問延之：『卿諸子誰有卿風？』對曰：『竣得臣筆，測得臣文，㷭得臣義，躍得臣酒。』」(3) 竣自有傳，測、㷭略見延之傳，躍生平不可考。

此文未見歷來書目載錄，今日所見，並非完篇，《宋書》本傳云：「今刪其繁辭，存其正，著於篇。」(4) 知已有刪節，沈氏所刪，以爲非正之文，又零星見引於梁僧祐《弘明集》卷十三、梁元帝蕭繹〈金樓子、戒子〉、《初學記》卷二一、〈太平御覽〉卷四二六、五八六、六〇八、六〇九中，或論佛道之別，或陳文章之要，多與修身、治家、處世之理無涉，從此亦約略可知沈約刪節的原則。後人輯此文者：所見以明汪士賢《漢魏名家》(5) 中之《顏延之集》一卷最早，除《宋書》原載文字之外，另自《御覽》中輯出二條；另明張溥《漢魏六朝百三家集》中《顏光祿集》(6) 未見汪本，除《宋書》所載外，自《弘明集》中錄出二章；至清嚴可均輯《全宋文》(7)，乃臻於完備。至於馬國翰《玉函山房輯佚書》(8) 所錄，多探類書，然猶未考《宋書》見存篇帙，較不足據。以嚴氏所輯看來，全文約見存四千字，尚堪稱長文。

（1）參繆越《顏延之年譜》元嘉十一年、十七年條，收入《讀史存稿》，坊間排印本，頁152、156。

（2）前引書，頁155。

（3）《宋書》卷七五，臺北，鼎文書局，民73年元月4版，頁1959。

（4）前引書，頁1893。

（5）據臺北中央圖書館善本室藏明萬曆間新安汪氏刊本。

（6）據臺北中央圖書館善本室藏明崇禎間太倉張氏原刊本。

（7）收入嚴可均《全上古三代秦漢三國六朝文》，日本，中文出版社，1981年6月3版，頁2634～2637。

（8）馬國翰《玉函山房輯佚書》，日本，中文出版社，1990年3月再版，第三冊，頁2445～2446。

4-3 王僧虔〈誡子書〉

知汝恨吾不許〔汝〕學，欲自悔屬，或以闔棺自欺，或更擇美業。且得有慨，亦慰窮生，但亟聞斯唱，未覩其實。請從先師聽言觀行，冀此不復虛身。吾未信汝，非徒然也。往年有意於史，取《三國志》聚置床頭，百日許，復徙業就玄，自當小差於史，猶未近彷彿。曼倩有云：「談何容易。」見諸玄，志爲之逸，腸爲之抽，專一書，轉誦數十家注，自少至老，手不釋卷，尚未敢輕言。汝開《老子》卷頭五尺許，未知輔嗣何所道，平叔何所說，馬、鄭何所異，《指》《例》何所明，而便盛於麈尾，自呼談士，此最險事。設令袁令命汝言《易》，謝中書挑汝言《莊》，張吳興叩汝〔言〕《老》，端可復言未嘗看邪？談故如射，前人得破，後人應解。不解即輸賭矣。且論注百氏，荆州《八袟》，又〈才性四本〉，〈聲無哀樂〉，皆言家口實，如客至之有設也。汝皆未經拂耳瞥目。豈有庖廚不脩，而欲延大賓者哉？就如張衡思侔造化，郭象言類懸河，不自勞苦，何由至此？汝曾未窺其題目，未辨其指歸；六十四卦，未知何名；莊子眾篇，何者內外；《八袟》所載，凡有幾家；四本之稱，以何爲長。而終日欺人，人亦不受汝欺也。由吾不學，無以爲訓。然重華無嚴父，放勳無令子，亦各由己耳。汝軰竊

議亦當云：「何日不學？在天地閒可嬉戲，何忽自課誦？幸及盛時逐歲暮，何必有所減？」汝見其一耳，不全爾也。設令吾學如馬、鄭，亦必甚勝；復倍不如，今亦必大減。致之有由，從身上來也。〔汝〕今壯年，自勗數倍許勝，劣及吾耳。世中比例舉眼是，汝足如此，不復具言。

吾在世，雖乏德素，要復推排人閒數十許年，故是一舊物，人或以比數汝等耳。即化之後，若自無調度，誰復知汝事者？舍中亦有少負令譽弱冠越超清級者，于時王家門中，優者則龍鳳，劣者猶虎豹，失蔭之後，豈龍虎之議？況吾不能爲汝蔭，政應各自努力耳。或有身經三公，蔑爾無聞；布衣寒素，卿相屈體。或父子貴賤殊，兄弟聲名異。何也？體盡讀百卷書耳。吾今悔無所及，欲以前車誡爾後乘也。汝年入立境，方應從官，兼有室累，牽役情性，何處復得下帷如王郎時邪？爲可作世中學，取過一生耳。試復三思，勿諱吾言。猶捶撻志輩，冀脫萬一，未死之閒，望有成就者，不知當有益否？各在爾身己切，身豈復關吾邪？鬼唯知愛深松茂柏，寧知子弟毀譽事？因汝有感，故略敘胸懷矣。

【出處】

《南齊書》卷三三王僧虔傳，嚴可均《全齊文》卷八據此輯入。此據鼎文書局點校本《南齊書》錄出。案：此書在文辭上頗具特色，多時人口語，王鳴盛《十七史商榷》以爲「中多格言至論，而艱晦難讀」[1] 文中脫訛，於中華書局點校本《南齊書》（臺北鼎文書局據此景印），多已是正，故據之。日人安田二郎有《王僧虔誡子書考》[2]，又據點校本參校各本，其所據書既不能外於點校本所校諸本，故雖勇於是正，在所不取。然於此書各本異文，條列較詳，可供參考。另宋本《冊府元龜》卷八一七、劉清之《戒子通錄》卷三皆前二校所未用，仍有異文，可資參佐。

【說明】

王僧虔（426～485），琅邪臨沂，東晉宰相王導玄孫，歷仕宋、齊二朝，《南齊書》卷三三本傳稱「僧虔宋世嘗有書誡子」因將此書列入劉宋，次延之〈庭誥〉之後。僧虔以子弟好玄學，專務清談，故撰此書戒之。關於此書訓誡對象及撰述年代，史未明言，然以文中之措辭，可以得知以下幾個特點：

第一，這是一封家書，僧虔與所訓誡子弟並未同住。第二，訓誡的對象只有一個，文中每稱對方為「汝」可知 (3)。第三，所訓誡者，年齡在三十左右，文中「汝今壯年」「汝年入立境」可知。而僧，虔據本傳言有九子，其中王慈（字伯寶，《南齊書》卷四六本傳，西元 451~491 年）、王志（字次道，《梁書》卷二一本傳，西元 460～513 年）、王揖（《南史》卷二二）、王彬（字思文，同上）、王寂（字子玄，同上）見於史傳。慈爲長子故字伯寶，兄子儉（字仲寶，西元 452～489 年，《南齊書》卷二三），幼喪父，爲僧虔所養，年幼於慈，故字仲寶。合虔本傳所云此書撰於宋世，宋順帝昇明三年（479），爲劉宋政權最末一年，慈年二十九，儉年二十八，與「壯年」「立境」之語亦合，則僧虔此書當撰於宋末數年之間。(4)

（1）王鳴盛《十七史商榷》卷六十「王僧虔論書誡子」條（臺北，鼎文書局「王鳴盛讀書筆記十七種」，民國 68 年 9 月初版）頁 578。

（2）安田二郎「王僧虔誡子書考」，日本文化研究所研究報告第十七集，1981 年 3 月，頁 103～152。

（3）書中僅一處言及「汝輩」，乃泛指子弟觀念，非專謂受書之人。

（4）安田二郎，前引文，曾詳考撰年，以爲當撰於宋明帝泰始七年（471）五月至泰豫元年（472）五月一年之間（頁 129～133 年），時僧虔年約四十六，慈約二十一，儉約二十。可供參佐。

5-1　蕭頤〈敕廬陵王子卿〉

（一）

　　吾前後有勅，非復一兩過。道諸王不得作乖體格服飾，汝何意都不憶吾勅邪？忽作玳瑁乘具，何意？已成不須壞，可速送下。純銀乘具，乃復可爾，何以作鐙亦是銀？可即壞之。忽用金薄裹箭腳，何意？亦速壞去。凡諸服章，自今不啓吾知復專輒作者，後有所聞，當復得痛杖。

（二）

　　汝比在都，讀學不就，年轉成長，吾日冀汝美，勿得勅如風過耳，使吾失氣。

【出處】

《南齊書》卷四○武十七王傳，嚴氏《全齊文》卷四據此輯入，此則依鼎文書局點校本《南齊書》錄出。

【說明】

齊武帝蕭頤（440～493）字宣遠，高帝蕭道成長子。永明元年（483）即位，遣第三子盧陵王蕭子卿（468～494）都督七州軍事、荊州刺史，以子卿在鎮，營造服飾，多違制度，故武帝行文敕戒，望子有所節制。子卿於永明五年（487）入朝爲侍中，此文當即撰於鎮荊州數年之中。(1)

（1）以上略參《南齊書》卷三武帝紀、卷四○盧陵王本傳。

5-2　張　融

（一）〈門律自序〉之一

吾文章之體，多爲世人所驚，汝可師耳以心，不可使耳爲心師也。夫文豈有常體，但以有體爲常。政當使常有其體。丈夫當刪《詩》《書》，制禮樂，何至因循寄人籬下。且中代之文，道體闕變，尺寸相當，彌縫舊物。吾之文章，體亦何異，何嘗顛溫涼而錯寒暑，綜哀樂而橫歌哭哉？政以屬辭多出，比事不羈，不阡不陌，非途非路耳。然其傳音振逸，鳴節竦韻，或當未極，亦已極其所矣。汝若復別得體者，吾不拘也。吾義亦如文，造次乘我，顛沛非物。吾無師無友，不文不句，頗有孤神獨逸耳。義之爲用，將使性入清波，塵洗猶沐。無得釣同利，舉價如高，俾是道場，險成軍路。吾昔嗜僧言，多肆法辯，此盡遊乎言笑，而汝等無幸。

（二）〈門律自序〉之二

人生之口，正可論道說義，惟飲與食。此外如樹網焉。吾每以不爾爲恨，爾曹當振綱也。

【出處】

上二則見《南齊書》卷四一張融本傳、《冊府元龜》卷八一七訓子第二，嚴氏《全齊文》卷十五據《南齊書》輯入。此據鼎文書局點校本《南齊書》錄出。

【說明】

　　此〈門律自序〉，今存兩段，僅及文章、言語二事。《南齊書》卷四一本傳載：永明中遇疾，爲〈門律自序〉云云，則此爲疾困慮有不諱，撰文以誡子也。本傳所錄，蓋有節略。

（三）〈門律〉

　　　　吾門世恭佛，舅氏奉道。道也與佛，逗極無二，寂然不動，致本則同，感而遂通，逢迹成異。其猶樂之不治不隔五帝之秘，禮之不襲不弔三皇之聖。豈三與五，皆殊時故不同其風，異世故不一其義；安可輒駕庸愚，誣問神極。吾見道士與道人戰儒墨，道人與道士獄是非。昔有鴻飛天首，積遠難亀 (1)。越人以爲鳧，楚人以爲乙。人自楚越耳，鴻常一鴻乎，夫澄本雖一，吾自俱宗其本，瀉 (2) 迹既分，吾已翔其所集。汝可專尊於佛迹，而無侮於道本。

（1）「亀」《南齊書》卷五四高逸顧歡傳引作「亮」，於義爲允。
（2）「瀉」原校：一本作「鴻」。於義爲允。

【出處】

　　《弘明集》卷六，嚴氏《全齊文》卷十五據此輯入。本則據大正藏本《弘明集》錄出。

【說明】

　　張融（444～497），字思光，吳郡吳人。生平詳《南齊書》卷四一本傳，有文才，史稱「文辭詭激，獨與眾異」，歷仕宋、齊二朝，齊明帝建武四年卒於官。

　　張融〈書與二何兩孔周剡山次〉云：「欲使魄後餘意，繩墨弟姪，故爲門律，數風其一章，通源二道。」(1) 又〈重與周書并答所問〉云：「吾未能忘身故有情，身分外既化極魄首，復爲子弟留地，不欲使方寸舊都，日夜荒沒。所以製是門律，以律其門。非佛與道，門將何律？」(2)《弘明集》卷六中除載「門律」全文外，並有張融與周顒往反論辯佛、道同不同源之文。蓋張融撰此「門律」，雖言自律其門，訓子弟以佛、道同源之意，而告以「專尊於佛迹，無侮於道本」，然而又致書二何、兩孔、周顒，展示自己對佛、道同源的看法，引起他與周顒的論辯。則〈門律〉蓋撰於閑居無事之時，與〈門律自序〉撰於遇疾之時，有不同也。〈門律〉未詳撰於何時，然專言佛、道，〈自序〉則云「吾昔嗜僧言，多肆法辯，此盡遊乎言笑，而汝等無幸。」

可知〈門律〉撰於前，而〈自序〉在其後，二者初不相涉，唯皆用以律其家門則同爾。

另由前引兩文，知「門律」之門，謂家門之內，包含弟、子、姪等晚輩。他在〈與王僧虔書〉中說：「八姪俱孤，二弟頗弱。」(3) 八姪蓋其兄浩、淹 (4) 之子，二弟謂鐵、寶積 (5) 二人。《南齊書》本傳中另載有臨卒戒子之言，然諸子名多不傳。

另〈門律〉又有「通源」「少子」之別稱 (6)，通源謂佛、道殊途而同源；少子則張融自稱，並名其文。此二名並見《弘明集》卷六所錄張與周顒往反論辯之文。

（1）梁僧祐《弘明集》卷六所錄張融與周顒往反論辯之文。

（2）前引書，頁 39。

（3）《南齊書》，卷四一本傳，頁 729。（臺北鼎文書局，民國 72 年 4 月 4 版）

（4）參沈約《宋書》卷五九張暢傳。

（5）參李延壽《南史》卷三二張融傳。

（6）說參錢鍾書《管錐編》第三冊頁 1345，「全齊文卷十五」條。（臺北，蘭馨室書齋，未註出版年月）。

6-1 蕭 綱

（一）〈誡當陽公書〉

　　汝年時尚幼，所闕者學，可久可大，其唯學歟，所以孔丘言：「吾嘗終日不食，終夜不寢，以思，無益，不如學也。」若使牆面而立，沐猴而冠，吾所不取。立身之道，與文章異，立身先須謹重，文章且須放蕩。

【出處】

　　《藝文類聚》卷二三鑒誡引，嚴氏《全梁文》卷十一據以輯入。此依汪紹楹《類聚》校本錄出。劉清之《戒子通錄》卷一引此文，末句「且須」作「亦勿」者非，此蓋劉氏以為不可為法而擅改。

（二）〈誡子書〉

　　汝年尚幼，所闕者學，可久，其惟學歟！故孔子有言：「吾嘗終日不食，終夜不寢，以思，無益，不如學也。」夫聞其音

而不識其由，飧其味而不知其旨者，不由習乎？故禹不愛尺璧
而重寸陰，良爲時過不可再來，年大不可更少。汝生於九重之
中，長於婦人之手，喜怒哀樂，恣意所如，不加之學，便成酷
贛，傾覆宗社，唯汝之身。故孔子云：「何必讀書然後爲學」
直先學作人。欲令舉動趨翔，遲速合禮，脩身立德，須慕古人。
思其言而後出，詳其行而乃動。以汝之承籍，必不畏人欺，但
恐汝倚恃欺慢他人耳。吾又聞之：「父欲子善，唯不能煞身，
其餘蓋無所惜。」汝其勉旃。

【出處】

敦煌類書《勵忠節鈔》「家誡部」引（收入王師三慶《敦煌類書》，前引
頁 211）。

【說明】

蕭綱（503～551），梁簡文帝，武帝蕭衍第三子。當陽公名大心，蕭綱子，
生平詳《梁書》卷四四本傳。本傳載：大心於武帝史大通四年（532）封當陽
公，大同元年（535）出爲使持節、都督五州諸軍事、郢州刺史。年十三，綱
以其年幼，恐未達民情，戒之曰：「事無大小，悉委行事，纖毫不須措懷。」(1)
七年，爲待中。大寶元年（550）封尋陽王，二年秋，遇害，年二十九。

案：大心於大同元年至七年間，外任郢州刺史，時年十三歲至二〇歲間，
以其年幼故其父在東宮，戒以不可專斷，凡事委諸佐吏，與本文所云「汝
年時尚幼」略合，則〈誡當陽公書〉蓋亦撰於此數年之間。歷來引此書，
皆據《類聚》，未見《勵忠節鈔》所引，以兩則互有詳略，故並錄存之。
《節鈔》所引「故孔子云」三句，與前文文意乖舛，且此爲子路所說，
非出仲尼，蕭綱家學，似不容此誤，蓋其間文字仍有訛脫錯置。

(1)《梁書》卷四四太宗十一王傳（臺北，鼎文書局，民國 72 年元月 4 版），
　　頁 614。

6-2　蕭繹〈金樓子・戒子篇〉

6-2-1

東方生戒其子以上容 (1)，「首陽爲拙，柱下爲工。飽食安
步，以仕易農。依隱玩世，詭時不逢」，詳其爲談，異乎今之

世也。方今堯、舜在上，千載一朝，人思自勉。吾不欲汝曹爲之也。⑵

（1）四庫館臣原注（下簡稱「原注」）：「案：《太平御覽》載朔集戒其子曰：明者處世，莫尙於中庸。」

（2）原注：「案：此段似小序」。

案：東方朔云云，參附錄1-2。

6-2-2

後稷廟堂〈金人銘〉曰：戒之哉！無多言，多言多敗；無多事，多事多患。勿謂何傷，其禍將長；勿謂何害，其禍將大。」崔子玉〈座右銘〉曰：「無道人之短，無說己之長。施人愼勿念，受恩⑴愼勿忘。」凡此兩銘並可習誦。杜恕〈家戒〉曰：「張子臺視之似鄙樸人，然其心中，不知天地間何者爲美，何者爲惡，敦然與陰陽合德。作人如此，自可不富貴，禍害何因而生？」。

（1）原注：「案：《太平御覽》作施」。

案：〈金人銘〉云云，見《御覽》卷三九〇言語引「孫卿子」、《說苑》卷十敬愼、《孔子家語》卷三觀周，向宗魯《說苑校證》以爲皆本於《荀子》，而今本佚之。⑴崔瑗〈座右銘〉，見《文選》卷五六銘、《類聚》卷二三鑒誡、《御覽》卷四五九鑒戒下。杜恕〈家戒〉參附錄2-4。

（1）向宗魯《說苑校證》卷十敬愼，頁259。（北平中華書局，1987年7月）

6-2-3

馬文淵曰：「聞人之過失，如聞親之名，親之名可聞，而口不可得言也。好論人長短，妄其善惡者，寧死不願聞也。龍伯高敦厚周愼，口無擇言，謙約節儉。吾愛之重之，願汝曹效之。杜季良憂人之憂，樂人之樂，有喪致客，數郡畢至，吾愛之重之，不願汝曹效也。效伯高不得，猶爲謹敕之士，所謂刻鵠不成尚類鶩者也。效季良不得，所謂畫虎不成反類狗者也。」裴松之以爲：援此戒可謂切至之言，不刊之訓。若乃行事得失已暴於世，因其善惡，即以爲戒云。然戒龍伯高之美，言杜季良之惡行，吾謂託古人以見意，斯爲善也。⑴

（1）「若乃行事」以下，意未明確，恐有訛脫。今裴松之論馬援、王昶、東方朔之誠子，並見存《三國志》卷二七王昶傳〈家誡〉注，此約略其意以成文耳。

案：馬援云云，參附錄1-4。

6-2-4

王文舒曰：「夫孝敬仁義，百行之首，行之而立，身之本也。孝敬則宗族安之，仁義則鄉黨重之，此行成於內，名著於外者矣。未有干名要利，欲而不厭，而能保世持家，永全福祿者也。欲使汝曹立身行己，遵儒者之教，履道家之言，故以元默沖虛爲名，欲使顧名思義，不敢違越也。古者盤杆有銘，几杖有誡，俯仰察焉。夫物速成則疾亡，晚就而善終。朝花之草，屈 (1) 旦零落；松柏之茂，隆冬不衰。是以大雅君子惡速成，戒闕黨也。夫人有善，鮮不自伐，有能寡不自矜。伐則掩人，矜則陵人；掩人者人亦掩之，陵人者人亦陵之也。」

（1）「屈」字原作「戒」，蓋涉下行「戒闕黨」字而誤，茲據謝章鋌手校《永樂大典》本改正。

案：此約略王昶〈家誡〉而成，參附錄2-3。

6-2-5

陶淵明言曰：「天地賦命，生必有死。自古賢聖，誰獨能免。但恨室無萊婦，抱茲苦心，良獨惘惘。汝輩既稚小，雖不同生，當思四海皆兄弟之義。鮑叔、管仲，分財無猜，歸生、伍舉班荊道舊，遂能以敗爲成，因喪立功。他人尚爾，況共父之人哉！潁川陳元長，漢末名士，身處卿佐，八十而終，兄弟同居，至於沒齒。濟北氾稚春，晉時積行人也，七世同居，家人無怨色。詩曰：『高山仰止，景行行止。』汝其慎哉。」

案：此約略陶淵明〈與子儼等疏〉，參附錄3-6。

6-2-6

顏延年曰：「喜怒者，性所不能無，常起於褊量，而止於弘識。然喜過則不重，怒過則不威，能以恬漠爲體，寬裕爲器，善矣。大喜蕩心，微抑則定；甚怒傾性，小忍即歇。故動無怨 (1) 容，舉無失度，則爲善也。」「欲求子孝必先爲慈；將責弟

悌，務念爲友。雖孝不得慈，而慈固植孝，悌非期友，而友亦立悌。夫和之不備，或應以不和，猶信不足焉，必有不信。倘知恩意相生，情理相出，可使家有參、柴，人皆由、損。」枚叔有言：「欲人不聞，莫若不言，欲人不知，莫若弗爲。」禦寒莫如重裘，止謗莫若自修。《論語》云：「內省不疚，夫何憂何懼？」

(1)「愆」原形訛作「響」，「愆」與下句「失」相對爲文，茲據〈庭誥〉改正。

　　案：此約略顏延之〈庭誥〉文，參附錄 4-2。「枚叔有言」以下，疑非〈庭誥〉中文字，說詳附錄 4-2-39。

6-2-7

　　　　單襄公曰：「君子不自稱也，必以讓也，惡其蓋人也。」吾弱年，重之中朝名士，抑揚於詩酒之際，吟詠於嘯傲之間。自得如山，忽人如草，好爲辭費，頗事抑揚。末甚悔之，以爲深戒。

　　案：單襄公云云，見《國語》卷二周語中，單襄公評郤克自伐其功之語。說另詳家訓內容分析，三國王昶〈家誡〉，「戒自伐」條。

6-2-8

　　　　向朗遺言戒子曰：「貧非人患，以和爲貴，汝其勉之。」以爲深戒。「酒酌之設，可樂而不可嗜；聲樂之會，可簡而不可違；淫華怪飾，奇服麗食，愼毋爲也。」

　　案：向朗遺言戒子，見《三國志》卷四一蜀朗本傳裴注引《襄陽記》。「酒酌之設」句以下，乃約略顏延之〈庭誥〉文，參附錄 4-2-15 及 4-2-17。

6-2-9

　　　　曾子曰：「狎甚則相簡，莊甚則不親。是故君子之狎足以交歡，其莊足以成禮也。」(1)

(1) 原注：「案：別卷載此條，下有『孔子聞斯言也曰：二三子志之，孰謂參也不如孔子。』二十字，但自稱孔子似亦有誤。」世昌案：《永樂大典》別卷所載，與《孔子家語》卷二好生載曾子之言同，「不如孔子」四字《家語》作「不知禮乎」。

案：曾子云云，見《說苑》卷十六談叢、《孔子家語》卷二好生。

6-2-10

子夏曰：「與人以實，雖疎必密；與人以虛，雖戚（密）必疎。」「帥人以正，誰敢不正；敬人以禮，孰敢不禮。」「使人必須先勞後逸，先功後賞。」「誠慎乎其所不睹，恐懼乎其所不聞。莫見乎隱，莫顯乎微，故君子慎其獨也。」「必使長者安之，幼者愛之，朋友信之。」「是以君子居其室，出其言善，則千里之外應之；出其言不善，則千里之外違之；況其邇者乎？言出乎身，加乎民；行發乎近，至於遠也。言行君子之樞機，樞機之發，榮辱之主，可不慎乎？」

案：「誠慎乎其所不睹」段，見《禮記》卷五二中庸；「必使長者安之」段，見〈論語、公冶長〉孔子語；「是以君子居其室」段，見《易經》、《繫辭上》。

6-2-11

處廣廈之下，細氈之上，明師居前，勸誦在後，豈與夫馳騁原（野）獸同日而語哉！凡讀書，必以《五經》爲本，所謂非聖人之書勿讀。讀之百遍，其義自見。此外眾書自可汎觀耳。正史既見得失成敗，此經國之所急，《五經》之外宜以正史爲先。譜牒所以明貴賤、明是非，尤宜留意，或復中表親疎，或復通塞升降，百世衣冠，不可不悉。

案：此則勉子讀書，皆蕭繹自鑄其辭，與他則敘前言往行者，體例不同。

6-2-12

任彥升云：「人皆有榮進之心，政復有多少耳。然口不及跡，不營居，當爲勝。」王文舒曰：「人或毀己，當退而求之於身。若己有可毀之行，則彼言當矣；若己無可毀之行，則彼言妄矣。當則無怨於彼，妄則無害於身，又何反報焉？且聞人毀己而忿者，惡醜聲之加己，反報者滋甚，不如默而自修也。」顏延年言：「流言謗議，有道所不免，況在闕薄，難用算防。應之之方，必先本己。或信不素積，嫌間所爲；或性不和物，尤怨所聚；有一於此，何處逃之。日省吾躬，月料吾志，斯道

必存，何邲人言。」任嘏每獻忠言，輒手懷草，自在禁省，歸書不封。何其美乎！入仕之後，此其勛哉！昔孔光有人問溫室之樹，笑而不答，誠有以也。

案：任彥升云云，嚴可均《全梁文》未輯，以前後例觀之，或亦家誡之文。《南史》卷五九任昉傳云：「（昉）爲〈家誡〉，殷勤甚有條貫。」（鼎文書局點校本，頁 1455）王文舒云云，見王昶〈家誡〉，參附錄 2-3，顏延年云云，見顏延年〈庭誥〉參附錄 4-2-22。任嘏事詳《三國志》卷二七王昶傳裴注引《任嘏別傳》。孔光事詳《漢書》卷八一本傳。

6-2-13

中行桓子爲衛之士師，刖人之足 (1)。俄而衛有蒯瞶之亂，刖者守門焉，謂季羔曰：「於此有室。」季羔入焉。既追者罷，季羔將去 (2) 〔謂〕刖者曰：「今吾在難，此正子報怨之時，而子逃我何？」曰：「曩君治臣以法，臣知之。獄決罪定，臨當論刑，君愀然不樂，見於顏，臣又知之。君豈私於臣哉？天生君子，其道固然，此臣之所以待君子。」孔子聞之曰：「善哉爲吏，其用法一也。」

(1) 原注：「案：二語與下不相屬，疑有脫訛。」世昌案：《說苑》、《孔子家語》載此事，「中行桓子」並作「季羔」是也。說參許德平《金樓子校注》（臺北，嘉新水泥公司文化基金會，民 58 年 8 月初版，頁 96）。

(2) 原注云「按此下疑脫一謂字」是也。

案：此事見《韓非子》卷十二外儲說左下、《說苑》卷十四至公、《孔子家語》卷二致思，本則與《家語》稍近。

6-2-14

歸義隱蕃爲豪傑所善，潘承明子翕與之善，承明問曰：「何故與輕薄通，使人心震面熱？」廣陵陽竺幼而有聲，陸遜謂之必敗，令其兄子穆與其別族。季豐年十五，賓客填門，乃曰「神童」，而遂無週身之防，果見誅夷。相國掾魏諷有盛名，同郡任覽與諷善，鄭袤（袞）謂：「諷姦雄，必以禍終，子宜絕之」諷果敗焉。王仲回加子以檟，楚朱公叔寄言以絕交。此有深意，最宜思之。

案：潘濬字承明，所言見《三國志》卷六一吳書潘濬傳裴注引《吳書》；
陸遜字伯言，所言事見《三國志》卷五八吳書陸遜傳；季豐，事未詳，
或爲李豐之訛，豐字安國，李義子，生平詳《三國志》卷九諸夏侯曹傳
裴注引《魏略》，云「年十七八，在鄴下名爲清白，識別人物，海內翕然，
莫不注意」（點校本，頁 301）後爲司馬師所殺；鄭袤事見《晉書》卷四
四本傳；王仲回，名丹，加子以櫝，事見《後漢書》卷五七本傳；朱公
叔，名穆，有《絕交論》，略見《後漢書》卷四三本傳李賢注引《穆集》。

【出處】

此據商務印書館景文淵閣《四庫全書》本《金樓子》，間參考謝章鋌手校
《永樂大典》本（台灣，世界書局景中央圖書館藏本《金樓子》，民國 64 年 7
月再版）。原書本自分段抄錄，又有館臣案語，並依其舊。此書久佚，四庫本
自《永樂大典》中抄出，頗有訛脫，許德平嘗據以參校諸本及類書徵引，撰
有《金樓子校注》（前引書），頗有是正，可供參佐。

【說明】

梁元帝蕭繹（508～554）字世誠，武帝衍第七子。所撰《金樓子》有戒
子篇，或抄錄前言往行，或自鑄偉辭勉子，尋其文意，皆爲訓誡子弟之語。
檢《梁書》、《南史》所載，元帝諸子有長子方等、次子方諸（二人並見《梁
書》卷四四世祖二子傳）、第四子方矩（《梁書》卷八潯懷太子傳）、第九子
方智（《梁書》卷六敬帝本紀）、第十子方略（《南史》卷五四本傳）、少子方
晷（《南史》卷八梁本紀下），餘多不聞，此戒子篇類似歷來家誡，並未指出
子弟缺失予以針砭，其訓誡對象，當即泛指諸子。

此篇共十四則，四庫館臣自《永樂大典》中抄出該書時，以爲「戒子」
一篇首尾完整 (1)。然十四則敘說方式極不一致，有時全引前人戒子之言，有
時又自舒己見訓勸子弟，內容編排亦頗無章法，似非成書之篇章所當如此。
唯兩漢以來，抄撮前人戒子之文以訓勉子弟，在體例上仍屬罕見，這是此篇
戒子較爲獨特之處。

（1）《四庫全書總目》卷一一七子部雜家類一「金樓子六卷」條云：「《永樂
大典》詮次無法，割裂破碎，有非一篇而誤合者，有割綴別卷而本篇反
遺之者……然中間興王、戒子、聚書、說蕃、立言、著書、捷對、志怪
八篇皆首尾完整。」（臺北，藝文印書館，民國 68 年 12 月 5 版，頁 2348）。

6-3 徐勉〈為書誡子崧〉

　　吾家世清廉，故常居貧素。至於產業之事，所未嘗言，非直不經營而已。薄躬遭逢，遂至今日，尊官厚祿，可謂備之。每念叨竊若斯，豈由才致，仰藉先代風範及以福慶，故臻此耳。古人所謂「以清白遺子孫，不亦厚乎。」又云：「遺子黃金滿籯，不如一經。」詳求此言，信非徒語。吾雖不敏，實有本志，庶得遵奉斯義，不敢墜失。所以顯貴以來，將三十載，門人故舊，亟薦便宜，或使創闢田園，或勸與立邸店，又欲舳艫運致，亦令貨殖聚斂。若此眾事，皆距而不納。非謂拔葵去織，且欲省息紛紜。

　　中年聊於東田間營小園者，非在播藝，以要利入，正欲穿池種樹，少寄情賞。又以郊際閑曠，終可為宅，儻獲懸車致事，實欲歌哭於斯。慧日、十住等，既應營婚，又須住止，吾清明門宅，無相容處。所以爾者，亦復有以；前割西邊施宣武寺，既失西廂，不復方幅，意亦謂此逆旅舍耳，何事須華？常恨時人謂是我宅。古往今來，豪富繼蹤，高門甲第，連閨洞房，宛其死矣，定是誰室？但不能不為培塿之山，聚石移果，雜以花卉，以娛休沐，用託性靈。隨便架立，不在廣大，惟功德處，小以為好。所以內中逼促，無復房宇。近營東邊兒孫二宅，乃藉十住南還之資，其中所須，猶為不少，既牽俛不至，又不可中塗而輟，郊間之園，遂不辦保，貨與韋黯，乃獲百金，成就兩宅，已消其半。尋園價所得，何以至此？由吾經始歷年，粗已成立，桃李茂密，桐竹成陰，塍陌交通，渠畎相屬。華樓迥謝，頗有臨眺之美；孤峰叢薄，不無糾紛之興。瀆中並饒菰蔣，湖裏殊富芰蓮。雖云人外，城闕密邇，韋生欲之，亦雅有情趣。追述此事，非有吝心，蓋是筆勢所至耳。憶謝靈運〈山家詩〉云：「中為天地物，今成鄙夫有。」吾此園有之二十載矣，今為天地物，物之與我，相校幾何哉！此吾所餘，今以分汝，營小田舍，親累既多，理亦須此。且釋氏之教，以財物謂之外命；儒典稱「何以聚人曰財」。況汝曹常情，安得忘此。聞汝所買

姑孰田地，甚為烏鹵，彌復何安？所以如此，非物競故也。雖事異寢丘，聊可髣髴。孔子曰：「居家理治，可移於官。」既已營之，宜使成立。進退兩亡，更貽恥笑。若有所收穫，汝可自分瞻內外大小，宜令得所，非吾所知，又復應沾之諸女耳。汝既居長，故有此及。

凡為人長，殊復不易，當使中外諧緝，人無間言，先物後己，然後可貴。老生云：「後其身而身先」若能爾者，更招巨利。汝當自勗，見賢思齊，不宜忽略以棄日也。非徒棄日，乃是棄身。身名美惡，豈不大哉！可不慎歟？今之所敕，略言此意，正謂為家以來，不事資產，既立墅舍，以乖舊業，陳其始末，無愧懷抱。兼吾年時朽暮，心力稍殫，牽課奉公，略不克舉，其中餘暇，裁可自休。或復冬日之陽，夏日之陰，良辰美景，文案間隙，負杖躡屩，逍遙陋館，臨池觀魚，披林聽鳥，濁酒一杯，彈琴一曲，求數刻之暫樂，庶居常以待終，不宜復勞家間細務。汝交闕既定，此書又行，凡所資須，付給如別。自茲以後，吾不復言及田事，汝亦勿復與吾言之。假使堯水湯旱，吾豈知如何；若其滿庾盈箱，爾之幸遇。如斯之事，並無俟令吾知也。記曰：「夫孝者，善繼人之志，善述人之事。」今且望汝全吾此志，則無所恨矣。

【出處】

此書見《梁書》卷二五徐勉傳、《南史》卷六十徐勉傳、《冊府元龜》卷八一七訓子二，又略見《類聚》卷二三鑒誡、敦煌類書《勵忠節鈔》家誡部、《戒子通錄》卷三引。嚴氏《全梁文》卷五十據《梁書》輯入。本則依鼎文書局點校本《梁書》錄出。

【說明】

徐勉（466～535）字脩仁，東海郯人。歷任齊、梁二朝，在梁仕途顯達，官至尚書僕射。生平見《梁書》卷二五、《南史》卷六十本傳。此文撰年，史未明載，《梁書》錄其文介於武帝普通六年（525）至中大通三年（531）之間，時勉年六十至六十六歲。文中云「顯貴以來，將三十載」，勉在齊時，嘗與長沙宣武王蕭懿（衍長兄）遊，衍深器賞之，及衍領兵至京邑，勉投效幕下，掌書記，至武帝踐祚，拜中書侍郎，遷建威將軍、後軍諮議參軍、本邑中正、尚書左丞，

此後歷仕顯職（以上並參《齊書》本傳）。則顯貴以來，當謂梁世鼎革以來。天監元年梁代齊（502）至中大通三年，適三十年，文中云「將三十載」，則在此前數年之間，與本傳所載亦合。另文中云「吾年時朽暮，心力稍彈」多晚年傳家誡子之辭，與此時年歲亦頗吻合。《冊府元龜》云：「徐勉爲中書令，嘗爲書誡其子崧」(1)中書令，乃徐勉任尙書僕射至普通六年後所加，其後以腳疾轉劇，久闕朝覲，武帝特準假居家休養，勉之誡子書，蓋撰於其間。

崧爲徐勉長子 (2)，《南史》勉本傳載崧曾應選爲南徐州主簿 (3)，生平多不詳，然於誡子書中言「聞汝所買姑孰田地，甚爲鳥鹵，彌復何安」「自茲以後，吾不復言及田事，汝亦勿復與吾言之。假使堯水湯旱，吾豈知如何；若其滿庾盈箱，爾之幸遇」則其子似以務農爲業。故文中多敘及自家產業之來龍去脈，並勉子治家理財之道。另文中言及慧日、十住二人，言「既應營婚，又須住止」史未見其名，似皆崧之子姪輩。

(1)《冊府元龜》卷八一七訓子二（北京，中華書局，1989 年 1 月 1 版）頁3019。

(2) 史未載崧爲長子，謹及悱爲第二子，早卒。誡子書中曾云「汝既居長，故有此及」，當謂長子之辭。

(3)《南史》卷六十勉本傳（臺北，鼎文書局，民國 70 年元月 3 版），頁 1479。

6-4　王筠〈與諸兒書〉論家世集

　　史傳稱安平崔氏及汝南應氏，並累世有文才，所以范蔚宗云崔氏「世擅雕龍」。然不過兩三世耳，非有七葉之中，名德重光，爵位相繼，人人有集，如吾門世者也。沈少傅約語人云：「吾少好百家之言，身爲四代之史，自開闢以來，未有爵位蟬聯，文才相繼，如王氏之盛者也。」汝等仰觀堂構，思各努力。

【出處】

　　本則見《梁書》卷三三王筠傳、《南史》卷二二王曇首附傳，嚴氏《全梁文》卷六五據此輯入。本文依鼎文書局點校本《梁書》錄出。

【說明】

　　王筠（481～549）字元禮，一字德柔，琅邪臨沂人，生平詳《梁書》卷三三、《南史》卷二二本傳，文章爲沈約所讚賞，有集百卷，今多亡佚。子祥，

仕陳黃門侍郎，孫瑨、胄、並仕於陳，參《隋書》卷七八文學王胄傳。

7-1　楊椿〈誡子孫〉

　　我家入魏之始，即為上客，給田宅，賜奴婢、馬牛羊，遂成富室。自爾至今二十年，二千石、方伯不絕，祿恤甚多。至於親姻知故，吉凶之際，必厚加贈襚；來往賓僚，必以酒肉飲食。是故親姻朋友無憾焉。國家初，丈夫好服綵色。吾雖不記上谷翁時事，然記清河翁時服飾，恆見翁著布衣韋帶，常約敕諸父曰：「汝等後世，脫若富貴於今日者，慎勿積金一斤、綵帛百匹已上，用為富也。」又不聽治生求利，又不聽與勢家作婚姻。今汝等服乘，以漸華好，吾是以知恭儉之德，漸不如上世也。又吾兄弟，若在家，必同盤而食，若有近行，不至，必待其還，亦有過中不食，忍飢相待。吾兄弟八人，今存者有三，是故不忍別食也。又願畢吾兄弟世，不異居、異財，汝等眼見，非為虛假。如聞汝等兄弟，時有別齋獨食者，此又不如吾等一世也。吾今日不為貧賤，然居住舍宅不作壯麗華飾者，正慮汝等後世不賢，不能保守之，方為勢家作奪。

　　北都時，朝法嚴急。太和初，吾兄弟三人並居內職，兄在高祖左右，吾與津在文明太后左右。於時口敕，責諸內官，十日仰密得一事，不列便大瞋嫌。諸人多有依敕密列者，亦有太后、高祖中間傳言構間者。吾兄弟自相誡曰：「今忝二聖近臣，母子間甚難，宜深慎之。又列人事，亦何容易，縱被瞋責，慎勿輕言。」十餘年中，不嘗言一人罪過，當時大被嫌責。答曰：「臣等非不聞人言，正恐不審，仰誤聖聽，是以不敢言。」於後終以不言蒙貴。及二聖間言語，終不敢輕爾傳通。太和二十一年，吾從濟州來朝，在清徽堂豫讌。高祖語諸王、諸貴曰：「北京之日，太后嚴明，吾每得杖，左右因此有是非言語。和朕母者唯楊椿兄弟。」遂舉賜四兄及我酒。汝等若萬一蒙時主知遇，宜深慎言語，不可輕論人惡也。

　　吾自惟文武才藝、門望姻援不勝他人，一但位登侍中、尚

書，四歷九卿，十爲刺史，光祿大夫、儀同、開府、司徒、太保，津今復爲司空者，正由忠貞，小心謹愼，口不嘗論人過，無貴無賤，待之以禮，以是故至此耳。聞汝等學時俗人，乃有坐而待客者，有驅馳勢門者，有輕論人惡者；及見貴勝則敬重之，見貧賤則慢易之。此人行之大失，立身之大病也。汝家仕魏以來，高祖以下乃有七郡太守、三十二州刺史，内外顯職，時流少比。汝等若能存禮節，不爲奢淫驕慢，假不勝人，足免尤誚，足成名家。吾今年始七十五，自惟氣力，尚堪朝覲天子，所以孜孜求退者，正欲使汝等知天下滿足之義，爲一門法耳，非是苟求千載之名也。汝等能記吾言，百年之後，終無恨矣。

【出處】

《魏書》卷五八楊播附傳、《北史》卷四一揚播傳、《冊府元龜》卷八一七、《戒子通錄》卷三，嚴氏《全後魏文》卷四一據前二書輯入。本則依鼎文書局點校本《魏書》錄出。

【說明】

楊椿（455～531）字延壽，北魏恒農華陰人，生平見《魏書》卷五八揚播傳。此書爲楊椿於北魏孝莊帝永安二年（529）致仕還華陰時，告誡在洛子孫之文，時年七十五。(1)

楊椿以太保、侍中致仕，其兄弟及諸子姪，並仕北魏，位高職顯，爲北魏漢人之世家大族。以其子弟仕宦者多在洛京，故致仕歸故鄉，臨行撰文以誡子孫。椿後爲爾朱天光所殺，洛京及華陰諸子弟，亦同時遇害。(2)

椿撰此文時，其兄播已卒 (3)，椿爲楊氏一家之長，據誡子孫文所云「兄弟八人，今存者有三」，當謂椿、順、津三人 (4)，而椿爲長。雖其子姪各已成立，兄弟各居顯職，然猶同居同財 (5)，故而此文誡子孫，其對象當謂家族中之子、姪、孫等人，與王昶〈家誡〉，誡其家族子弟同意。茲僅據《魏書》卷五八楊播傳所載，表列家世於後，庶有助於此文之瞭解。

（1）《魏書》卷十孝莊帝二年八月申戌，楊椿致仕（點校本，頁263），本傳則謂致仕臨行誡子孫，則此文撰於八月甲戌後不久，文中云「吾今年始七十五」者是也。而本傳又載椿還華陰逾年，普泰元年七月，爲爾朱天光所害，年七十七。（頁1291）年歲與此亦合，唯所云「逾年」，則恐已將近二年。

（2）參《魏書》卷五八楊播傳（臺北，鼎文書局，民國72年12月4版），頁1302。

（3）《魏書》本傳載播以魏宣武帝延昌二年（513）卒於家。（點校本，頁1280）。

（4）據《魏書》播傳，此三人並卒於普泰元年爾朱氏之屠殺，則椿撰文時三人猶在世。

（5）楊椿誡子文：「又願畢吾兄弟世，不異居、異財，汝等眼見，非爲虛假。」《魏書》播傳亦云「一家之內，男女百口，緦服同爨，庭無間言。」（點校本，頁1302）可知楊椿兄弟以下子、孫皆同居同財。

楊結（後燕中山相）	珍（魏上谷太守）	眞（河內、清河太守）	懿（廣平太守）	播（太守卿）	侃（侍中）	
				椿（太保）	昱（征東將軍）	孝邕（員外郎）
				穎（本州別駕）	叔良（新安太守）	
				順（撫軍將軍）	辯（東雍州刺史）	
					仲宣（正平太守）	玄就
					測（朱衣直閣）	
					稚卿（尚書右丞）	
				津（司空）	遁（征東將軍）	
					逸（光州刺史）	
					謐（員外散騎常侍）	
					愔（字遵彥）（北齊吏部尚書）	
				暐（正武衛將軍）	元讓（尚書祠部郎中）	

7-2　魏收〈枕中篇〉

　　吾曾覽管子之書，其言曰：「任之重者莫如身，途之畏者莫如口，期之遠者莫如年。以重任行畏途，至遠期，惟君子爲能及矣。」追而味之，喟然長息。若夫岳立爲重，有潛戴而不傾；山藏稱固，亦趨負而弗停；呂梁獨浚，能行歌而匪惕；焦原作險，或躋踵而不驚；九陔方集，故眇然而迅舉；五紀當定，想窅乎而上征。苟任重也有度，則任之而愈固；乘危也有術，蓋乘之而靡恤。彼期遠而能通，果應之而可必。豈神理之獨爾，亦人事其如一。嗚呼！處天壤之間，勞死生之地，攻之以嗜欲，

牽之以名利，梁肉不期而共臻，珠玉無足而俱至；於是乎驕奢仍作，危亡旋至。然則上知大賢，唯幾唯哲，或出或處，不常其節。其舒也濟世成務，其卷也聲銷跡滅。玉帛子女，椒蘭律呂，諂諛無所先；稱肉度骨，膏脣挑舌，怨惡莫之前。勳名共山河同久，志業與金石比堅。斯蓋厚棟不橈，遊刃春然。逮於厥德不常，喪其金璞。馳騖人世，鼓動流俗。挾湯日而課寒，包溪壑而未足。源不清而流濁，表不端而影曲。嗟乎！膠漆詎堅，寒暑甚促。反利而成害，化榮而就辱。欣戚更來，得喪仍續。至有身禦魑魅，魂沈狴獄。詎非足力不強，迷在當局。孰可謂車戒前傾，人師先覺？

聞諸君子，雅道之士，遊邀經術，厭飫文史。筆有奇鋒，談有勝理。孝悌之至，神明通矣。審道而行，量路而止。自我及物，先人後己。情無繫於榮悴，心靡滯於慍喜。不養望於丘壑，不待價於城市。言行相顧，慎終猶始。有一於斯，鬱爲羽儀。恪居展事，知無不爲。或左或右，則髦士攸宜；無悔無吝，故高而不危。異乎勇進忘退，苟得患失，射千金之產，邀萬鍾之秩，投烈風之門，趣炎火之室，載蹶而墜其貽宴，或蹲乃喪其貞吉。可不畏歟？可不戒歟！

門有倚禍，事不可不密；牆有伏寇，言不可而失。宜諦其言，宜端其行。言之不善，行之不正。鬼執強梁，人囚徑廷。幽奪其魄，明夭其命。不服非法，不行非道。公鼎爲己信，私玉非身寶。過涅爲紺，踰藍作青。持繩視直，置水觀平。時然後取，未若無欲。知止知足，庶免於辱。

是以爲必察其幾，舉必慎於微。知幾慮微，斯亡則稀。既察且慎，福祿攸歸。昔蘧瑗識四十九非，顏子幾三月不違。跬步無已，至於千里。覆一簣進，及於萬仞。故云行遠自邇，登高自卑，可大可久，與世推移。月滿如規，後夜則虧。槿榮於枝，望暮而萎。夫奚益而非損，孰有損而不害？益不欲多，利不欲大。唯居德者畏其甚，體眞者懼其大。道尊則群謗集，任重而眾怨會。其達也則尼父棲遑，其忠也而周公狼狽。無曰人

之我狹，在我不可而覆。無曰人之我厚，在我不可而咎。如山
之大，無不有也；如穀之虛，無不受也；能剛能柔，重可負也；
能信能順，險可走也；能知能愚，期可久也。周廟之人，三緘
其口。漏卮在前，歠無留後。俾諸來裔，傳之坐右。

【出處】

《北齊書》卷三七魏收傳，嚴氏《全北齊文》卷四據此錄入。點校本《北
齊書》已參校各本，今依此錄出。劉清之《戒子通錄》卷四全引此文，點校
本未用，亦可爲參證之資。

【說明】

魏收（507～572）(1)，字伯起，鉅鹿下曲陽人，歷仕北魏、東魏、北齊，
北齊天統間官至尚書右僕射，生平見《魏書》卷一○四自序、《北齊書》卷三
七、《北史》卷一○四本傳。《北齊書》本傳云：「收以子姪少年，申以戒屬，
著〈枕中篇〉」(2) 文次北齊溫公天統二年（566）後，蓋亦晚年戒子姪之作。
收子不詳，自序有弟名祚 (3)，收養其子仁表爲嗣，位至尚書膳部郎中，隋開
皇中卒於溫縣令 (4)

收以「枕中篇」名其家訓，蓋取意於隱秘不輕易示人之意。以秘笈藏諸
枕中，古來有之，《漢書》三六劉向傳云：「淮南有枕中《鴻寶》、《苑祕書》，
書言神僊使鬼物爲金之術」師古注：「《鴻寶》、《苑祕書》，並道術篇名。臧在
枕中，言常存錄之不漏泄也。」(5) 故而李充〈起居誠〉云：「牀頭書疏，亦不
足視，或他私密事，不欲令人見，見之縱不能宣，誰與明之。若有洩露，則
傷之者至矣。」(3-3) 所謂「牀頭書疏」者當亦指不欲令人見之枕中文件，可
知枕中藏文書，兩漢以來頗有此習。枕中所藏，凡不欲人見者屬之，故後世
又有以專訓子孫之家誡藏諸枕中，蓋望身後子孫能奉行之，不欲公諸於世，
如《北史》卷二四崔逞傳載崔休誡諸子之言，後云「休亡，枕中有書，如平
生所誡，諸子奉焉。」(6) 知枕中所藏者誡子孫之文，此蓋時人之常習，故收
直以「枕中篇」名其家訓。

（1）《北齊書》、《北史》收本傳僅載收武平三年卒（572），未言年歲，此生
　　年據繆鉞「魏收年譜」（收入《讀史存稿》，坊間排印本，頁 171～225）
　　北魏宣武帝正始四年丁亥條考證。

（2）《北齊書》卷三七（點校本），頁 2323。

（3）《魏書》卷一○四自序（點校本），頁 2323。

（4）同註 2，頁 495。

（5）《漢書》卷三六楚元王傳（點校本），頁 1928～1929。

（6）《北史》卷二四崔逞傳（點校本），頁 879。

7-3　王褒〈幼訓〉

　　陶士衡(1)曰：「昔大禹不吝尺璧而重寸陰」文士何不讀書，武士何不馬射。若乃玄冬脩夜，朱明永日，肅其居處，崇其牆仞，門無粲雜，坐關號呶，以之求學，則仲尼之門人也，以之為文，則賈生之升堂也。古者盤盂有銘，幾杖有誡，進退循(2)焉，俯仰觀焉。文王之詩曰：「靡不有初，鮮克有終。」立身行道，終始若一。「造次必於是」，君子之言歟。

　　儒家則尊卑等差，吉凶降(3)殺。君南面而臣北面，天地之義也。鼎俎奇而籩豆偶，陰陽之義也。道家則墮支體，黜聰明，棄義絕仁，離形去智。釋氏之義，見苦斷習（息），證滅循道，明因辨果，偶(4)凡成聖。斯雖為教等差，而義歸汲引。吾始乎幼學，及於知命，既崇周、孔之教，兼循老、釋之談，江左以來，斯業不墜，汝能脩之，吾之志也。

（1）「衡」字，宋本《冊府元龜》卷八一七訓子、《戒子通錄》卷三引並作「行」。案：《晉書》卷六六陶侃傳載，侃字士行，常語人曰：「大禹聖者，乃惜寸陰，至於眾人，當惜分陰，豈可逸遊荒醉，生無益於時，死無聞於後，是自棄也。」（鼎文點校本，頁 1774）

（2）「循」字宋本《冊府元龜》卷八一七訓子引作「脩」，《戒子通錄》卷三作「修」。又後文二「循」字，《元龜》並作「脩」。

（3）「降」字《元龜》作「隆」。

（4）「偶」字《元龜》作「俾」，義較勝。

【出處】

　　《梁書》卷四一王規傳附傳，嚴氏《全後周文》卷七據此輯入。本則依點校本《梁書》錄出。

【說明】

　　王褒，字子淵，琅邪臨沂人，齊太尉王儉曾孫，東晉丞相王導八世孫，

爲南朝世家大族，歷仕梁、北周，生平見《梁書》卷四一、《周書》卷四一、《北史》卷八三本傳。

　　《梁書》錄此文於傳末，未載撰年，然文中云：「吾始乎幼學，及於知命」，知褒撰此文在五十歲時，各史皆未載褒卒年，僅《周書》本傳載褒於建德（572～578）年間出爲宜州刺史，卒於位，時年六十四（1）。日人清水凱夫撰「王褒傳記與文學」以爲王褒卒於建德六年（2），頗可信據，則此文撰於北周武帝保定三年（563），時褒至北周第九年，任內史中大夫時也。

　　《梁書》本傳云：「褒著〈幼訓〉，以誡諸子。其一章云」案：《周書》、《北史》僅載褒有一子，名鼒，餘失其名。鼒，字玉鉉，仕於隋，爲安都通守，襲父爵爲石泉明威侯（3）。褒之〈幼訓〉，《梁書》云僅錄其一章，則全文蓋已亡失大半，此文未見歷來書目載錄，〈隋志〉別集有「後周小司空王褒集二十一卷，並錄」（4），蓋併入別集之中。

（1）參《周書》卷四一（點校本），頁 733。

（2）清水凱夫「王褒傳記與文學」（收入清水凱夫《六朝文學論文集》，重慶：重慶出版社，1989 年 10 月 1 版，韓基國譯）頁 337～340。

（3）參《新唐書》卷七二中宰相世系二中（點校本），頁 2602；又《舊唐書》卷八九王方慶傳（點校本），頁 2897。《舊唐書》載鼒爲「隋衛尉丞」，與世系表異，蓋歷仕二職。鼒孫王方慶爲武后宰相，計唐代琅邪王氏有四宰相，並出鼒子孫（參前引宰相世系表），其人雖不顯，亦頗能訓導子弟。

（4）《隋書》卷三五（點校本），頁 1080。

參考及引用書目（論文）

一、著　作

1. 丁丙，《善本書室藏書志》，廣文書局「書目叢編」，民國 56 年 8 月初版。

2. 丁國鈞，《補晉書藝文志》，北平中華書局「二十五史補編」，1989 年 7 月版。

3. 丁福保，《全漢三國晉南北朝詩》，藝文印書館，民國 64 年 9 月 3 版。

4. 丁福保，《歷代詩話續編》，木鐸出版社，民國 72 年 9 月初版。

5. 丁福保，《陶淵明詩箋註》，藝文印書館，民國 66 年 7 月 5 版。

6. 上海圖書館（編），《中國叢書綜錄》，上海古籍出版社，1986 年 2 月 1 版。

7. 文廷式，《補晉書藝文志》，北平中華書局「二十五史補編」，1989 年 7 月版。

8. 尹德新，《歷代教育筆記資料》（第一冊：魏晉南北朝隋唐五代部分、第二冊：宋遼金元部分），中國勞動出版社，1990 年 10 月、1991 年 11 月。

9. 王三慶師，《敦煌類書》，高雄麗文文化事業股份有限公司，1993 年 6 月初版。

10. 王伊同，《五朝門第》，香港中文大學出版社，1978 年重刊第 1 版。

11. 王仲犖，《魏晉南北朝史》，坊間排印本（未注明出版年月）。

12. 王仲犖，《𪩘華山館叢稿》，北平中華書局，1987 年 4 月。

13. 王先謙，《荀子集解》，北平中華書局，1988 年 9 月。

14. 王充，《論衡》，世界書局「新編諸子集成」，民國 72 年 4 月 4 版。

15. 王利器，《顏氏家訓集解》，上海古籍出版社，1980 年 7 月。

16. 王利器，《顏氏家訓集解》，明文書局，民國 71 年 2 月初版。

17. 王利器，《風俗通義校注》，明文書局，民國 71 年 4 月初版。

18. 王利器，《文心雕龍新書》，宏業書局，民國 72 年 8 月。

19. 王朋壽，《類林雜說》，新興書局「筆記小說大觀」三十編，民國 68 年 10 月。

20. 王更生，《文心雕龍讀本》（上篇），文史哲出版，民國 73 年 3 月初版。

21. 王更生，《文心雕龍讀本》（下篇），文史哲出版，民國 72 年 11 月初版。

22. 王叔岷，《顏氏家訓斠補》，藝文印書館，民國 64 年 9 月初版。

23. 王叔岷，《劉子集證》，中央研究院史語所專刊四十四，民國 50 年 8 月。

24. 王重民，《中國善本書提要》，明文出版社，民國 73 年 12 月。

25. 王昶，《金石萃編》，台聯國風出版社，民國 53 年 7 月。

26. 王雲五，《漢唐教學思想》，台灣商務印書館，民國 59 年 9 月初版。

27. 王欽若，《宋本冊府元龜》，北平中華書局，1989 年 11 月。

28. 王欽若，《冊府元龜》，大化書局，民國 73 年 10 月初版。

29. 王符撰、汪繼培箋，《潛夫論箋》，漢京文化事業有限公司，民國 73 年 5 月。

30. 王聘珍，《大戴禮記解詁》，文史哲出版社，民國 75 年 4 月初版。

31. 王運熙、楊明，《魏晉南北朝文學批評史》，上海古籍出版社，1989 年 6 月 1 版。

32. 王瑤，《中古文學史論》，長安出版社，民國 71 年 8 月再版。

33. 王鳴盛，《十七史商榷》，鼎文書局「王鳴盛讀書筆記十七種」，民國 68 年 9 月初版。

34. 王夢鷗，《禮記今註今譯》，商務印書館，民國 79 年 3 月修訂 4 版。

35. 王曉祥，《陸遊示兒詩選》，南京大學出版社，1988 年 12 月。

36. 王肅（注），《孔子家語》，世界書局「新編諸子集成」，民國 72 年 4 月新 4 版。

37. 王應麟撰、翁元圻注，《翁注困學紀聞》，世界書局，民國 73 年 4 月 3 版。

38. 毛漢光，《兩晉士族政治之研究》，中國學術著作獎助委員會，民國 55 年 7 月初版。

39. 毛漢光，《中國中古社會史論》，聯經出版社，民國 77 年 2 月初版。

40. 毛禮銳，《中國教育通史》，山東教育出版社，1985 年 4 月。

41. 毛禮銳、瞿菊農、邵鶴亭，《中國古代教育史》，人民教育出版社，1985 年 3 月。

42. 毛禮銳，《中國教育史簡編》，教育科學出版社，1991 年 6 月。

43. 孔穎達,《毛詩正義》,藝文印書館「十三經注疏」,民國 70 年元月 8 版。

44. 孔穎達,《尚書正義》,藝文印書館「十三經注疏」,民國 70 年元月 8 版。

45. 孔穎達,《周易正義》,藝文印書館「十三經注疏」,民國 70 年元月 8 版。

46. 孔穎達,《春秋左傳正義》,藝文印書館「十三經注疏」,民國 70 年元月 8 版。

47. 孔穎達,《禮記正義》,藝文印書館「十三經注疏」,民國 70 年元月 8 版。

48. 孔鮒,《孔叢子》,商務印書館,民國 25 年 12 月初版。

49. 玄應,《一切經音義》,上海古籍出版社,1988 年 1 月。

50. 司馬光,《資治通鑑》,洪氏出版社,民國 69 年 10 月修訂再版。

51. 司馬遷,《史記》,鼎文書局,民國 74 年 3 月 7 版。

52. 北京師範大學圖書館（編輯）,《北京師範大學圖書館中文古籍書目》,北京師範大學圖書館,1983 年 9 月 1 版。

53. 北京圖書館（編）,《北京圖書館古籍善本書目》,書目文獻出版社,1987 年 7 月（序）。

54. 包東波,《中國歷代名人家訓粹萃》,安徽文藝出版社,1991 年 10 月 1 版。

55. 左丘明,《國語》,漢京文化事業有限公司,民國 72 年 12 月。

56. 史孝賢,《歷代家訓選注》,華東師範大學出版社,1988 年 5 月 1 版。

57. 田餘慶,《東晉門閥政治》,北京大學出版社,1989 年 1 月。

58. 令狐德棻,《周書》,鼎文書局,民國 72 年 4 月 4 版。

59. 向宗魯,《說苑校證》,北平中華書局,1987 年 7 月 1 版。

60. 行政院文化建設委員會（編）,《族譜家訓集粹》,聯經出版社,民國 73 年。

61. 牟世金,《中國古代文論家評傳》,中州古籍出版社,1988 年 8 月。

62. 牟宗三,《中國哲學十九講》,牟宗三,學生書局,民國 72 年 10 月初版。

63. 牟宗三,《康得的道德哲學》,牟宗三,學生書局,民國 81 年 9 月 3 版。

64. 朱伯崑,《易學哲學史》,北京大學出版社,1989 年 11 月 2 版。

65. 朱嘉,《四書集注》,漢京文化事業有限公司,民國 70 年 10 月。

66. 任乃強,《華陽國志校補圖注》,上海古籍出版社,1987 年 10 月 1 版。

67. 安井衡,《管子纂詁》,河洛圖書出版社,民國 65 年 3 月。

68. 邢昺,《論語注疏》,藝文印書館「十三經注疏」,民國 70 年元月 8 版。

69. 邢昺,《孝經注疏》,藝文印書館「十三經注疏」,民國 70 年元月 8 版。

70. 何啓民,《中古門第論集》,台灣學生書局,民國 67 年元月初版。

71. 何啓民，《魏晉思想與談風》，學生書局，民國 71 年 1 月 4 版。

72. 何啓民，《竹林七賢研究》，學生書局，民國 73 年 2 月 4 版。

73. 汪士賢，《漢魏名家》，汪士賢，臺北中央圖書館善本室藏，明萬曆間新安汪氏刊本。

74. 汪榮寶，《法言義疏》，汪榮寶，北平中華書局，1987 年 3 月。

75. 沈約，《宋書》，鼎文書局，民國 73 年元月 4 版。

76. 沈約，《宋書》，商務印書館景「百納本」，民國 56 年 7 月臺 1 版。

77. 沈約，《宋書》，中央圖書館藏，明萬曆二十二年南京國子監刊本。

78. 沈約，《宋書》，中央圖書館藏，明崇禎七年虞山毛氏汲古閣刊本。

79. 沈約，《宋書》，藝文印書館「二十五史」景清乾隆武英殿刊本，（未註明出版年月）

80. 沈家本，《歷代刑法考》，北平中華書局，1985 年 12 月。

81. 李公煥，《箋註陶淵明集》，商務印書館「四部叢刊」正編，民國 68 年 11 月臺 1 版。

82. 李世民，《帝範》，藝文印書館「百部業書集成」——「聚珍版叢書」「粵雅堂叢書」，民國 58 年、54 年。

83. 李百藥，《北齊書》，鼎文書局，民國 72 年 4 月 4 版。

84. 李孝定，《甲骨文字集釋》，中央研究院史語所專刊之十五，民國 71 年 6 月 4 版。

85. 李延壽，《北史》，鼎文書局，民國 69 年 12 月 3 版。

86. 李延壽，《南史》，鼎文書局，民國 70 年元月 3 版。

87. 李昉，《太平御覽》，平平出版社景「四部叢刊」三編本，民國 64 年 6 月初版。

88. 李振興、費沛榮、賴明德，《新譯顏氏家訓》，三民書局，民國 82 年 9 月。

89. 李鼎祚，《周易集解》，世界書局「十三經注疏及補正」，民國 67 年 12 月 4 版。

90. 李慈銘，《越縵堂讀書記》，世界書局，民國 64 年 7 月再版。

91. 李肇，《唐國史補》，世界書局，民國 67 年 10 月 3 版。

92. 杜佑，《通典》，北平中華書局，1988 年 12 月 1 版。

93. 吳士鑑，《補晉書經籍志》，北平中華書局「二十五史補編」，1989 年 7 月版。

94. 吳自甦，《中國家庭制度》，商務印書館，民國 62 年 9 月 2 版。

95. 呂思勉，《讀史箚記》，木鐸出版社，民國 92 年 9 月初版。

96. 呂祖謙，《少儀外傳》，商務印書館「四庫全書」七〇三冊，民國 75 年 3

月。

97. 余嘉錫，《四庫提要辨證》，藝文印書館「四庫全書總目」，民國 68 年 12 月 5 版。

98. 余嘉錫，《世說新語箋疏》，王記書坊，民國 73 年 10 月版。

99. 北京大學中國語言文學系中國文學史教研室，《兩漢文學史參考資料》，漢學供應社，（未注明出版年月）。

100. 長孫無忌，《唐律疏議》，弘文館出版社，民國 75 年 3 月初版。

101. 孟憲承，《中國古代教育文選》，五南圖書出版公司，民國 78 年 9 月初版。

102. 房玄齡，《晉書》，鼎文書局，民國 72 年 7 月 4 版。

103. 易家鉞、羅敦偉，《中國家庭問題》，水牛出版社，民國 55 年 11 月初版。

104. 屈萬里，《尚書集釋》，聯經出版社，民國 72 年。

105. 周中孚，《鄭堂讀書記》，世界書局（景嘉業堂刊本），民國 54 年 4 月再版。

106. 周法高，《顏氏家訓彙注》，台聯國出版社，民國 64 年 4 月再版。

107. 周法高，《中國語文論叢》，正中書局，民國 70 年 10 月 3 版。

108. 周紹賢，《魏晉清談述論》，台灣商務印書館，民國 55 年 4 月臺初版。

109. 周鳳五，《敦煌寫本太公家教研究》，明文書局，民國 75 年 5 月初版。

110. 尚秉和，《歷代社會風俗事物考》，上海書店，1991 年 12 月。

111. 侯康，《補後漢書藝文志》，北平中華書局「二十五史補編」，1989 年 7 月版。

112. 侯康，《補三國藝文志》，北平中華書局「二十五史補編」，1989 年 7 月版。

113. 紀昀，《四庫全書總目》，藝文印書館，民國 68 年 12 月 5 版。

114. 洪順隆師，《中外六朝文學研究文獻目錄》（增訂版），漢學研究中心，民國 81 年 6 月版。

115. 姚振宗，《隋書經籍志考證》，北平中華書局「二十五史補編」，1989 年 7 月版。

116. 姚振宗，《後漢藝文志》，北平中華書局「二十五史補編」，1989 年 7 月版。

117. 姚振宗，《三國藝文志》，北平中華書局「二十五史補編」，1989 年 7 月版。

118. 姚振宗，《漢書藝文志拾補》，北平中華書局「二十五史補編」，1989 年 7 月版。

119. 姚思廉，《陳書》，鼎文書局，民國 72 年元月 4 版。

120. 姚思廉，《梁書》，鼎文書局，民國 72 年元月 4 版。

121. 范文瀾，《文心雕龍注》，開明書局，民國 58 年 8 月臺 1 版。

122. 范曄，《後漢書》，鼎文書局，民國 70 年 4 月 4 版。

123. 胡培翬，《儀禮正義》，江蘇古籍出版社，1993 年 7 月。

124. 胡道靜，《中國古代的類書》，北平中華書局，1982 年 2 月 1 版。

125. 段玉裁，《說文解字注》，漢京文化事業有限公司，民國 69 年 3 月。

126. 俞紹初（輯校），《建安七子集》，北平中華書局，1989 年 7 月 1 版。

127. 姜亮夫，《歷代人物年裏碑傳綜表》，文史哲出版社，民國 74 年 2 月再版。

128. 唐長孺，《魏晉南北朝史論拾遺》，坊間排印本（未註明出版年月）。

129. 馬秋帆，《魏晉南北朝教育論著選》，人民育出版社，1988 年 7 月。

130. 馬國翰，《玉函山房輯佚書》，中文出版社「玉函山房輯佚書及補遺」，1990 年 3 月再版。

131. 馬端臨，《文獻通考》，新興書局，民國 54 年 10 月新 1 版。

132. 班固，《漢書》，鼎文書局，民國 72 年 10 月 5 版。

133. 孫奭，《孟子注疏》，藝文印書館「十三經注疏」，民國 70 年元月 8 版。

134. 奚敏芳，《不朽的庭訓》，台視文化公司，民國 77 年 4 月 2 版。

135. 徐彥，《春秋公羊傳注疏》，藝文印書館「十三經注疏」，民國 70 年元月 8 版。

136. 徐師曾，《文體明辯序說》，華文出版社（未註出版年月）。

137. 徐益棠，《歷代名賢處世家書》，遠東圖書公司，民國 74 年 9 月初版。

138. 徐崇，《補南北史藝文志》，北平中華書局「二十五史補編」，1989 年 7 月版。

139. 徐揚傑，《中國家族制度史》，人民出版社，1992 年 7 月。

140. 徐堅撰、司義祖點校《初學記》，，北平中華書局，1962 年 1 月 1 版。

141. 徐幹，《中論》，商務印書館「四部叢刊」初編，民國 64 年 6 月臺 3 版。

142. 徐德平，《金樓子校注》，嘉新水泥公司文化基金會，民國 58 年 8 月初版。

143. 袁宏，《後漢紀》，華正書局，民國 63 年 7 月臺 1 版。

144. 郝懿行，《顏氏家訓斠記》，藝文印書館，叢書集成三編「戊寅叢編」，民國 61 年 6 月。

145. 秦榮光，《補晉書藝文志》，北平中華書局「二十五史補編」，1989 年 7 月版。

146. 晁公武，《郡齋讀書志》，商務印書館，民國 67 年 1 月臺 1 版。

147. 翁方剛，《復初齋文集》，文海出版社「近代中國史料叢刊」四三輯，民國 58 年 11 月初版。

148. 章宗源，《隋書經籍志考證》，北平中華書局「二十五史補編」，1989 年 7 月版。

149. 章樵（注），《古文苑》，商務印書館「四部叢刊」正編，民國 68 年 11 月

臺 1 版。

150. 郭茂倩，《樂府詩集》，裏仁書局，民國 69 年 12 月。

151. 郭齊家，《中國教育思想史》，教育科學出版社，1991 年 6 月。

152. 郭慶藩，《莊子集釋》，漢京文化事業有限公司，民國 72 年 9 月。

153. 許嵩，《建康實錄》，上海古籍出版社，1987 年 10 月 1 版。

154. 張君房，《雲笈七籤》，齊魯書社，1988 年 9 月 1 版。

155. 張伯行輯、夏錫疇錄，《課子隨筆鈔》，文史哲出版社，民國 76 年 5 月初版。

156. 張邦翼，《漢魏叢書選》，中央圖書館藏，明萬曆戊午（四六）年序刊本。

157. 張岱年，《中國倫理思想研究》，貫雅文化，民國 80 年 7 月。

158. 張金吾，《愛日精廬藏書志》，北平中華書局，1990 年 4 月 1 版。

159. 張亮采，《中國風俗史》，上海文藝出版，1988 年 12 月版。

160. 張振育，《家庭教育》，三民書局，民國 77 年 2 月 13 版。

161. 張湛，《列子注》，世界書局「新編諸子集成」，民國 72 年 4 月新 4 版。

162. 張溥，《漢魏六朝百三家集》，中央圖書館善本室藏，明崇禎間太倉張氏原刊本。

163. 張溥，《漢魏六朝一百三家集》，新興書局，民國 57 年 3 月新 1 版。

164. 張溥題辭、殷孟倫輯注，《漢魏六朝百三家集題辭注》，木鐸出版社，民國 71 年 5 月初版。

165. 張鵬一，《隋書經籍志補》，北平中華書局「二十五史補編」，1989 年 7 月版。

166. 陸心源，《皕宋樓藏書志》，北平中華書局，1990 年 3 月 1 版。

167. 陸德明，《經典釋文》，上海古籍出版社，1985 年 10 月 1 版。

168. 陳宏謀，《五種遺規》，台灣中華書局，民國 73 年 5 月臺 6 版。

169. 陳奇猷，《呂氏春秋校釋》，華正書局，民國 77 年 8 月初版。

170. 陳奇猷，《韓非子集釋》，世界書局，民國 70 年 3 月 3 版。

171. 陳述，《補南齊書藝文志》，北平中華書局「二十五史補編」，1989 年 7 月版。

172. 陳振孫，《直齋書錄解題》，上海古籍出版社，1987 年 12 月。

173. 陳寅恪，《隋唐制度淵源略論稿》，上海古籍出版社，1982 年 2 月。

174. 陳彭年重修、林尹校訂，《宋本廣韻》，黎明文化事業公司，民國 70 年 9 月 4 版。

175. 陳鼓應，《老子今註今譯》，商務印書館，民國 70 年 11 月修訂 8 版。

176. 陳夢雷,《古今圖書集成「家範典」》,鼎文書局,民國 65 年 2 月。

177. 陳澧,《切韻考》,學生書局,民國 54 年 4 月。

178. 陳壽,《三國志》,鼎文書局,民國 73 年 6 月 5 版。

179. 習鑿齒撰、黃惠賢校補,《校補襄陽耆舊記》,中州古籍出版社,1987 年 3 月。

180. 梁玉繩,《史記志疑》,鼎文書局「四史辨疑」,民國 66 年 12 月初版。

181. 曹寅,《全唐詩》,上海古籍出版社,1988 年 12 月。

182. 國立中央圖書館特藏組編,《國立中央圖書館善本書目》,國立中央圖書館,民國 75 年 12 月增訂 2 版。

183. 脫脫,《宋史》,鼎文書局,民國 72 年 11 月 3 版。

184. 傅增湘,《雙鑑樓善本書目》,廣文書局「書目三編」,民國 58 年 2 月初版。

185. 嵇康,《嵇中散集》,商務印書館「四部叢刊」正編,民國 68 年 11 月臺 1 版。

186. 程樹德,《九朝律考》,北平中華書局,1988 年 4 月。

187. 湯用彤,《漢魏兩晉南北朝佛教史》,北平中華書局,1988 年 3 月 2 版。

188. 湯球,《十六國春秋輯補》,鼎文書局「晉書」附,民國 72 年 7 月 4 版。

189. 逯欽立,《陶淵明集》,里仁書局,民國 71 年 9 月。

190. 逯欽立,《先秦漢魏晉南北朝詩》,學海出版社,民國 73 年 5 月初版。

191. 黃水雲,《顏延之及其詩文研究》,文史哲出版社,民國 78 年 5 月初版。

192. 黃丕烈,《蕘圃藏書題識》,廣文書局「書目叢編」,民國 56 年 8 月初版。

193. 黃本驥,《歷代職官表》,洪氏出版社,民國 72 年 11 月再版。

194. 黃叔琳注、李詳補注、楊明照校注拾遺,《文心雕龍校注》,世界書局,民國 63 年 7 月 3 版。

195. 黃逢元,《補晉書藝文志》,北平中華書局,1989 年 7 月版。

196. 賀昌群,《魏晉清談思想初論》,里仁書局「魏晉思想」,民國 73 年 1 月版。

197. 喻岳衡,《歷代名人家訓》,嶽麓書社,1991 年 4 月 1 版。

198. 曾樸,《補後漢藝文志》,北平中華書局「二十五史補編」,1989 年 7 月版。

199. 勞思光,《中國哲學史》,香港中文大學崇基學院,1980 年 11 月 3 版。

200. 賈公彥,《儀禮注疏》,藝文印書館「十三經注疏」,民國 70 年元月 8 版。

201. 賈誼,《新書》,新興書局「筆記小說大觀」三編,民國 63 年 5 月版。

202. 虞世南撰、孔廣陶校,《北堂書鈔》,宏業書局,民國 63 年 10 月版。

203. 董正功，《續家訓》，台聯國風出版社周法高「顏氏家訓彙注」末附，民國 64 年 4 月再版。

204. 董誥，《全唐文》，大化書局「全唐文及拾遺」，民國 76 年 3 月初版。

205. 葉昌熾，《藏書記事詩》，上海古籍出版社，1989 年 9 月 1 版。

206. 葉德輝撰、李沬、長澤規矩也校補，《書林清話》，世界書局，民國 77 年 6 月 5 版。

207. 葛立方，《韻語陽秋》，漢京文化事業有限公司「歷代詩話」，民國 72 年 1 月。

208. 葛洪，《抱朴子》，世界書局「新編諸子集成」，民國 72 年 4 月 4 版。

209. 楊伯峻，《列子集釋》，坊間排印本（未注明出版年月）。

210. 楊伯峻，《春秋左傳注》，源流出版社，民國 71 年 3 月初版。

211. 楊勇，《陶淵明集校箋》，盤庚出版社，民國 68 年 2 月 1 版。

212. 楊慎，《升菴詩話》，木鐸出版社「歷代詩話續編」，民國 72 年 9 月初版。

213. 楊殿珣，《中國家譜通論》，圖書季刊，新三卷 1、2 期，民國 30 年 6 月。

214. 楊殿珣，《中國家譜通論續》，圖書季刊，新六卷 3、4 期，民國 34 年 12 月。

215. 熊承滌，《秦漢教育論著選》，人民教育出版社，1987 年 11 月。

216. 僧祐，《弘明集》，慈悲精舍印經會「大正藏」第五二卷（未註出版年月）。

217. 僧祐，《出三藏記集》，慈悲精舍印經會「大正藏」第五五卷（未註出版年月）。

218. 趙書廉，《魏晉玄學探微》，河南人民出版社，1992 年 12 月 1 版。

219. 趙翼，《二十二史劄記》，洪氏出版社，民國 67 年 10 月再版。

220. 趙曦明注、盧文弨等人校補，《顏氏家訓注》，藝文印書館，民國 62 年 10 月 3 版。

221. 歐陽脩、宋祁，《新唐書》，鼎文書局，民國 74 年 2 月 4 版。

222. 歐陽詢撰、汪紹楹校，《藝文類聚》，文光出版社，民國 63 年 8 月初版。

223. 劉大杰，《中國文學發展史》，香港古文書局，1973 年 10 月。

224. 劉文典，《淮南鴻烈集解》，北平中華書局，1989 年 5 月 1 版。

225. 劉向，《戰國策》，里仁書局，民國 71 年 1 月。

226. 劉向，《新序》，新興書局「筆記小說大觀」三編冊一，民國 63 年 5 月。

227. 劉昭仁，《應用家庭倫理學》，文史哲出版社，民國 82 年 9 月初版。

228. 劉昫，《舊唐書》，鼎文書局，民國 74 年 3 月 4 版。

229. 劉清三，《戒子通錄》，商務印書館「四庫全書」七〇三冊，民國 75 年版。

230. 魯迅，《古小說鉤沈》，坊間排印（未註明出版年月）。

231. 潘祖蔭，《滂喜齋藏書記》，北平中華書局，1990 年 3 月 1 版。

232. 樓宇烈，《王弼集校釋》，北平中華書局，1980 年 8 月 1 版。

233. 蔣伯潛，《文體論纂要》，正中書局，民國 68 年 5 月臺 2 版。

234. 鄭萬耕，《太玄校釋》，北京師範大學出版社，1989 年 2 月。

235. 鄭樵，《通志略》，里仁書局，民國 71 年 8 月臺 1 版。

236. 鄭鶴聲，《中國史部目錄學》，華世出版社，民國 74 年 9 月 1 版。

237. 諸橋轍次（編），《靜嘉堂文庫漢籍分類目錄》，古亭書屋，民國 58 年 6 月臺 1 版。

238. 駱鴻凱，《文選學》，漢京文化事業有限公司，民國 71 年 10 月。

239. 盧弼，《三國志集解》，北平中華書局，1982 年 1 版。

240. 錢大昕，《二十二史考異》，鼎文書局「錢大昕讀書記廿九種」，民國 68 年 9 月初版。

241. 錢大昕，《補續漢書藝文志》北平中華書局「二十五史補編」，1989 年 7 月版。

242. 錢侗，《崇文總目輯釋》，華聯出版社「粵雅堂叢書」十五集，民國 54 年 5 月。

243. 錢曾撰、章鈺校證，《讀書敏求記校證》，北平中華書局（景民國 15 年刊本），1990 年 4 月 1 版。

244. 錢曾，《述古堂藏書目》，成文出版社「書目類編」三二冊，民國 67 年 7 月。

245. 錢謙益，《絳雲樓書目》，廣文書局「書目三編」，民國 58 年 2 月初版。

246. 錢穆，《漢劉向歆父子年譜》，商務印書館，民國 67 年 6 月 2 版。

247. 錢鍾書，《管錐編》，臺北蘭馨室書齋（未註出版年月）。

248. 戴明揚，《嵇康集校注》，人民文學出版社，1962 年 7 月 1 版。

249. 蕭子顯，《南齊書》，鼎文書局，民國 72 年 4 月 4 版。

250. 蕭統編、李善注，《文選》，藝文印書館，民國 56 年 10 月 5 版。

251. 蕭統編、李善注，《文選》，上海古籍出版社，1992 年 7 月版。

252. 蕭繹，《金樓子》，世界書局（影謝章鋌手校本），民國 64 年 7 月再版。

253. 蕭繹，《金樓子》，商務印書館「四庫全書」八四八冊，民國 75 年 3 月初版。

254. 顏之推，《顏氏家訓》，商務印書館「四部叢刊」初編（景傅太平刊本），民國 64 年 6 月臺 3 版。

255. 顏之推，《顏氏家訓》，中央圖書館藏，萬曆三年序顏嗣慎刊本。

256. 顏之推，《顏氏家訓》，中文出版社程榮校「漢魏叢書」，1978 年 8 月 3 版。

257. 顏之推，《顏氏家訓》，中央圖書館藏，程榮校「漢魏叢書」本（有張紹仁據廉台田家印本手校）。

258. 顏之推，《顏氏家訓》，中央圖書館藏，何允中輯「廣漢魏叢書」（明刊本爲二卷本、清刊本爲七卷本）。

259. 顏之推撰、朱軾評點，《顏氏家訓》，中研院傅斯年圖書館藏「藏書十三種」。

260. 顏之推，《顏氏家訓》，商務印書館「四庫全書」八四八冊，民國 74 年。

261. 顏之推，《顏氏家訓》，大化書局王謨輯「增訂漢魏叢書」（景乾隆五十六年金谿王氏刊本），民國 72 年 12 月版。

262. 顏之推，《顏氏家訓》，台大研究圖書館久保文庫藏「文化七年（1810）刊本」。

263. 顏之推，《顏氏家訓》，興中書局鮑廷博輯鮑志祖續輯「知不足齋叢書」（景民國十年上海古書流通處據鮑氏家藏本），民國 53 年 12 月。

264. 顏之推，《顏氏家訓》，故宮博物院圖書館藏清刊「禦覽知不足齋叢書」。

265. 聶崇岐，《補宋書藝文志》，北平中華書局，1989 年 7 月版。

266. 魏收，《魏書》，鼎文書局，民國 72 年 12 月 4 版。

267. 魏徵，《隋書》，鼎文書局，民國 72 年 12 月 4 版。

268. 譚其驤，《中國歷史地圖集》，地圖出版社，1982 年 10 月 1 版。

269. 藤原佐世，《日本國見在書目錄》，藝文印書館百部叢書「古逸叢書」，民國 54 年。

270. 羅宏曾，《魏晉南北朝文化史》，四川人民出版社，1989 年 8 月。

271. 釋法琳，《辯正論》，慈悲精舍印經會「大正藏」第五二卷（未註出版年月）。

272. 釋道宣，《廣弘明集》，慈悲精舍印經會「大正藏」第五二卷（未註出版年月）。

273. 蘇紹興，《兩晉南朝的士族》，聯經出版社，民國 76 年 3 月初版。

274. 嚴可均，《全上古三代秦漢三國六朝文》，中文出版社，1981 年 6 月 3 版。

275. 嚴可均，《鐵橋漫稿》，世界書局，民國 53 年 2 月初版。

276. 嚴羽，《滄浪詩話》，漢京文化事業有限公司「歷代詩話」，民國 72 年 1 月。

277. 嚴式誨，《顏氏家訓補校注》，中央研究院史語所傅斯年圖書館藏嚴氏「義家塾叢書」附趙注顏氏家訓後。

278. 顧炎武撰、黃汝成集釋，《日知錄集釋》，世界書局，民國 61 年 12 月 4

版。

279. 顧野王撰、陳彭年重修,《玉篇》,國字整理小組景建安鄭氏刊本,民國 71 年。

280. 顧樹森,《中國古代教育家語錄類編》,上海教育出版社,1988 年 5 月。

281. 顧懷三,《補後漢書藝文志》,北平中華書局「二十五史補編」,1989 年 7 月版。

282. 宇都宮清吉注釋,《顏氏家訓》,平凡社「中國古典文學大系」第九卷(與「世說新語」合訂),1969 年 4 月初版。

283. 長澤規矩也,《和刻本漢籍分類目錄》,汲古書院,1976 年 10 月初版。

284. 長澤規矩也,《長澤規矩也著作集》(十),汲古書院,1987 年 11 月。

285. 新美寬編、鈴木隆一補,《本邦殘存典籍にする輯佚資料集成續》,京都大學人文科學研究所,1968 年 3 月。

二、論 文

1. 丁愛博,〈顏之推‧一個崇佛的儒者〉,正中書局《中國歷史人物論集》,民國 62 年。

2. 王三慶師,〈敦煌古類書──勤讀書抄(伯二六○九號)研究〉,《木鐸》十一期,民國 76 年 2 月。

3. 木全德雄,〈顏延之の生涯と思想〉,《日本中國學會報》第十五集,1963 年 10 月出版。

4. 林文寶,〈顏之推及其思想述要〉,《台東師專學報》第 5 期,民國 66 年 4 月。

5. 尤雅姿,〈顏氏家訓版本研究〉,《國立編譯館館刊》,十九卷二期,民國 79 年 12 月。

6. 尤雅姿,〈顏之推及其家訓之研究〉,台灣師範大學國文研究所博士論文,民國 80 年 6 月自印本。

7. 何啓民,〈南朝門第中人心態的探討〉,《國立政治大學學報》第 47 期,民國 72 年 5 月。

8. 李飛翔、宋五軍,〈略論中國古代家庭教育〉,《人口學刊》,1989 年 1 期。

9. 杜正勝,〈傳統家族試論〉(上)、(下),《大陸雜誌》,六五卷 2、3 期,1982 年 8、9 月。

10. 杜正勝,〈中國傳統社會的中心──家族〉,《歷史月刊》十二期,民國 78 年 1 月。

11. 孟繁舉,〈顏之推與顏氏家訓〉,《中華文化復興月刊》,第十七卷 1 期,民國 73 年 1 月。

12. 孟繁舉，〈顏之推的倫理觀〉，《孔孟月刊》，第二三卷 4 期，民國 73 年 12 月。

13. 孟繁舉，〈近年學者對顏氏家訓的研究〉，《國語日報「書和人」》，民國 74 年 2 月 16 日。

14. 周法高，〈家訓文學的源流〉（上、中、下），《大陸雜誌》第二十二卷 2、3、4 期，民國 60 年 1、2 月。

15. 周法高，〈顏之推還冤記考證〉，《大陸雜誌》第二十二卷 9、10、11 期，民國 50 年 5、6 月。

16. 周法高，〈讀顏氏家訓箚記〉，《大陸雜誌》第六二卷 5 期，民國 70 年 5 月。

17. 周國光，〈顏之推的教育思想〉，《貴州社會科學》第 23 期，1984 年 2 期。

18. 姚振黎，〈析論顏氏家訓任官之道〉，《孔孟月刊》第二八卷 10 期，民國 79 年 6 月。

19. 姚振黎，〈顏氏家訓思想探究〉，《國立中央大學人文學報》第 8 期，民國 79 年 6 月。

20. 狩野直喜，〈日本國見在書目錄考〉，新欣出版社，江淹菴譯《先秦經籍考》下，民國 59 年 9 月初版。

21. 姜賢敬，《中韓女誡文學之研究》，國立台灣師範大學國研所博士論文，民國 79 年 4 月。

22. 〈馬玉山，家訓家誡的盛行與儒學的普及傳播〉，中國人民大學書報資料中心《中國哲學史・月刊》，1994 年元月。

23. 倪台英，〈顏延年及其詩文研究〉，《淡江學報》第 13 期，民國 64 年 1 月。

24. 康世昌，《孔衍春秋後語研究》，中國文化大學中文研究所碩士論文，民國 77 年 6 月。

25. 康世昌，〈顏氏家訓舊注考略〉，《國立編譯館館刊》，第二一卷第 2 期，民國 81 年 12 月。

26. 康世昌，〈顏延之庭誥淺析〉，實踐學院，《實踐學報》第 24 期，民國 82 年 6 月。

27. 康世昌，〈從王昶、嵇康家誡看傳統家訓的兩個典型〉，實踐學院《家庭變遷與問題對策》，民國 84 年。

28. 庹國瓊，〈顏之推的教育思想〉，《四川師院學報》，1984 年 3 期。

29. 陳捷先，〈從族譜家訓看家〉，《歷史月刊》第 12 期，民國 78 年 1 月。

30. 陳槃，〈顏氏家訓箚記續編〉，清華學報社《慶祝李濟先生七十歲論文集》，民國 54 年 9 月。

31. 清水凱夫撰、韓基國譯，〈王褒傳記與文學〉，重慶出版社清水凱夫《六

朝文學論文集》，1989 年 10 月 1 版。

32. 溫克勤，〈談古代的家庭道德教育——家訓〉，《南開學報》，1982 年第 6 期。

33. 黃錦堂，〈雋永可誦的顏氏家訓〉，《建設》10：9，民國 51 年 2 月。

34. 葉霞翟，〈我國古時的家庭教育〉，華岡出版社《教育學論集》，民國 69 年 1 月。

35. 歐陽教，〈論無律、他律、自律與道德教育〉，華岡出版社《教育學論集》，民國 69 年 1 月。

36. 蔡信發，〈戒子叢說〉，《孔孟月刊》第二十卷 10 期，民國 71 年 6 月。

37. 蔡獻堂，〈中國多妻制度的起源〉，稻鄉出版社《中國婦女史論集》，民國 77 年 4 月。

38. 繆鉞，〈顏之推年譜〉，台聯國風出版社，國法高《顏氏家訓彙注‧附錄二》（原載《眞理雜誌》一卷 4 期），民國 64 年 4 月再版。

39. 繆鉞，〈顏之推年譜〉，坊間排印本繆越《讀史存稿》（原載《中國文化研究彙刊》第八卷，民國 37 年 10 月），未註出版年月。

40. 守屋美都雄，〈六朝時代の家訓について〉，京都大學東洋史研究會《中國古代の家族と國家》（原載日本學士院紀要 10.3.，1952 年 11 月），1966 年 10 月。

41. 守屋美都雄，〈顏氏家訓について〉，《中國學誌》第四本，1967 年 12 月。

42. 安田二郎，〈王僧虔誡子書考〉，《日本文化研究所研究報告》第 17 集，1981 年 3 月。

43. 吉川忠夫，〈顏之推論〉，京都同朋舍出版吉川忠夫《六朝精神史研究》（《東洋史研究叢刊》三十六），1986 年 10 月。